創造性をデザインする

建築空間の社会学

牧野智和
Makino Tomokazu

勁草書房

はじめに

ある晴れた冬の日、都内の公園。百貨店が立ち並ぶターミナル駅前から少し歩き、大通りからワンブロック入ったところにその公園はある。公園の中央部には五〇m四方程度の大きな芝生広場が設けられ、その周りを公園内に併設されたカフェ、ウッドデッキ、子どもたちが遊べるスペースなどが取り囲んでいる。この本の筆者は、これからやらねばならない仕事のことについて少し考えようと思い、カフェで温かいコーヒーを買ってウッドデッキに腰を下ろした。あれこれ考えながらも、ウッドデッキでギターに合わせて合唱する音楽サークルの人々、話し込む男女や若い女性たち、コーヒーをゆっくり飲んでいる中高年の連れ合い、筆者のように一人で公園にたたずむ人など、さまざまな人々が思い思いにその場を過ごしている様子が目に入ってくる。芝生の向こうからは、子どもたちが遊ぶスペースからの、あるいはその近くで鬼ごっこやだるまさんがころんだに興じる子どもたちのはしゃぎ声が聞こえ、とても洗練された内外装のカフェの方に目を転じると、暖をとって中でくつろぐ人々、少し寒いもののテラス席で晴れた冬の午後を楽しむ人々の姿がみえる。こうした人々に自分も溶け込みながら、目の前に広がる芝生の緑、その奥に立ち並ぶ中層ビル、そしてその上に広がる青空を眺めながら小一時間ほどを過ごし、何やら考えがよくまとまったように思えて充実した気持ちでその場を離れた。

それより少し前の秋の日、神奈川県郊外の小学校の作品展覧会。鉄筋コンクリートの、乳白色の、典型的ともいえる校舎で小・中・高を過ごした筆者にとって、この校舎の設えは驚くことばかりだった。教室の壁がなく、廊下と地続きになっていること（ガラス戸が入れられるところもあるが、それでも廊下から教室の中がよく見えること）。教室や廊下に子どもたちが「たまる」ことができるようなスペースがいくつも設けられていること。廊下はさまざまな活動ができるように広くとられ、また教室や廊下の採光部も大きくとられて校内がとても明るく、木材もふんだんに使われて、全体として開放感と温かみに満ち溢れていること。また、この小学校は中学校と一体になっているのだが、この中学校ではいわゆるホームルームがなく、やや広めのロッカースペースと教科用の教室、そしてやはり広い廊下（窓際には腰を下ろせるスペースがある）からなっていること。自分自身が学んだ校舎を殊更に悪いものだとは思わないものの、このような校舎で過ごすことができたら、きっと楽しいだろう、何か違った学校生活になったのだろうと思った。

さて、本書ではこうした「充実感」や「楽しさ」について、もう少ししっかり考えてみたいと思う。ある空間で居心地のよさを感じたとして、あるいはそのなかで何かしてみようという気持ちになり、実際に何らかの行動が新たに起こったとして、それらはどの程度、空間の設計意図のなかに組み込まれているのだろうか。組み込まれているとしたら、そこで生じる気持ちやふるまいは、一体どのような物理的な設えのどのような作用によって起こっているのだろうか。また、そのような作用は昔から考えられていたものなのか、近年特有のトレンドのようなものなのか、後者だとしたらそのトレンドはどのようにして発生したのか。

こう書いてしまうと、私たちの気持ちやふるまいが、空間設計によって操られているというような「陰謀論」めいた印象を抱かれるかもしれないが、筆者の意図はそのようなものではない。私たちの日々の生活はつねに特定の物理的空間のなかで営まれており、その空間的条件によって制約されたり、逆に可能になったりすることが多くあるはずである。本書はそのなかでも、先に述べたような、充実感や楽しさを抱かせるような物理的空間がどのようにして成り立っているのかを考えることで、私たちの日々の生活の成り立ち、ひいては私たちの成り立ちのある部分について、理解を深めてみようとするものである。

ただ、筆者の専門は社会学であって、空間設計、つまり建築を専門的に学んできたわけではない。その点はがっかりされるかもしれないが、本書は専門的な技術やディテールを細かく詰めていくというよりは、空間設計とそこで過ごす私たちの関係、あるいは空間設計とそれを可能にする社会との関係について考えていこうとするものである（もちろん、これらを考えるにあたって、可能な限り専門的な技術やディテールを学ぶことも必要ではあるのだが）。とはいえ、このような観点をとるからといって、建築というあまりにも広く深い分野に簡単に分け入ることができるとは筆者も思っていない。そのため、本書の第一章ではかなり紙幅をとって、建築に対する本書の社会学的な（理論的な）スタンスを定めようとしている。ここに面食らう方も多いかもしれないが、これは本書が建築を安易に「一刀両断」するようなものではなく、定められた分析対象をピックアップし、それをある定められた観点から考察し、どのような意味でこの分野に新たな知見の積み足しを行いうるかをちゃんと言葉にしたいためであって、社会学者である筆者が建築という確立された専門分野に分け入るにあたって行わねばならない手続きだと考えている。そのことを汲み取っていただければと思うものの、この章を飛ばして学校建築、オフィスデザイン、公共空間デザインについて考えていく第二章以降の分析パートから読み始めてもらっても、おおよその話は通じると思われる。

さて、前置きはこれくらいにして本論に入ろう。くどくどと述べてしまったが、一言でいえば本書が行おうとしているのは「建築の社会学」である。この言葉の響きに何かしら感じるところがあれば、この後のページをめくってくれると嬉しい。

はじめに
第一章　主体性のハイブリッドな構成——建築空間の社会学的分析に向けて……… I
1　私たちの行為と建築空間　I
2　行為を物理的にデザインする——建築空間への社会学的アプローチの現状　4
3　ミシェル・フーコーの「権力の物理学」に立ち戻る——本書のスタンス　22
4　主体性はどうデザインされているのか——本書の目的　31
第二章　アクティビティを喚起する学校建築……… 43
——「ポスト規律訓練」的学校空間の組み立てとその系譜
1　学校とはどのような場所なのか——規律訓練の空間としての学校？　43
2　学校建築の社会学に向けて——本章における研究のスタンス　46
3　戦前における学校建築の定型化・画一化——戦後学校建築の前提条件　59
4　「計画性」という希望——戦後の再出発と新たな定型化・画一化　61
5　開かれた学校建築への期待——一九七〇〜九〇年代前半　71
6　アクティビティを喚起する学校建築——一九九〇年代後半以降　81
7　「ポスト規律訓練」的学校空間における自由とは　96

第三章 オフィスデザインにおけるヒト・モノ・コトの配置……115
——「クリエイティブ・オフィス」の組み立てとその系譜
1 「ハイブリッドデザイン」としてのオフィス 115
2 能率と「流れ」への埋め込み——一九五〇～六〇年代 123
3 創造性への注目と空間の多様化——一九七〇～九〇年代 128
4 ワークプレイスという視点とハイブリッド化——一九九〇年代中盤 134
5 創造的なアクティビティのデザイン——一九九〇年代後半以降 136
6 創造的主体性とその棲み分け 155

第四章 公共性の触媒を創り出す……169
——公共空間のハイブリッドデザイン（一）
1 都市開発の要所としての公共空間 169
2 公共空間デザインの分析に向けて——本書における研究のスタンス 171
3 現代的公共空間デザインの源流——ジェイコブズとゲールに注目して 180
4 公共空間におけるアクティビティ誘発のディテール 190
5 公共性の触媒を創り出す 205

第五章　編集・自分ごと・戦術——公共空間のハイブリッドデザイン（二）……219
1　公共空間をめぐる規制緩和　219
2　公共空間を編集する——リノベーションとマネジメントをめぐる挑発的提案　223
3　「自分ごと」と「織り込み」のデザイン——まちづくりワークショップの派生的展開　231
4　自分で公共空間を創り出す　243
5　公共空間に戦術を仕掛ける——タクティカル・アーバニズムとプレイスメイキング　249
6　公共空間を創り出す主体性とその解釈　266

終　章　創造性をデザインする……287
1　アクティビティを誘発する建築空間　287
2　創造性をデザインする　290
3　規律訓練から管理へ？　293
4　今後の課題——建築の社会学に向けて　301

あとがき　309
参考文献　*iv*
索　引　*i*

第一章　主体性のハイブリッドな構成——建築空間の社会学的分析に向けて

1　私たちの行為と建築空間

本書を読み始めた皆さんは、一体どこでこの本を読んでいるだろうか。自室かもしれないし、リビングかもしれない。この文章を書いているのは新型コロナウイルス感染拡大の最中だが、それが収束して（あるいは収束していなくても……）どこかのカフェの雑然とした雰囲気のなかで読んでいるかもしれないし、もっと落ち着いた店でゆっくり読んでいるかもしれない。公園のベンチ、電車のなか、駅のホーム、書店（で立ち読み）、図書館、研究室、ほかにも色々あるかもしれないが、本を読むという行為はほぼすべて何らかのかたちで人為的につくられた物理的空間、いわゆる構築環境 build environment のもとでなされているといえる。このことに限らず、私たちがなす行為のほとんどは、やはり何らかの構築環境のもとで行われているといえるはずである。

だが、ドイツの社会学者マルティナ・レーヴ（Löw［2000］2016）は、都市空間や仮想空間、公共空間など、「空間」に関する経験的な研究は多くなされてきたが、その内実はそうした空間で起こる「現象」の研究であったと指摘する。そしてレーヴは、地理学者エドワード・ソジャ（Soja 1989＝2003）以来の「空間論的転回」から時が経ってもなお、空間そのものの「物質的かつシンボリック」な構造とその相互作用の内実についての理論化は進まず、多くの場合研究から除外される環境条件にされてきたと述べている。

筆者が専門とする社会学は何らかのかたちで行為そのもの、あるいは行為に連なるものとしてのアイデンティティ、その場の状況、社会的背景などを理解しようとするものだが、私たちが日々営むさまざまな行為の考察に関して、構築環境は除外されるべきものだろうか。構築環境についての検討は、その専門家たる建築関係者らに委ねればよいのだろうか。そう考えてしまうにはもったいないほど、私たちの行為は構築環境にさまざまな影響を受けている。たとえば（従来的な）自室や研究室のように物理的に囲われた空間、あるいは一部のカフェや公共施設のように開放感がある空間、学校の教室などのように皆が同じ方向を向いて同じことがしやすい空間、公園などのように人はいるが相互に距離をとって共にいることができる空間など、空間の構成・特性は本を読む、人と話す、人の話を聞く、集中して何かに取り組む、休憩する、遊ぶ、人を集めて何かするといった行為をそれぞれ促進ないし抑制する要因になりうるし、行為そのものを新たに発生させる条件や、行為を不可能にする物理的障壁にもなる（これらは個人にとっても、集団にとっても）。またそうした空間の多くはそもそも、学校や図書館、美術館、劇場、公園、広場、オフィス、カフェ、商店、ホテルや旅館など、そこでなされる行為があらかじめ想定され、それらに特化・最適化された空間として設計されており、私たちの生活はこうした空間を移動するなかでほぼ営まれている。これらのことを考えると、構築環境と行為の関係性もまた考慮されてよいことがらといえるはずである。

こうした観点から本書では、構築環境の最たるものであり、つねに私たちの生活に何らかのかたちでかかわるものとしての「建築」——そのためここまで挙げた例も、ほぼすべて建築空間についてのものだった——が私たちの行為といかなる関係性をもっているのか、社会学的な観点から考察を行っていきたい。本章では以下、その考察にあたっての筆者のスタンスを示していく。まず2では先行研究を参照して、建築空間と私たちの行為の関係性について考える視点を整理する。次いで3では、2で整理した視点を総合的に活かすことができるスタンスとして中期ミシェル・フーコーの権力論に注目し、本書における建築空間へのアプローチを定めていく。4では、2と3を踏まえて本書の目的について改めて述べる。議論を先取りしてあらかじめ述べておくと、筆者は2においてアクターネットワーク理論（ANT）に注目しつつもそれを本書のスタンスとして標榜する選択はとらず、3においてその理論的ルーツの一つといえるフーコーのスタンスを採用するという、回りくどくみえるかもしれない議論の進め方をしている。だが本書の着想はANTを学び、その含意をいかに社会学に活かすことができるかを考えるなかで得られたといえるもので、そうした筆者自身の思考のプロセスを示すことが、本書のスタンスを丁寧に説明することにもなると考えてこうした進め方をとっている。

2　行為を物理的にデザインする――建築空間への社会学的アプローチの現状

建築をめぐる研究・議論はそれこそ無数に積み重ねられてきたといえるが、それらにそのまま向き合おうとすると、どこに議論の初発的な手がかりを求めればよいのか、判断が非常に難しくなってしまう。そこで本書では、ここまで述べてきたような筆者の関心にしたがって、また筆者の専門にしたがって、社会学とその周辺領域における建築についての研究を手がかりに話を始めていきたい。

さて、世界的にみても建築を対象とした社会学的研究は未だ蓄積途上にあるといってよいように思われるが、その研究は主に建築に携わる人々を対象になされており（内藤 2012; 松村 2021 など）、建築作品が扱われる場合はピエール・ブルデューの「界／場 champ」（Bourdieu 1979＝1990a, 1990b など）の概念を参照して、建築「界」において建築家自身とその作品がよりよい位置づけを占めるための象徴闘争という観点から主に考察がなされてきたように思われる（南後 2007, 2008; Jones 2011; 松村 2021 など）。そのため、建築空間それ自体を主たる検討対象にした研究はかなり少ないといえるが、それはレーヴが述べたように空間の内実が看過されてきたためかもしれないし、建築空間を対象にした研究が、建築物の構造によって私たちの行為が影響を受けるという「技術決定論」にしかなりえないとして避けられてきたためかもしれない。だが数はさほど多くないものの、単純な技術決定論を回避しつつ、建築空間と人々の行為の関係性について理論的・経験的に考えようとした研究もいくつかみることができる。以下ではそれらから建築空間と私たちの行為の関係性についての示唆を汲み取りつつ、より精緻化すべき論点についても考え、本書のスタンスを少しずつ定めていくこととしたい。

とはいえ、本書が一体どこへ向かおうとしているのか、いまいち判然としない方も多いかもしれないので、よく知られた議論を手がかりに少し説明を足しておこう。構築環境のまさに物理的な側面が人々にもたらす影響については、法学者ローレンス・レッシグによる「アーキテクチャ」や、思想家・東浩紀による「環境管理型権力」についての指摘が近年ではよく知られている。レッシグは、モノの「あり方、その設計、その作られ方」を通した規制としての「アーキテクチャ」は、法・規範・市場による規制とは「別個のモード」のものであると言及している（Lessig 2006＝2007: 173-177）。また東は、「人の行動を物理的に制限する権力」としての「環境管理型権力」を、かつてフーコーが示した「ひとりひとりの内面に規範を植えつける権力」としての「規律訓練型権力」と対照的なものとして位置づけ、「マクドナルドの硬いイス」のような物理的規制を通した、人間の「動物的」な部分に訴える管理のあり方であると述べている（東・大澤 2003: 32-34, 45-46）。これらの指摘は、今日における物理的な（電子上のものも含む）規制の台頭について述べたものといえるが、鈴木謙介（2009: 112-113）によればアーキテクチャという言葉は（東の指摘の影響も受けながら）しばしば「『技術による人間疎外』の変奏」、つまり技術決定論のような趣きで語られてきた側面があるという。鈴木はそれに対し、椅子の硬さが客の回転率を自動的に上げるわけではなく、その椅子が持つ社会的意味、物理的な空間の布置、客の側のリアクションなど、多くの社会的変数との相関から物理的規制については考えられるべきだと指摘している。そもそもレッシグも、人々への規制は、法・規範・市場そしてアーキテクチャによる制約条件の「合計」や「相互作用」として構成されているものだと述べていた

（Lessig 2006＝2007: 174-175）。こうした指摘に引きつけて言い直すと、以下で行う整理は建築空間という物理的規制としてまず映るものについて、その規制のあり方自体を考えつつも、それがどのような社会的変数や制約条件との相関・相互作用のなかで可能になっているのかを合わせ考えることのできる筋道を得ようとするものだといえる。では、ここからは先行研究の整理に進みたい。

（1） 行為の資源としての建築空間と「制度化された配置」――レーヴ『空間の社会学』

上述したレーヴは、『空間の社会学――物質性・社会構造・行為』（Löw［2000］2016）において、物質性を考慮に入れた空間理論の構想を示している。彼女が出発点とするのはアンソニー・ギデンズ（Giddens 1984＝2015など）の構造化理論で、行為と、行為がなされるにあたって利用される資源の傾向性・規則性（構造）との関係性を考えていく際に、これまでほぼ考慮されることのなかった物理的空間の作用を組み入れようとする。そのことを通して、人間とモノに異なる現実があると考えるのではなく、それらが絡み合ってできている異種混交的 heterogeneous な空間の秩序を研究できるようなアイデアを示そうとしている。

レーヴはまず、空間とは「つねに動き続ける物体をめぐる関係的配置」であるという初発的仮説を提示する。ここでいう物体には、人間（生物）の身体と、ドアや壁、窓、棚、テーブルといったモノの双方が含まれる。レーヴは、人間が行為をなすにあたってそのような関係的配置が合成的に認識されるとし、その際に住居におけるフロアプランの形態、スーパーマーケットの物理的配列などのような「制度化された配置」が個人を超えた安定的・反復的な効果、つまり構造的な効果を及ぼすという。

この配置、そしてそれを受けた空間認識は単に物質的な作用としてのみみるべきではなく、制度や慣習として、またその意味をめぐる語りが一定以上まとまった言説として、プランニングや建築の専門家などがそこに関係しながら社会的に「事前構造化」されているものだとレーヴは述べる。またその構造化は再帰的なプロセス、つまり空間の物理的な配置が安定的・反復的に人々の行為の資源となり、人々の行為がそれにもとづいて安定的・反復的になり、それが社会生活の継続とそれに伴う存在論的安心をもたらすというプロセスを通して確立されていくものだという。

またレーヴは階級やジェンダーなど、行為する人々の社会的属性によって配置される空間、あるいは同一空間内での配置や位置取り、行為の際に利用される空間的資源が異なることにも言及している。具体的には、公的空間と私的空間を分離させるような価値意識、プライバシーを保障する居住空間のあり方はそれぞれ中産階級により親和的なもので、空間内部におけるモノの揃え方や配置の趣味嗜好も階級によって異なっており、こうした階級的影響を受けながら特定の配置が安定化したり、逆に選択されないことがあるとレーヴは述べ、その一例としてリビングルームにおいて、そこでの空間構成やモノの揃え方、配置のあり方が何かしら特定のターゲットを想定したつくりになっていることを思い浮かべてもらうのが分かりやすいだろう（高橋 2011 なども参照）(1)。

レーヴの議論からは、建築空間のなかでも特に「制度化された配置」が人々の行為の構造化に寄与し、そこには建築の専門家がかかわっているという観点を得ることができる。だがそれは単純な技術決定論をとるわけではない。「制度化された配置」は専門家によって事前構造化された物理的配置でもあるが、それは人々にとって既に自明なものとなっている行為のまとまり（制度や慣習）、あるいは意識的・無意識的に参照される意味体系（言説）とも関係して空間構成や行為に影響を与える、多様な側面をもつものである。またそれは個々人に参照・実践されるプロセスのなかで再帰的に効果を発揮するものであり、またそれゆえに個々人が置かれた社会的状況によって空間の認識、そこでの行為、空間に感じる親和性にはそれぞれバリエーションが生まれることになる。社会学においては標準的といえるこれらの観点は、建築空間と人々の行為の関係性を考察するにあたっての基礎づけを提供してくれるものだが、レーヴの議論はその出発点からして行為を構造化する一条件として空間とその物質性を考慮しているため、それらの作用はどうしても制御や統制という観点から捉えられがちである。もちろんそうした側面は大きいものだが、もう少しラディカルにそれらの作用を考慮することもできるように思われる。

(2) 異種混交的ネットワークにおいて生成されるエージェンシー
——アクターネットワーク理論によるアプローチ

建築物それ自体、あるいはそれを構成する諸要素の作用をよりラディカルに捉えることを可能にしてくれると思われるのが、ブリュノ・ラトゥール、ミシェル・カロン、ジョン・ローらによって提案されたアクターネットワーク理論（ANT）である。ANTが示す論点は数多いが（Latour 2005＝2019など参照）、建築空間と私たちの行為について考えるにあたって重要な論点は、建築物を含むモノと人間を両極的な存在として切り分けず、それらがハイブリッドに絡み合う関係性＝アクターネットワークそのものを追跡されるべき「集合体」ないしは「連関」とし、モノと人間双方の「エージェンシー」がそうした関係性のもとで生成されるとみなす、といったあたりだと思われる。

もう少し説明が必要だろう。ANTの立場の論者は、「我々が『社会』と呼ぶものは、物質的に異種混交 heterogeneous」的なものだと考える（Callon and Law 1997＝1999: 241）。つまり、私たちの身の回りはモノ――ANTの研究では、ホタテ貝から銃、太陽光、そして建築物までありとあらゆる対象が含まれることを踏まえると、ANT流の表現にしたがって「非人間」と称する方が包括的だろう――であふれているが、それら非人間は私たちの暮らすこの世界においてただ人間に利用されるばかりの受動的な存在、あるいは私たちの行為をただ物理的に制御・統制する存在としてではなく、私たち自身と分離することができないほどに一体化して存在したり、私たちのあり方を大きく変え、人間のみでは行えないさまざまなことがらを可能にしてくれたり、また予想もしないかたちで私たちに影響を及ぼすことがある。そう考えると非人間はさまざまな役割を果たすことができる有能な「アクター」であり、それを「社会」には含まれないとして切り離し、考慮の外に置くことはとてもできない。そのためANTの立場では、人間と非人間を切り分けずにそれらアクター相互の関係性、いわば「ハイブリッドな集合体 hybrid collectif」（Callon and Law 1995: 485）そのものを明らかにすべきだと考える(2)。モノの役割はその構造によって決まっており人間はそれによって影響を受けるとする技術決定論、逆に社会的な文脈によってモノの役割は定まっているとする社会決定論、あるいはそうした役割を定めることにかかわる表象の分析（言説決定論）といった還元論をとらず（Latour 1991＝2008: 17–20）、その都度の異種混交的な関係性（アクターネットワーク）のなかで人間・非人間アクターの性質・能力が生み出されると考えるのである。端的にいえば、「人もまた、異種混交的なネットワークによって生み出された効果」なのであり（Law 1992: 383-384）、「アクターの新しいアイデンティティは、関係のネットワークの物質的な異種混合性のうえに位置づけることができ、そのネットワークから区別することができない」（Callon and Law 1997＝1999: 247）ということになる。

ANTあるいはそれを受けた議論においては、こうした関係性のなかで生み出されるアクターとしての性質・能力は、「エージェンシー」（行為者性、行為を生み出す力）という言葉で表現されることが多い（Suchman 1998＝1999: 190-191; Urry 2000＝2006: 140; Verbeek 2011＝2015: 59 など）。これはそのアクター一般のエージェンシーを論じるというよりは、人間・非人間が畳み込まれている特定の関係性においてそのアクターが得ることのできる性質・能力という含意で用いられるものである。

このようにANTからは、私たちのその都度の行為のみならず、行為者としての性質・能力（エージェンシー）が非人間との関係性のなかで、ただ制御されるばかりでなく生成もされるという視点を得ることができる。また、それを考察するにあたって、異種混交的な関係性の形成を追跡していくという分析の指針も得ることができる。

ANTによる（文化人類学的）建築研究は、建築を政治的利害関心やイデオロギーが具現化されたものとみなし、また建築家を素朴に「創造性の真のエージェント」（Yaneva 2017）[3]とみなす既存の研究に反発し、人間・非人間相互からなるアクターネットワークが微細に流動する「動いている『プロジェクト』」（Latour and Yaneva 2008＝2016）としての建築プロセスに注目することが多いが（Houdart and Minato 2009＝2016 なども参照）、建築空間と人々の行為の関係性を記述したものとしてはアルベナ・ヤネヴァ『建築を政治化する5つの方法――デザイン実践の政治学への招待』(Yaneva 2017) における芸術大学の設計を分析した章がある。これは、大学校舎のアトリウム内部の動線設計や芸術作品の配置などによって専攻の違う学生同士や作品が期せずして遭遇してコミュニケーションが生まれたり、講堂の空間設計によって学生と講師との親近感が調節されるといった、人間と非人間の配置を通して人々の行為や特定の関係形成が誘発されるような組み立て assemblage について記述したものである。こうしたアプローチについてヤネヴァは、どのように人々が建築物に巻き込まれ、そのなかでモノと人間がどのように(再) グループ化され、両者のエージェンシーが再分配され、新たな問題や議論が生まれ、人間の経験やコミュニティの反応を変容させるかを明らかにする営みだと説明しており、建築空間と私たちの関係性について考えるためのより拡張的な観点をもたらしてくれる。

ただ、ANTのアプローチは「アクターに従え/アクターを追え」(Latour 2005＝2019: 129 など) という方法論的公準からして、得られた知見を広く適用することにはかなり慎重であるように思われる。ヤネヴァは、文献資料の分析や一度限りのフィールドワークでは建築をめぐるアクターネットワークの微細な様態を捉えることはできず、つねに動き続けるその関係性を体感するためには「顕微鏡的」「強迫的」に建築のプロセスに密着する必要があり、その分析もケーススタディ内部での一般化までに留まるべきだと述べている。隈研吾らの設計プロセスに張りついたソフィー・ウダールも、建築家の著述や完成した建築の観察からはみえてこない、「制作過程の作品が遭遇するさまざまな小事」(Houdart and Minato 2009＝2016) をフィールドワークから描くべきであるとしており、建築空間と私たちの行為の関係性を広く理解しようとするならば、ANTを採用しつつそれを行うことは単純には難しいと考えられる。

(3) 異種混交的ネットワークをデザインする――建築家とアクターネットワーク理論

このことに関して、ネットワークの記述は必ずしも事例特化的でなければならないのだろうか。たとえばヤネヴァが記述した大学アトリウムの設計は、「スタジオ」と呼ばれるコラボレーションスペースの設置や研究室・講堂の透過化を通して、教員同士・教員と学生・学生同士の活動を分野をまたいでオープンにし、また交流を生みだそうとした公立はこだて未来大学（2000、山本理顕）の設計意図にも通じるところがあるようにみえる。また、コミュニケーションを発生させ、親密さを感じさせるような空間設計は、今日異口同音に語られる大学建築の方向性の一つであるようにもみえる（たとえば『GA JAPAN 146 大學の建築』(2017) など参照）。確かに、一つ一つの建築物をめぐる自然環境、各種の規制、建築家、工務店、利用者、クライアントなどからなるネットワークの構成要素は当然異なる個別解としかいえないものだが、そうした相違を超えて、反復的に生成されようとするネットワークのパターン、ないしはそこで生成されようとするエージェンシーについての傾向性を何がしか見出すことはできないだろうか。これに関して、ANTを参照して議論を展開する建築家の語りをみていくと、そのような実践は既になされているとみることができる。

その一人として、ウダールの研究対象になった隈研吾を挙げることができる。隈はウダールの仕事によって、建築が「少しも固定されていないこと」「小さな粒子が流れ続ける場であること」（隈

2020: 25）を発見したと述べているが、彼自身はより以前から、訪れる者との関係を拒絶して屹立するような建築物（「オブジェクト」）に対して「主体と世界の間に介在する媒介装置」（［2000］2009: 82）としての建築、その都度人間と建築、自然環境などをめぐる「関係性の網の目」（［2000］2009: 55）が新たに取り結ばれるような建築（「反オブジェクト」）を志向して活動を行ってきたといえるように思われる[4]。そのような志向は隈の代名詞ともいえる各種の制作手法に直結しており、二〇一八年の『場所原論Ⅱ』で整理されている「粒子」「孔」「斜め」「時間」といった手法は、ANTに出合わずとも隈が企図してきた、またANTによってより明確に位置づけられるようになった、人間・建築・自然環境のハイブリッドな接続に向けてある程度反復的に用いられる手法であるように思われる。具体的には、「粒子」は「実際に建築を体験する人間の立場、地面の上を歩く人間の目線、孔の中を歩きまわる人間の立場」を考えて、認知の手がかり、関係性の手がかりとして粒子的な素材を基調とする手法（2018: 14, 38–41）[5]、「孔」は建築物に設けられた無数の孔によって空間と人間を自然へと開き、そのことによって「つなぐだけでなく、我々をしっかりと包み込む」手法（2018: 19, 52–55）[6]、「斜め」は建築と自然と対立させるのではなく「内部と外部とをスムーズにつなぐ」ことが可能になる手法（2018: 27, 92–97）[7]、「時間」は「その場所で長い時間用いられてきた材料を使い」、そのことで場所と建築に有機的な関係を取り戻す手法として説明されている（2018: 34, 120–123）[8]。これらは個々の個別解としての建築を導く手法であるとともに、そうした個別解を超えて反復的に生成されようとする異種混交的な関係性のひな型にもなっているようにみえる。

　また塚本由晴（アトリエ・ワン）は、「ふるまい」の主語を人間以外、たとえば建物、壁、窓、それらを通り抜ける光や風、日光を浴びてたまる熱などの「パフォーマンス」にも拡張して早くから議論を展開し、ある物理的空間のなかで人間・非人間のパフォーマンスがそれぞれ十分に引き出されることや、それらの相互作用から生まれる「ふるまいの生態系」の尊重を志向していた（アトリエ・ワン 2009: 67–68, 91–93; 東京工業大学塚本由晴研究室編 2010: 24–26 など）。ANTを直接参照してより踏み込んだ議論を展開した『コモナリティーズ——ふるまいの生産』（アトリエ・ワン 2014）では、街が計画的・合理的につくられ続けるなかで、人々はさまざまな公共の場で自ら自由にふるまうことを忘れてしまったというある種の疎外論を提示したうえで[9]、ある場所をめぐる自然的条件や制度による各種制約のなかで人間・非人間がいつのまにか積み重ねてきたふるまい、つまりその場所を特徴づけるようなふるまい（「固有のふるまいの生産ライン」）を読み解き、「多様なアクターのふるまいが好きなように、素直にふるまうことができる共存状態」を再構築していくことに状況改善の可能性を見出している（アトリエ・ワン 2014: 7–13, 45–51）。また、二〇一五年の論文「非施設型空間とネットワーク——ふるまいを解放する建築」（塚本 2015）では、『コモナリティーズ』とほぼ同様の疎外論が展開されたうえで、そうした疎外的な空間を「施設型空間」、それに対してふるまいを基盤として関係性が紡がれていく空間を「非施設型空間」とし、後者にあてはまる複数の建築物についてANTを参照しながら「建築を結節点とする人、モノ、技術のネットワーク」を新たに形成したという観点から評価を行っていた。このように、塚本はある空間における異種混交的なふるまいの共存、またある空間と結びついて異種混交的なネットワークが生成されていくことをそれぞれ望ましい様態と評価したうえで、そのようなアクターネットワークのパターンを反復的に実現しようとしているようにみえる。

隈と塚本の建築（論）をみるならば、それぞれの建築物は個別解として手がけられているとしても、そうした個別事例を超えて反復され、また新たな事例の指針になるようなアクターネットワークのパターンがあるように思われる。

（4）没入することのデザイン――シュール『デザインされたギャンブル依存症』

個別事例を超えたパターンを分析しようとするとき、それは「アクターに従え／アクターを追え」というANTの方法論的公準から逸脱するものとなり、アプローチの取り下げないしは修正が必要かもしれない。だが文化人類学者のナターシャ・ダウ・シュールは『デザインされたギャンブル依存症』（Schüll 2012 = 2018）においてANTを参照しつつ、しかし自らのスタンスをANTであるとは標榜することなく現代におけるカジノの建築空間について分析を行っている。

シュールはギャンブル、特にスロットマシンにはまる人々が求める「ゾーン」への没入、つまり「ほかのいっさいがどうでもよくなるハマった状態」（2012 = 2018: 9）がカジノの空間構造、スロットマシンの設計などを通してどうデザインされているか[10]、またそれらに対してギャンブラーはどのような感情的自己管理を行って適応しようとしているかをともに考えることで、ギャンブル依存症をテクノロジーの問題でも、人間のみの問題でもない、両者の「共同制作」「動的相互作用」のうちにある問題として考えようとする（2012 = 2018: 34-36）。

カジノの建築空間は、一般的な建築空間とは異なる志向をもっているという。つまり、広く高く開放的で、整然とした空間を志向するのではなく、狭く低く周囲から遮断され、迷い込み、籠もることのできるような空間になっている（2012＝2018: 57）。それはギャンブラーたちが没入のために求めているもの――そういった設えでなければ、ギャンブラーたちはそこから離れてしまう――でもあるが、そのような空間は実際明確な意図をもって設計されている。つまり、マシンのゲーム構造自体は果てしなさを感じさせるものである必要があるが、空間に広がりがあると没入が阻害されてしまうため、フロアを見通せないよう天井は低く（マシンは人間の背丈を超えるように設計し）、密集的に詰め込まれたマシンは斜めに入り組んだ迷路のように、通路も最低限の広さしかとられずに配置され、小さなくぼみの中、部屋の片隅、物陰にいると感じられるようにして「プライバシーや安心感、集中力、有能感」をともに生み出せるようになっている。また、マシンが置かれているフロアへの誘導指示は明確になされ、スムーズにフロアに入れるよう曲がり角ではなくカーブの流れが多用されて動線が設計されている一方で、フロアに入れば上述したような見通しが悪くどこを向いてもマシンしかないような空間で、人々はマシンに向き合うしかないという状態がつくりだされている。そして一旦マシンの前に座れば、人間工学にもとづいた適度な温度、照明、音響の大きさ、フロアの混み具合に応じたテンポの音楽、（かつてのカジノとは違って）絢爛さを抑えた装飾などによって、ゾーンへの没入が少しでも長く持続できるよう人々は環境的に支援される（2012＝2018: 64-75）。

この後に続くマシンの設計意図、マシンプレイの分析、ギャンブラーたちがそれらに向き合う姿の描写もそれぞれ興味深いのだが、建築空間の分析としては、かつてフーコー（Foucault 1975＝1977）が「規律訓練」という言葉のもとに語った、人々の統制を目指した建築空間の活用ではなく、「抑止ではなく誘惑、処罰ではなく褒美、変容させるのではなく誘導」（Schüll 2012＝2018: 77）を企図して、空間設計とモノの配置を通して人々の行為者としての性質・能力が喚起される様態を具体的に、また個別事例に留まることなくより一般的な傾向として描いている点が示唆的である。また、こうした「ゾーン」の分析を受けてギャンブラーの感情的自己管理の分析へと進む展開からは、建築空間の作用がその都度のエージェンシーの生成に留まらず、より継続的な効果をもつものである可能性も汲み取ることができる。シュールはこうした分析から、「現代アメリカの生活を惑わしているさまざまな不確かさや不安が、そして個々人がその不確かさや不安の対処にとりいれがちなさまざまに入り混じるテクノロジー」（2012＝2018: 24）がみえてくるのではないかと述べており、こうした言及からもANTを参照した分析の拡張可能性を示してくれている。

また上述したフーコーの参照は、カジノの建築空間はフーコーが述べる「規律訓練」型の権力よりもジル・ドゥルーズ（Deleuze 1990＝1992）が述べた「管理」型の権力、つまり個々人の身体の統制によってではなく、データとしての個々人の流動性を管理することによって成り立っているという考察のなかでなされたものだが（Schüll 2012＝2018: 77-78）、こうした指摘がカジノ以外の建築空間に対してどの程度あてはまるのかという関心も呼び起こされる。

(5) 建築空間をめぐる歴史性・社会性——ショッピングモール研究を事例に

ANTのスタンスは、人間・非人間をめぐるネットワークに外在する社会的な変数をアプリオリに想定すること、また社会科学の諸概念をネットワークの解釈に（安易に）外挿することをせず、歴史的・文化的情報からそれ自体は把握できないと考えて生成され続けるものとしてのネットワークの描写にまず注力しようとするものといえるが、こうしたスタンス自体に批判がなされることがある。具体的には、そのようなアプローチはネットワーク形成にあたって外すことのできない先行条件をも軽視してしまうことになるのではないか（木佐森 2009: 69; 青山 2012: 171）、結果として「いかなる帰結もそれは所詮偶発的であるという結論しか」引き出さないのではないか（綾部 2006: 15）、「万物は万物とかかわり、状態は変転してやまぬ」というスタンスで関連するアクターを記述していこうとするスタンスではどのような場合に状態が変化するのかを検証可能なかたちで判定できず、少なくとも社会学にとっての認識利得がほぼないのではないか（松本 2009: 164-165）、というように。

こうした諸批判に対するＡＮＴの立場からの応答もなされているが、その判定はさておき（そもそも筆者にはその力量がない）、近年注目を集めたショッピングモールについての研究をみると、当然ではあるのだが建築空間の成立をめぐっては相当な先行条件が介在していることがよく分かる。ショッピングモールの回遊的な構造についてはいくつかの言及があるが、そのような建築空間の成立については南後由和（2013）の分析がもっとも精緻なものだろう。南後は、近年におけるショッピングモールの増加には二〇〇〇年の大規模小売店舗法の廃止と大規模小売店舗立地法の施行、その背景となっている規制緩和やグローバル化、巨大なショッピングモール建設を可能にする産業構造の転換（に伴う工場跡地の発生）などの背景があることを指摘している。また、以下のようなさまざまな観点から、ショッピングモール（とショッピングセンター）が各時代における社会状況や業界の関心のなかで変容してきたことも述べられている。ショッピングセンターはそもそも自動車社会の到来のなかで家族連れが安心して歩き過ごせる場所として発展したこと（そのため、遠くを走る自動車からも視認できることが重要であるためショーウインドウなどはなく、巨大でのっぺりした外観をとる)。日本国内のショッピングセンターには一九七〇年の大阪万博での動線・室内環境・サイン・交通などに関する経験や、ディベロッパーや建設会社とテナントの分業形態が応用されていること。その後ショッピングセンターにおいて「客の動線をコントロールする装置」(2013: 137) としての「モール」の機能に徐々に注目が集まり、その構造がショッピングセンター業界の状況・関心に応じて直線型・蛇行型・サーキット型というように変化していった結果、回遊と直線的移動を双方確保する空間構造とその誘導を両立して消費を喚起する「人びとの振る舞いを空間によって即物的に操作・管理する形式が先鋭化した建築空間である『工学主義的空間』」(2013: 166) としての今日のショッピングモールに至っていること、等々。

先ほど言及した隈や塚本の仕事や議論(および次章以降での分析事例)をみても、建築に携わる人々はしばしば明らかに建築や社会に関する先行条件について熟知・憂慮し、それらに対する応答として自らの活動を行っており、その意味でも先行条件の考慮の重要性はショッピングモールに限らずいえることだろう。ヤネヴァやウダールが述べるように、事例に強迫的に張りついて、建築家自身も分かっていないような「制作過程の作品が遭遇するさまざまな小事」を観察・記述するという研究プログラム自体はありえるものだとしても、何が未だ明らかになっていない小事であるのかの判断は、何が既に意図的にデザインされており、それがどのような社会的条件のもとで可能になったのかを徹底的に検討したうえでなされるべきで、多くの分析対象において、基本的には順序として後になるように思われる。

本節で得られた示唆を整理しておこう。レーヴによる「制度化された配置」についての指摘は、専門家と私たちがともにかかわる再帰的なプロセスを通して、私たちの行為がバリエーションをもちつつ構造化されるという建築空間と行為についての理論的基礎づけを与えてくれる。ANTの立場は、異種混交的な関係性のもとで建築物と人間双方のエージェンシーが生成されるというラディカルな視点を与えてくれるもので、個別事例からの拡張については見解が分かれるところだが、建築家によるANTの活用、シュールのカジノ空間の分析からは、実際にそのような拡張的傾向を観察しうるものであるように思われた。そして南後のショッピングモール研究は、建築空間が社会的な諸条件のなかで可能になっていることを経験的に示してくれている。

本書の筆者はこうした示唆を踏まえ、現代におけるいくつかの建築空間のタイプを主な分析対象として、それがどのように人々の行為を構造化・喚起しようとするものなのか、またそのことで私たち人間のどのようなエージェンシーが生成されようとしているのか、そしてそれはどのような建築をめぐる諸条件のなかで可能になっているのかを検討できればと考えている。このようなアプローチをとるため、本書で述べるところの「行為」「ふるまい」は、解釈が伴われる一つ一つのミクロなそれらというよりは、建築空間によって構造化・喚起されるそれらのパターンを意味することになる。また、「建築空間」についてはここまでの先行研究における言及を踏まえて、室・スペース・動線のゾーニングと設計、物品の配置などを通して構成される建築上の空間として包括的に定義しておきたい。

さて、今述べたようなことを検討したいならば、本書のスタンスとしてANTを採用するのが最も適合的と思われるかもしれない。ロー（Law 2008）はANTを「教義や信条ではなく知的な主題」「物質的—記号的な道具、感受性」であると表現しており、シュールの仕事はそのさまざまな応用がありえることを実際に示してくれている。だが、ANTの基本的な公準である「アクターに従え／アクターを追え」については、ANTを標榜するヤネヴァやウダールがかなり強くその遵守を主張しているようにみえ、ある建築空間のタイプ一般に通じるような俯瞰的・拡張的な分析を行おうとする場合、それをANTと呼べるかどうかはかなり判断が分かれるところだと思われる。また、ANTは外在的な解釈よりも関係性そのものの記述に志向するところがあるが、隈や塚本の言及やショッピングモール研究からは、建築や社会に関する先行条件を受けて、またそれらに対する応答として個々の建築物が設計されている側面は非常に強いように思われ、それらを重要なものとして考慮しようとするならば、やはりANTを標榜することは難しいように思われる(11)。

というより、ANTを標榜しなければ上記のような検討課題が遂行できないわけではない。ANTによって気づくことができた視点は非常に重要なものだが、筆者には、述べたような含意を汲み取りつつもそれらをおおむね損なわずに活かすことのできる、ANTのルーツの一つといえるあるアプローチに立ち戻ることで、上記の検討課題によりスムーズに取り組むことができるように思われた。また、そのアプローチを参照することは、建築空間と私たちの行為との関係性を分析するにあたっての具体的手がかりが多く得られる点でもメリットがあるように思われる。次節ではそれについて論じていこう。

3 ミシェル・フーコーの「権力の物理学」に立ち戻る――本書のスタンス

(1) 異種混交的「技術」としての権力

本書が立ち戻りたいのはミシェル・フーコー中期の権力論である。これはゆえなきことではなく、ANTの先導者のなかでもローはフーコーとANTの関係についてしばしば言及している。たとえばANTは「ミシェル・フーコーの仕事と重要な部分を分かち合うものだ」(Law 1999: 3-4)、「権力とは諸原因の組み合わせではなく、ネットワークの効果であるとみなすこの立場は、フーコー(『監視と処罰』)に近い」(1992: 380-387)、というように。またローやカロンは異種混交的なネットワークを、フーコーの用語に合わせて「布置連関 configulation」と表現することがあり[12]、そうした布置連関の効果として人間を捉えようとする観点はやはりフーコーを参照しているところが大きいように思われる。こうした関連を導きとして、以下では主に中期フーコーの議論、具体的には主にコレージュ・ド・フランスの一九七二―七三年度講義『処罰社会』、七三―七四年度講義『精神医学の権力』、七五―七六年度講義『社会は防衛しなければならない』[13]、そして七五年の『監獄の誕生』(原題は『監視と処罰』)での議論を整理して、建築空間と私たちの行為との関係性をめぐる本書のスタンスをより精密に定めていきたい[14]。

既によく知られていることばかりではあるのだが、本書の研究に関して整理しておきたいポイントは三点である。一点目は「権力」の見立てについて。この時期のフーコーは幾度も、自らの「権力」

についての見立てが従来的なものと異なることに言及している。つまり、どこに権力の根拠や中心があるかを考えるのではなく、誰がそれを保持しているのかと考えるのでもなく、権力に付随したイデオロギーについて考えるのでもなく、「実際に作用している権力関係」から捉えることをフーコーは提案した。社会のそこかしこで実際にみることができる、人々の身体を配置し、動作を方向づけ、行動を管理するといった、「その末端で、その究極的な輪郭の中で、権力が毛細状になるところ」「物質的現場」「技術、手続き」を押さえ、それを通して権力の対象となる人々が「どのようにつくられていくのか」、いわば「諸主体の構成」を探究すること。中期フーコーの権力分析はこのような、権力の適用対象となる人々の身体に何らかの作用を及ぼすべく配慮された技術の研究として提案され、また遂行されている（Foucault［1974］1994 = 2000: 71, 1997 = 2007: 30–36, 48, 263, 2013 = 2017: 16–17 など）。こうした技術のなかに、有名な一望監視装置（パノプティコン）のみならず、「労働者共同住宅地・病院・保護施設・監獄・学校など」の建築論やその設計計画が含まれることが言及されている（1975 = 1977: 176–177 など）。

だが、この権力の技術は純粋に物質的なものとみなされているわけではない。権力の技術の一定の集合について用いられる「装置 dispositif」という表現について、少し後のインタビューのなかでフーコーは次のように述べている。

「私がその名のもとにつきとめようとしているのは、第一に、ことさら不均質なある全体であって、もろもろの言説や、制度や、建築上の整備や、法規に関する決定や、法や、行政的措置や、科学的言表や、哲学的・道徳的・博愛的命題を含んだものです。要するに、語られたことも語られないことも、それが装置の諸要素です。装置そのものは、これらの要素間につくることのできるネットワークなのです」（［1977］1994＝2000: 410）(15)

やはり建築が含まれていることを確認できるが、さらにここではANTに通じる「不均質hétérogène」という表現が用いられ、その不均質な諸要素のネットワークこそが装置なのだと述べられている（『社会は防衛しなければならない』などでは、権力そのものがネットワーク状に作動するともいわれている）。この要素間のネットワークは多様なかたちをとるものとされ（［1977］1994＝2000: 411）、純粋な意味での「権力の物質的な操作子」（1997＝2007: 36）は、こうした言説的・非言説的な諸要素との関係性のなかでその効力を発揮することができているとみることができる。

こうした権力の技術に関する言及からはまず、建築をその空間構成や物品の配置によって、人々の行為や心理に何らかの影響を与える主体化の技術の一つと捉える視点を得ることができ、レーヴが述べた「制度化された配置」にも通じる建築空間の作用に関する理論的基礎づけとすることができる。また、その技術はそれのみで作用するのではなく、異種混交的諸要素のネットワークのもとでその効力をよりよく発揮できるようになるという視点も得ることができ、言説や社会的条件との関係性のなかで技術を考慮する枠組を設けることができる。権力という言葉には非常に強いイメージがあるが、フーコーの言及からも分かるように、権力の技術は誰かがそれを握り、私たちを支配しているといった「悪い」ものではない。かといって「よい」ものというわけでもなく、本書ではそこかしこにあり、私たちが何らかの影響を受ける——また実際、次章以降でみていくように明確な意図をもって設計されている——働きかけの一つとしてこの言葉を用い、またその作用を解きほぐしてみたいと考えている。

(2) 権力分析の要点としての「物理学」と「知」

二点目は権力分析の要点についてである。第一の点に関して既に示されているように、この時期のフーコーは権力の物質性に注目している。これ以後も権力の物質性は考慮されていないわけではないのだが、この時期に最もそれが集中的に検討されているために、その言及が建築空間と私たちの行為の関係性に分け入る手がかりを与えてくれると筆者は考える。

フーコーは上述したような人々の身体に働きかける諸技術を、「権力のミクロ物理学」としばしば表現している。その含意は(1)で述べたとおりだが、『処罰社会』の講義要旨のなかでこの物理学は三つの下位領域を伴うことが言及されている。第一は「光学」。つまり、どう人々を観察、監視、記録、伝達していくのかについての技術である。第二は「力学」で、個人の身体を物理的に配置し、何らかの目的のためにその行為をコントロールする技術や規範を意味する。建築空間の作用は直接的にはこの力学に関するものになるといえるだろう。第三が「生理学」で、規範に適さない者を処罰・排除したり、治療・矯正を行って規範をつくりなおす仕組みのことを指す(2013 = 2017: 349-350)。

こうした下位領域に関する言及をみるに、「権力の物理学」といっても純粋に物質的な作用のみが注目されているわけではない。そのことに関する中期フーコー権力論のキーワードの一つが「権力=

知」だが、その要点はフーコーの以下のような言及に端的に示されている。

「われわれが承認しなければならないのは、権力は何らかの知を生み出す…（中略）…という点であり、権力と知は相互に直接含みあうという点、また、ある知の領域との相関関係が組立てられなければ権力的関連は存在しないし、同時に権力的関連を想定したり組立てたりしないような知は存在しないという点である」（1975＝1977: 31-32）

人々の身体に働きかける（主に近代社会以降の）技術は、単に物質的な操作を行うだけではない。物理的な配置は、その結果を観察し、記録し、検証する手続きを伴って形成される、人間に関する知識と不可分の関係にある。その知識はただ収集されるばかりではなく、物理的な配置を改善する際の根拠として、また守られるべき規範や達成されるべき目標のために活用される。このような知識との循環・流通（エコノミー）が権力の技術には伴われているとフーコーは述べる。

物理的な配置が人間をめぐる知識の形成と循環関係にあることは、前節で紹介したシュールのカジノ研究からもみてとることができる。つまり、建築空間による没入への誘いは、監視カメラによるギャンブラーたちの滞在時間やマシンプレイに関するデータの収集・分析・再適用や、上述した人間工学の利用と相補的な循環関係にある。単純には権力の「力学」に関する言及が建築空間の作用を分析するにあたっては有用といえるが、「光学」や「生理学」、また「権力＝知」に関する言及を参照することで、建築空間の作用がどのような技術と知の循環のなかで可能になっているものなのかを考える視点が得られ、事態をより複眼的に捉えていくことができるだろう。またこれらの言及は、建築という非常に多様な側面をもつ対象に社会学者である筆者がアプローチするにあたって、どのような観点にもとづいて何に注目するのか、その優先的基準を与えてくれるものにもなる(16)。

(3) 権力の効果としての「主体性」

三点目は、「権力の効果としての主体」という見方である。フーコーによれば、述べてきたような権力の技術は、諸個人の行為や心理に働きかけることで、またその記録を収集・分析・再適用する権力＝知の循環のなかで、実践対象として、また認識対象としての「人間」を構成するとされる。フーコーは端的に「個人とは、権力の効果でしかない」(2003＝2006: 20)、「現実には、ある身体、いくつかの動作、言説、欲望が識別され、個人として構成されること、まさにそのことが権力の一次効果の一つであるわけです」とも述べている(1997＝2007: 32)。その一方で、諸個人は権力の手続きが個人に適用しようとする行動規範や時間感覚を自ら備え、自他に対してその規範や感覚を自動的に適用していくようにもなるという意味で、諸個人は権力の効果であると同時に「権力の中継項」にもなっているとされる(1997＝2007: 31-32)。権力の技術を通したいわゆる主体化＝従属化 assujettissement に関するこの指摘については、一望監視装置がもっとも分かりやすい事例といえるだろう。つまり各囚人を独房へと物理的に隔離し、さらに塔の中心からつねに見られているかもしれないのだが、囚人の側からは見られているかどうかを確認できないという光学的操作を加えることで、見られていることを自覚した行為・心理のあり方の固着、つまり「権力の自的な作用を確保する可視性への永続的な自覚状態を、閉じ込められる者にうえつけること」(1975＝1977: 203)が果たされるようになる、というように。こうした言及は、建築空間の私たちへの作用が再帰性・継続性をもつことの理論的基礎づけを改めて与えてくれるものといえる。

この観点に加え、個人の構成に関してもう一つ重要だと思われるのが「個人性」に関する言及である。個人が権力の技術のもとで構成されるとして、その場合の個人とは何を指すのか。フーコーは権力の物理学の一モデルである「規律訓練」が構成するものについて、次のように述べている。

「規律・訓練は規制する身体をもとにして四つの型の個人性を、というよりむしろ、四つの性格のそなわった個人性を造りだすのである。つまりそれは、(空間配分の作用によって)独房的であり、(活動の記号体系化によって)有機的であり、(時間の累積によって)段階的形成を旨とし、(さまざまの力の組立によって)組合せを旨とする。しかもそのために規律・訓練は、四つの主要な技術を用いるのである」(1975＝1977: 169)

ここでの言及からは、権力の技術に応じて構成される性質・能力としての「個人性 individualité」が複数想定でき、それらの組み立てを通して「諸主体の構成」がなされると考えられていることがみてとれる。

紹介してきたような言及からは、個人が技術としての権力、あるいはその集合体としての装置の効果として生成されるという見立てを得たうえで、具体的に生成されるものとしての個人性に注目するという観点を得ることができる。これにより、個人の構成や主体化という茫漠ともいえる論点のうち、権力の技術を通して諸個人に備わることが期待される特定の性質や能力に絞りこんで分析を進めることができる。このような個人性については、2で述べたエージェンシーに相当するといってよいように思われるが、フーコーの知見の整理を踏まえると、より継続性をもったものとして考えられるのではないだろうか。

ただ、フーコーは『監獄の誕生』以降に個人性という言葉をあまり用いなくなっている。晩年のフーコーは自らの研究を幾度もふりかえって整理しているが、そこでは社会的に構成される人間の性質・能力に関しては「主体性 subjectivité」という言葉がほぼ充てられており（[1981] 1994 = 2001: 444-445, 1983a = 1996: 290-296 など）、それは『監獄の誕生』で取り組まれたような権力の技術の研究だけでなく、『言葉と物』（1966 = 1974）のようなそれ以前の「真理」の研究、『性の歴史Ⅱ』（1984 = 1986）のような晩年の「倫理」の研究によっても取り組まれる、「私たち自身の歴史的存在論」を探究する手がかりとして位置づけられているように思われる（1983b = 1996: 320）。フーコーの影響を受けた後代の研究者のなかには、ドゥルーズ（Deleuze 1986 = 1987: 158）の言及に影響されて、権力の技術による主体化＝従属化の作用を個々人が「折り畳む」（これが上述した「倫理」の軸）なかで生成される人間の性質・能力について主体性という言葉を特に用いる者もいるが（Goldstein 1998; Markula 2003 など）、権力の技術によるものも含めて、何らかのかたちで社会的に構成される人間の性質・能力を包括的に主体性という言葉で表現している者も少なくない（Rose 1996; Hook 2003; Coe and Nastasi 2006 など）。後者については、権力の技術が人々の折り畳みを既に織り込んでいるために、ドゥルーズの研究を踏まえつつも主体性という言葉を「倫理」の軸に留めず用いている側面もあるだろうが、いずれにせよ、各種技術の効果として生成される人間の性質・能力については主体性という言葉を用いる方が、フーコー（を参照した研究）における語用全般を考えても、また議論の守備範囲を広げるという意味でも妥当であるように思われる。

以上、中期フーコーにおける権力論を整理してきた。異種混交的なネットワークの効果としてのエージェンシーという観点はANTにも引き継がれているといえるが、建築空間と私たちの行為との関係性について広く考えたい本書の場合、私たちに作用する異種混交的「技術」の一角として建築空間を位置づけたうえで、「力学」や「権力＝知」、技術の作用を通して生成される持続的な性質・能力としての「主体性」といった、分析のより具体的な手がかりを得られる点でフーコーを参照することには総合的なメリットが大きくあると思われる。また、フーコーほどに縦横無尽に事例を求めていくことはできないとしても、歴史的な諸条件のもとで、技術の設計にかかわるさまざまな戦術・戦略的意図[17]の絡まり合いのなかで、個別事例を越えて人間をめぐる技術とその異種混交的な布置連関を明らかにしようとしてきたフーコーを参照することで、ANTを採用することによって応答に苦慮すると思われる諸批判についても考慮していくことができるのではないかと考えられる。

4　主体性はどうデザインされているのか――本書の目的

ここまでの議論を踏まえて、本書の検討課題を改めて次のように定めたい。本書では、2で整理した先行研究の着眼点と示唆をもっとも包括的に汲み取ることができる理論枠組として中期フーコーの権力論を参照し、建築をその空間構成や物質の配置によって、人々の行為や心理に何らかの継続的作用を与え、その結果として何らかの主体性を構成する技術の一つと位置づけたうえで、それが実際どのように人々に対する作用を想定して設計されてきたのか、またそのことで私たち人間のどのような主体性が構造化ないしは喚起されようとしているのか、そしてそれは建築に関連するどのような諸条件との関係性のなかで可能になっていることなのか、ということをいくつかの事例から考えていきたい(18)。

フーコーは晩年、権力の行使とは「行為の可能性を導き、可能な成果を秩序づけること」(Foucault 1983a = 1996: 301) と述べてそれを「統治 government」という言葉で表現し、それを受けてニコラス・ローズはより簡潔に統治を「ふるまいの導き conduct of conduct」(Rose 1999b = 2016: 25) と表現してさまざまな分析を行っているが、本書の研究はそのような導きのあり方を研究するものということもできる。用語が多くなってきたので、今述べたことを単純な図として示しておこう(**図1-1**)。

とはいえ、世の中には無数の建築物があり、それをすべて扱うことはとても不可能である。建築に関する議論と実践もまたあまりに多様で、かつ深遠である。そこで本書ではまず、フーコーが検討対象の一つにしていた「学校建築」を分析対象とすることで、建築空間における「ふるまいの導き」、

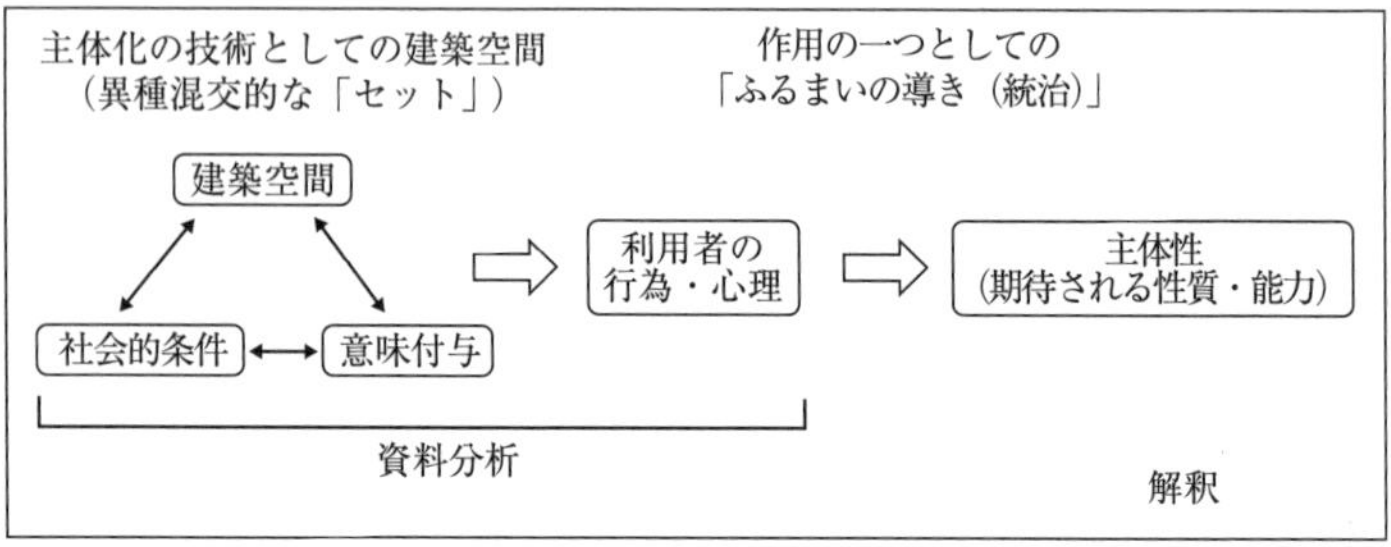

図1-1　本書の分析モデル

主体性の構成をめぐる分析の初発的手がかりを得ることにしたい（第二章）[19]。それ以降については、議論を先取りすることになるが、以下のように展開していく。学校建築の分析から得られた知見は、学校を卒業した後で過ごす空間においても同様にあてはまるのかという新たな疑問をもとに、第三章では「オフィスデザイン」の分析へと進む。この分析からはさらに、今日のオフィスが「都市」のようなものとして想定されていることを受け、では都市そのものはどうデザインされているのかというさらなる疑問をもとに、第四章と第五章では都市開発の一つの要所たる「公共空間」の分析へと展開する。第四章では公共空間の設計トレンドの分析を行うが、今日の公共空間はそれを利活用する人々のさまざまな創意工夫の対象にもなっており、このことを考えずに公共空間の今日のあり方を捉えられるとは言い難い。そこで第五章では、公共空間の利活用に際して人々がどのようにふるまうことが、またどのような主体性を身につけることが、創意工夫をより有意義なものにするとされているのかを検討する。このような検討は、第二章から第四章がそうであるような建築空間それ自体を通した主体性の構成を検討するものではないのだが、空間を創出し、利用するプロセスを通した主体性の構成について考えようとするもので、本書の検討課題から大きく逸脱するものではないと考えている。また、このような観点からの検討を加えることは、第二章から第四章までの知見をより多面的に解釈できるようになる点で積極的な意義を有するることも考えている。[20]このように、本書が分析対象とするのは、私たちが人生のなかで必ず利用することがあるような建築空間のいくつかの種類（ビルディングタイプ）だといえる。本書ではそのような、日常的に私たちが利用する構築環境を対象に、そこでのふるまいがどのような社会的条件のもとでどうデザインされているのか、その結果として私たちがどのような主体性を備えるよう促されていると解釈できるのか、そしてこれらのトレンドがどう変化してきたのかを考えていきたい。また、そうした各タイプにおいて反復的にみられるパターンについて検討するため、筆者が採用する研究手法は個々の建築物そのものに肉薄するというよりは（分析の要点となる建築物には可能な限りフィールドワークを行ってはいるものの）、建築計画分野を主とする関連資料から建築空間の構成やその作用・意義についての説明（意味付与のあり方）、および特定の志向をもった空間が提案される、また必要とされる社会的条件を読み解くべく資料分析をしていくというものになる。その際、特定の建築家による建築物や語りに注目することもあるが、注目のポイントは建築空間の作用やその意義が、特定の建築物、特定の建築関係者の語りに留まらず反復的にみられ、ある建築のタイプをめぐる支配的な潮流、あるいはそのオルタナティブをなす有力な潮流とみなすことができるかどうかにある。[21]また、フーコーの権力の技術論を参照する本書では、建築空間・意味付与・社会的条件はそれぞれ別個のものとみなされるのではなく、ある建築空間の構成が語りによって明確な意義を付与され、特定の社会的条件のもとでその必然性が高まるといったように、あるいは言説や社会的条件を踏まえてある建築空間がその解として示されるといったように、一まとまりの組み合わせ、いってみれば異種混交的な「セット」として捉え、その個別性に注目しようとしている（図1-1を再度参照。こうした「セット」を考察するためにも、資料分析を行うのが適切だと考えている）[22]。

これらの点で、本書が扱うことのできる建築の領域は、建築技術や法制、歴史といった多様な論点、実際の建築物の種類やそのディテールといったやはり多様な実際的側面に比して実に狭小な、また実際の現場――これは設計プロセス、建築空間の運用・活用実態の双方において――に肉薄していないいかにも表面的なものにすぎない。また、設計された建築空間がその意図通りに人々を導くわけではなく、分析・考察される作用の実際の効果はそれぞれの建築物やその活用実態によって異なってくるだろう。だが、効果は一様ではないにもかかわらずなお、上述したような反復的パターンが観察できるとしたら、それは設計された建築空間において構造化され、建築空間をめぐるスタディを通して可視化され、建築空間をめぐる語りを通してより焦点化されようとしているふるまいと主体性の一つの志向が、また新たな設計事例・調査・語りを生み出していく建築空間の志向がそこにはあるといえるのではないだろうか。このような志向を理念型として描き出そうとする試みは、未だ蓄積途上といえる建築の社会学的研究において新たな知見を提出するもの、また建築学においてこれまで無数に積み重ねられた知見を前にしても新たな積み足しを行いうるものではないかと筆者は考えている[23]。

分析に入る前にもう一つ、本書の意図について言い足しておきたい。筆者がここまで述べてきたようなアプローチの提案を行うなかで参照した隈と塚本は、人々と建築ないし環境を断絶するような建築、人々のふるまいを切り縮めるような建築をそれぞれ批判したうえで、オルタナティブな建築のあり方を志向していた。そのため、今日新たに手がけられている建築物は人々の行為を単純に「事前構造化」するようなものではないかもしれない。しかし、人々の行為がそこで発生する構築環境であること自体は変わらないはずである。塚本が施設型空間の典型として挙げた「学校」については、それがどのように生徒の身体を従属化するような布置連関を形成するのかについてフーコーが分析したわけだが（既に一部触れているが、第二章でもう少し詳しく言及する）、まったく別様の志向を有する建築であっても、人々のふるまいをめぐる何らかの布置連関が構成されていることは間違いないだろう。建築家の乾久美子（2019: 7）はより自覚的に、「私たちの行為は空間によって構造化されている」ことについてフーコーなどを参照しながら述べたうえで、今日の建築家は「あからさまな権力の行使」を目指すようなことはしないが、それでもなお「空間による構造化の力を信じて新しい行為やふるまい、人の集まり方をデザイン」することにかかわっていると述べている[24]。では、そうした自覚を織り込みながらデザインされる空間とはどのようなものなのか。これまでとは違うオルタナティブな、希望をもって語られる構築環境がいかなる布置連関をなすものなのか。そのなかで私たちはどのようにふるまい、どのような主体性を身につけていくことが期待されているのか。こうした意味で、本書は建築空間を手がかりにして、私たちの社会における「希望」がいかに具現化されようとしてきたのか、また今それがどのようなかたちになっているのか、その「告発」をするというよりは私たち自身の現在と行く先を理解するために、そのありようを描いてみようとするものでもある[25]。

注

（1）同一の空間が階級によって異なって構成・利用される可能性があることについては、ポール・ウィリスの『ハマータウンの野郎ども』（Willis 1977＝1985）を事例に解説がなされている。

（2）ANTの立場においては、つねに生み出され続けるこうした異種混交的なネットワークの様態こそが探究されるべき「社会」だとされる（Law 1992: 380）。また、本書では「異種混交的」と「ハイブリッド」、「関係性」と「ネットワーク」は同義の言葉として用いており、それぞれ基本的に前者を用いて記述をしているが、引用箇所の表現などに合わせて後者も適宜用いている。

（3）松村淳（2021）はさまざまな立場の建築家へのインタビューから、建築家自身が自らを「創造性の真のエージェント」とは（決して、といっていいほど）みていないことを明らかにしている。そのため、ある種の研究や建築ジャーナリズムにヤネヴァらの見立てがあてはまる部分はあるかもしれないが、やや極端な見方といえるかもしれない。

（4）社会学的な研究としては、松村（2012）がブルデューの理論枠組を参照して、隈研吾の言説・作品の通覧的な分析を行っており、そのなかでこうした志向をもつに至る経緯が整理されている。

（5）小さい木材を組み合わせて建物全体を支えるようにしたスターバックス太宰府天満宮参道店（2011）などがその事例である。

（6）川に向かって、また屋根にも沢山の孔をあけることで街と自然を実際の自然のようにスムーズにつなぐブザンソン芸術文化センター（2013）などがその事例である。また、アオーレ長岡（2012）は、木材を小さな粒子にして全体を組むことでヒューマンスケールを生み出そうとし、またナカドマと呼ばれるオープンスペース（孔）を中心に構成されているという点で、「粒子」「孔」の双方を活用したものだといえる。

（7）中心に吹き抜け（ヴォイド）を斜めにすることで、グラウンドレベルの街の賑わいをスムーズに上下につなごうとし、また粒子的な設えによって森の中のような状態の光をつくりだそうとするTOYAMAキラリ（2015）などがその事例である。

（8）その場の地形を残して大地とのつながりを感じてもらおうとするla kagu（2014）などがその事例である。

（9）　これについては、モダニズム建築もそこにかかわってきた人々の客体化、つまり多種多様なふるまいやスキルを有することが想定されない「空っぽな身体」として人々が位置づけられ、ただ「計量可能な人々」として私的・共用・公的空間を一人ないし世帯当たりの面積で割り当てられて街がつくられていったことの帰結であるとし、塚本はラトゥールを参照してそれが既に政治・経済・工学などのハイブリッドとして構成されているために頑強なのだとしている（アトリエ・ワン 2014: 12-13, 44-45, 284)。この言及をみるに、アクターネットワーク理論の視点は望ましくない、代替されるべき一般的な関係性を論じるにあたっても用いられているように思われる。

（10）「設計」と「デザイン」の使い分けは、特に後者の多様な定義のあり方を考えると非常に難しいのだが、基本的には空間や動線、テーブルや椅子といった物理的なものについては基本的に「設計」を充て、ふるまいや主体性、関係性といった、物理的なものに留まらない側面をもつものについては「デザイン」を充てることにしている（後者はデザインの対象にならないという見方もあるかもしれないが、これは第五章において、デザインの営みをモノ以外に拡張しようとする議論があることを念頭に置いている)。ただ、第三章では「オフィスデザイン」というひとまとまりの言葉で表現されることが多いため、それを踏襲して「オフィスデザイン」という表現を用いているところがある。また、第四章と第五章で扱う公共空間は、物理的空間とその利活用のあり方が合わせて「デザイン」という言葉で表現されているため、やはりそれを踏襲して「公共空間（の）デザイン」という表現を用いているところがある。

（11）　また、ANTに対しては、一見モノのエージェンシーのようにみえるものも実際は人間によってそのようにデザインされているというケースが多くあるのではないか（Dant 2005＝2010: 112-114)、根本的に人間と非人間のエージェンシーには払拭しがたい非対称性がどうしてもあるのではないか（Suchman 1998＝1999: 195-196）といった批判もある。特に建築を事例にした場合は、隈や塚本の議論からも分かるように、人間と非人間の関係性やそのふるまいが非常に綿密にデザインされていると考えるべきであるように思われる。レーヴの「制度化された配置」による行為の「事前構造化」の指摘を再度思い起こせば、それは建築物というモノのエージェンシーの効果だともいえるが、それ自体が人間によって明確にデザインされている側面はやはり看過できない。ウダールらが行ったように、そうでない余地を探すことは不可能ではないだろうが、そうした余地はやはり、何がどこまでデザインされているのかを検討したうえでなされるべきであるように思われる。

（12）たとえば「エージェントは、異なった物質の布置連関において生み出される効果である」（Callon and Law 1995: 502）、「人が何を望み、考え、感じるかということは、社会・技術的環境の配置・編成のあり方（原語は configulation。引用者注）に依存する」（Callon 2004 = 2006: 41）、というように。

（13）この講義では、議論は新たな問題系へと展開し始めているが、冒頭においてそれまでの自らの権力分析をふりかえって要点が示されている。

（14）フーコーに依拠しつつＡＮＴの含意をとりいれていこうとするアイデアは筆者固有のものではなく、一九七八年にフーコーが提示した「統治性 governmentality」の概念に注目する研究者たちがより先行して示してきたことである。たとえば、「諸々の制度、諸々の手続きと分析と考察、計算、そして戦術からなる全体」（Foucault 2004 = 2007: 132–133）としての統治性について、ニコラス・ローズはＡＮＴを参照しつつそれを「異種混交的」（Rose 1999a: 21）なものであると表現し、物理的なものへ積極的な役割を付与しようとするＡＮＴの立場は統治性研究と合流しうるものであるとして両者の近接性を述べている（Rose et al. 2006: 93）。トーマス・レムケもまたＡＮＴを意識しながら、統治性研究は技術決定論や言説決定論を回避しつつ「技術の物質性を捉えようとするもの」（Lemke 2011: 29）だとして、ＡＮＴの含意をフーコー派のアプローチにとりいれようとしている。だが、統治性研究の代表的な成果といえるローズの『魂を統治する』（Rose 1999b = 2016）にしても、人間の精神にかかわる技術として示されているのはプロパガンダ、心理測定法、カウンセリング、心理学・精神分析の理論といったものが主で、物質的な異種混交性が分析の中核を占めているとは言い難いように思われる。他の研究者においても、政策や制度を考察の素材とすることが多く、やはり技術の物質性が具体的な分析において特段重視されているとは言い難い。バイオテクノロジーを扱ったローズの『生そのものの政治学』（2007 = 2014）は薬物や技術的に可視化された遺伝子など、異種混交的といえる対象が考察されているが、これはテーマ設定がそうさせているのであって、統治性研究が総体としてＡＮＴの着想を分析レベルに落とし込み、異種混交性をよく分析できているとはやはりいえないように思われる。こうしたことから本書では中期フーコーの権力論に注目して、物質的な異種混交性を分析するための道具立てを整えることにしている。ただ４で述べるとおり、「行為の可能性を導き、可能な成果を秩序づけること」(Foucault 1983a＝1996: 301)、「ふるまいの導き」(Rose 1999b＝2016: 25) としての「統治」の概念は、建築空間と行為との関係性についての本書のスタンスを端的に示しうるものとも考えられるため、その含意は活用していきたい。

(15) 『監獄の誕生』では、権力の「ミクロ物理学」にかかわる権力の技術は「雑多な形式をもった multiforme 装置全体」と表現されているが、ここで装置と訳されているのは instrumentation である (Foucault 1975＝1977: 30)。ただ、言及の内容からして、雑多な、不均質な諸要素からなる権力の技術の一角に建築空間があるという見立ては同様にできるように思われる。

(16) つまり、研究対象に接近するにあたって事前に注目すべき点を定めることになり、この意味でもアプリオリに観点を定めずにまず「アクターに従え／アクターを追え」というANTの公準には違反していることになるように思われる。だが、あまりにも広大で深遠な建築という対象にアプローチするにあたっては、こうした問題設定を前置しなければ分析を行うことは難しいように筆者には思われた。

(17) 中期のフーコーは、権力の技術をその操作によって特定の関係性を増大させ、安定化させていこうとする「戦術」や「戦略」という観点から理解されるべきであるとしばしば述べていた (Foucault 1975＝1977: 30-31, [1977] 1994＝2000: 424 など)。次章以降の分析においても、どのような状況を踏まえてどのような提案がその合理性・必要性・展望とともに示されていくのかという観点からこうした言及の含意を活用していくのだが、第五章における資料では「戦術」「戦略」という言葉が、このようなフーコーの含意とは違ったかたちで用いられているため、分析・解釈の視点としてこれらの言葉は用いず、分析対象資料において用いられている含意のみにしたがって用いていくこととしたい。

(18) ただ、中期フーコーの権力論を参照はするものの、彼が描いた「規律訓練」という近代社会を貫く権力の技術のモデルを代替するような知見の導出までを行うものではないことは、あらかじめ断っておきたい。それは第二章で示すように、新しい建築空間が提案された後でも規律訓練の観点から把握できる側面は色濃く残っているようにみえるためでもあるが、フーコーが縦横無尽に行った分析に対し、本書は建築空間という権力の技術の一角のみに絞って分析を行うにすぎないためでもある。もし代替的なモデルを提出するとすれば、権力技術のネットワークの諸要素を包括的に明らかにしなければならないと思われるが、本書では、また筆者個人ではその全容にはとても辿り着けるものではない。

(19) 建築空間をめぐる分析としては、私たちが日常生活を営む「住宅」の分析に取り組むという進め方もあるかもしれない。だが、住宅と一口にいっても、個人住宅と集合住宅、典型的な商品住宅とそこからの差異化を図ろうとする非典型的な住宅など、その類型はさまざまであり、また住宅の空間構造についても、家族のつながりを濃密にしようとするもの、家族のあり方を問い直そうとするもの、地域とのつながりをつくり出そうとするもの、プライバシーをより重視しようとするものなど、かなり多様な工夫の方向性があり、本書の目的である「ふるまいの導き」の一般的なあり方を検討するには他のビルディングタイプをまず検討した方がよいように思われた。

(20) 第二章から第四章の議論は、本章で示した問題関心にしたがって同じような導入になっており、くどいと思われるかもしれない。ただこれは、それぞれの対象における研究状況を踏まえて本書の（おそらく独特といえる）問題関心をパラフレーズすべきだと考えたためで、どうかご容赦いただきたい。

(21) 特定の建築家による建築物や語りに注目するのは、主にはオルタナティブな潮流の形成において欠くことができないと考えられた場合である。このような場合は人物中心の書き方を採用し、そうでない場合は「誰が語っても、似たような語り」（赤川 2006: 111）になっていることを観察・記述する「言説」の分析のような書き方をとっていくこととする。

(22) 第四章などでのフィールドノートの紹介も、こうした「セット」の読解を踏まえて、それを実際に確認するという意味合いで行っている。

(23) 建築の分野に関しては、五十嵐太郎らが行っているビルディングタイプの研究を本書の直接的な先行研究と位置づけることができる。まず、フーコーの規律訓練に関する議論に即して学校、倉庫、工場、監獄、病院といった近代社会において発達したビルディングタイプを分析した『ビルディングタイプの解剖学』（五十嵐・大川 2002）は、本書が分析対象とする時代の傾向のルーツ、つまり海外における動向を描いたものとして重要である。『新社会と空間双方のデザインという観点から国内の動向も含めてそうしたタイプを語ろうとした二〇二〇年の『新しい空間と社会のデザインがわかる ビルディングタイプ学入門』のスタンスも本書に近いところがあるが、編者ら（中村ほか 2020: 2）はそうした双方を視野に入れる書籍は同書が「おそらく初めて」と述べていることから、こうしたスタンスは建築学の領域においても未だ蓄積が途上といってよいように思われる。また五十嵐（2020: 91）はこうしたスタンスを「社会学、人文学的面白さ」があるものだと述べており、その意味で本書のような社会学的アプローチが食い込む余地は実際あるように思われる。だが、やや概説的な書籍であるため、本書が扱う現代の日本国内における動向については、あるタイプにおける新しい展開がどのような状況のもとで、どのような主張を伴って起こっていったかというディテールをより詰めることができるように思われ、その点において本書の認識利得を示すことができると考えられる。

（24）乾（2019: 8）はまた、そのようなデザインの一つの手がかりとして、「人、モノ、光や風などの環境の要素、どれを欠いても成立しないぐらいに緊密なネットワーク」、いってみれば異種混交的な関係性が空間に張り巡らされていることがあると述べ、適度なゆらぎや多様性の許容などを感じさせるそうした空間を「小さな風景」と呼んで自らが目指すべき方向性の一つとしている。

（25）以下の各章の分析でも、それまでの支配的な潮流に対する代替的な提案がなされ、それが潮流となっていく展開をそれぞれみていくことになる。そのような建築空間で実際に過ごすことができるのはかなり限られた人々かもしれないのだが、そのように対象が限られているということも含め、私たちの社会における「希望」のありようについて考えていきたい。

第二章　アクティビティを喚起する学校建築
――「ポスト規律訓練」的学校空間の組み立てとその系譜

1　学校とはどのような場所なのか――規律訓練の空間としての学校？

学校とはどのような場所だといえるだろうか。筆者がこれまで学んできた教育社会学の定説からすれば、学校とは社会に新たに参入しようとする成員の社会化や選抜などを行う場所だとまずいうことができる。だが文字通り、どのような「場所」、つまりどのような物理的空間なのかと考えてみようとするとき、どう捉えることができるだろうか。

文化人類学者のトーマス・P・ローレンは『日本の高校』（Rohlen 1983＝1988: 133-141）のなかで次のように述べていた。日本の高等学校は「徹底した効率性」を追求するために「デザインや個性」という発想がなく、明るく清潔だが「いっさいの装飾を永久に禁じられているかのよう」である。その殺風景な印象はまるで「兵舎」、あるいは「戦艦のデッキの下にいるよう」だ、と。これは高等学校についての描写だが、このような無機的・没個性的な印象は、日本の学校空間に対する一般的ないしは典型的なものとおそらくいえるだろう。

教育（社会）学者を中心として、このような印象は一時期もう少し詰めて論じられたことがある。教育学者の山名淳（2015: 173）は一九八〇年代後半から九〇年代にかけて――教育学的な文脈を少し補足すると、当時の学校教育が抱えていた問題について、近代的学校教育を構成する思想や仕組みの来歴にまでさかのぼって批判的に検討がなされたこの時期の研究動向の一部として――第一章で紹介したミシェル・フーコー『監獄の誕生』（Foucault 1975＝1977: 147–154 など）の影響を受けた「規律訓練」的な学校空間論が展開されたと述べている。つまり、各個人を「それじたいのために閉じられた場所」のある所定の位置へと個別に配分し、分断された個人をつねに監視するべくコミュニケーション手段を限定ないし遮断し、配分された場所で求められる活動の生産性がつねに検査・報告の対象になるといった規律訓練の諸技術が学校空間を、ひいては近代的学校教育を根底で支えており、当時のさまざまな教育問題はそうした学校教育のあり方自体が生み出した側面がある、というように（その一例として寺崎 1991, 1995; 長谷川 1991; 田中 1999 など）。

こうした議論の要点になっていたのが、やはり第一章で紹介した一望監視装置（パノプティコン）に関する、「見る＝見られるという一対の事態を切離す機械仕掛」を通して「可視性への永続的な自覚状態を、閉じ込められる者にうえつける」という衝撃的なフーコーの指摘であった（Foucault 1975＝1977: 202–204）。もう少しいえば、一望監視的な学校空間自体は一九世紀半ばまでにしかみられず[1]、その後今日にまで至るクラスルーム方式の学校空間が普及することになるのだが、上述した規律訓練の原理自体が当時の学校空間に未だそのまま（あるいはむしろ当時においてよりよく）あてはまるようにみえたこと、また学校ではたえず試験が実施されるというフーコー自身の指摘や（1975＝1977: 188-195）、独房そのものはなくとも競争原理によって「目に見えない独房」が現出していたという見解などにもとづき（寺崎 1995: 103-111）、機械仕掛としての規律訓練的権力自体は作動し続けているとして当時の学校空間についての議論は展開されてきた。

しかし、かつてこうした議論が一定の広がりをみせていたとしても、今日の学校空間についてはどうだろうか。近代教育の原理を暴露しようとする教育学的研究の蓄積や同時期以降の学校現場・教育政策の変容を経て、このような議論のインパクトはかつてほどではなくなってきたと考えられる(2)。では改めて、今日における学校とはどのような場所だといえるだろうか。かつてより管理的・競争的傾向が弱まり、生徒個々人の居心地をよくする方向に学校が変わってきたとする「学校のコンサマトリー化」（伊藤 2002: 95）のような観点から捉えることは可能だが、それは物理的空間の話ではなくなってしまう。規律の弛緩や変容を捉えること自体の意義は当然あるものの、『監獄の誕生』におけるフーコーの議論はそれがまさに「権力のミクロ物理学」の分析として展開されていたように、人々の身体に何らかの作用を及ぼすべく配慮された異種混交的技術を捉えようとしていたと考えられる。規律訓練的権力論が空間の物質性を考慮したものであったならば、それにもとづいた学校空間論が退潮した以降の、いわば「ポスト規律訓練」的な学校空間を考えようとするにあたっても、物理的な意味での学校空間の現状を考慮に入れるべきではないだろうか(3)。

このような観点から本章では、過去から現在に至る学校空間の物理的様態について、学校建築計画学の展開を中心に整理し、今日の学校を一体どのような場所だと考えることができるのか分析を試みたい。以下ではまず2において、学校建築に関する先行研究とそれに対する本章のスタンス、分析対象について示す。3から6にかけてが分析パートで、まず3では明治期において定められていった諸基準を整理し、以降の節で検討していく戦後学校建築の前提条件について確認する。4では戦後の学校建築をめぐる厳しい状況のなかで、全国の学校建築を量的・質的に整備するべく定められた標準設計およびそのモデルスクールに注目し、当時の学校建築計画研究の展開を参照しながらその要点を整理していく。5では一九七〇年代以降に登場したオープンスクールに注目し、それが既存の学校建築および学校教育に対するどのような主張と設え（のセット）として提案されていたものだったのかを検討する。6では九〇年代になって論じられるようになったオープンスクールの問題点を踏まえて示された対案について、建築設計事務所シーラカンスが手がけた学校建築を中心に示し、「ポスト規律訓練」的な学校空間の現状について検討する。7では分析を踏まえた考察を行う。

2　学校建築の社会学に向けて――本章における研究のスタンス

(1)　建築学からの学校へのアプローチ

日本の学校空間が無機的・没個性的であるという印象に対して、それを手がける人々、つまり学校建築に携わる人々――特に学校建築を専門とする建築学者や、近年では学校建築を手がける建築家――はただ手をこまねいていたわけではない。彼らは教育学者よりもむしろ積極的に、そもそも学校建築とは何なのか、その時々における学校建築の問題点は何かということについて深く考え、研究や実作（実際の学校の計画・設計やその指導）を通してその打破を試みてきた。彼らの学校建築に向かう総体的なスタンスは、どのような人物の言及においても、また戦後のどのような時期においてもかなり一貫したものだといえる。

「新しい学校の空間は、従来のような単にスペースを確保するためだけの、いれものとしての教室ではない筈である。また最近の建築計画技術も、単に学校内の生活を追求して、これにできるだけ便利なように計画することを目的としているのではない。むしろ建築の空間は、そこで生活するものに積極的に働きかける力を持っており、その意味で教育的意義の高いものを創り出すことを目的とするべきである」（船越 1963: 285）

「学校建築計画の基本となる条件は、あらゆる児童、生徒にとって個人のもつ能力を発見し、その個性や能力を十分に伸ばすことのできる教育環境と施設をつくることであり、この要件が満たされることにより、はじめて能力に応じた教育をうける機会が等しく与えられるものである。学校の建築計画はこうした教育空間を建築的にいかに構成するかであり……」（西日本工高建築連盟 1971: 6）

「われわれ建築家の抱く職業的な、そして、本能的な意識は、『環境は人間を変えうる』、『環境の改革は人間の意識を変えうる』、である。学校環境が変わると教師たちや児童・生徒たちの意識に有形無形の影響を与え、のびやかな環境は教師や子どもたちの気持ちを伸びやかにする。日本

の学校建築に今まで欠けていたものは、この『伸びやかさ』ではないだろうか」（上野 1999a: 199–200）

上述したような無機的で没個性的な学校建築を打破し、児童生徒の個性を育むことのできるよりよい教育環境を形成すること。この際、学校建築が及ぼす物理的な作用の強さはつねに自覚されてきた。たとえば、「少しく過ぎたいい方をすれば、知識と情操と身体の撓みない生長の過程にある児童を容れる人間工場が学校なのである」（伊藤 1951: 1）、「学校建築は学校教育の行なわれる物質的手段の最も大きなものである」（大串 1973: 1）、「施設は、教育のあり方を規定する暴力的な力を持つことに気づかなければならない」（長澤 2001: 15）というように。しかしそれでもなお、あるいはだからこそ彼らは、「教育のファンクションを具体的に表現する具象化の手段」（大串 1973: 1）、目指すべき教育に関する「概念の空間化」（長倉 1983: 150）がなされたものとしての学校建築の、他に代替できない「新しい教育的発想を生み出し、試みを促す力」（長澤 2001: 15）を有効に活用し、学校建築および学校教育のあり方を改革しようと試み続けてきた。教育社会学者の四方利明（2000a: 243–244）は、学校建築に関する研究を（1）学校建築計画・技術、（2）学校建築の歴史、（3）オープンスクールにおける教育方法、（4）学校建築（施設）に関する教育法制・政策を扱うものに分類できるとしたが、述べてきたような改革の試みに大きくは包摂しうる（1）の建築計画学的研究が学校建築研究の大半を占めてきた。

（2）教育学における学校建築研究

一方、教育学の分野においては、一九六八年の時点で「教育学の領域では学校施設に関する研究は皆無に等しいし、それを専門とする学者もいない現状」（鍛冶ほか 1968: 57）だという語りをみることができるが、以後も研究の蓄積は非常に乏しいことが嘆かれ続けてきた（石附 1992: 3; 四方 2012: iii; 堀井 2013: 38 など）。このような研究上の無関心は学校現場における学校建築への無関心にも通じるところがあるとされ、喜多明人（1983: 35–36, 59–60）はそれを明治初期のいわゆる擬洋風建築への批判を受けて台頭・定着した質朴堅牢的な学校観が今日まで保たれていることや（「器」的な学校環境観）、戦後の教育基本法第一〇条の解釈をめぐって「内的事項」と「外的事項」の区分論——教育活動を意味する前者は現場教師の管轄であり行政的圧力を及ぼすべきではないが、後者に含まれる学校施設は教師の関与しうることではないとする区分論——の定着などから解釈していた。

数は多くないにせよ教育学の研究もまたおおむね、無機的で没個性的な学校建築を批判的に検討する傾向をもっていたように思われる。たとえば喜多は上述の議論を踏まえて、子どもの権利を尊重しうる学校施設のあり方に目を向けていった。それ以外の学校建築に対する教育学者の研究・指摘も、学校建築への反省的まなざしの喚起や、教育環境構築への積極的な参与を促すものが多い（佐野 1996; 天笠 2001; 奈須 2005 など）。教育哲学の立場からは、アメリカにおける学校建築が一九世紀から二〇世紀半ばまでの間に教会型・工場型・家庭型へと変化していった経過を、教育思想との関連を踏まえながら検討した宮本健市郎（2018）[4] の研究のほか、一望監視装置に象徴されるような学校建築の歴史的展開を追跡したもの（鈴木 1999）、知識を詰め込み測る機能的空間から感性や居場所感を育む意味空間へという総合的展望を語るものなどがあるが（高橋 1997）、これらの多くでも今述べたような批判的な方向性が共有されているといえる。

教育社会学の立場からは、より数は少ないものの、本章の目的である学校空間の様態を考えるにあたっての手がかりがいくつか示されてきた。賀暁星（1991, 1994）は「潜在的カリキュラム」という観点を切り口にして、日本と中国の学校建築がもつ「物的文化」「学校建築の持つイデオロギーの深層」（賀 1991: 23-30）を明らかにしようと試みている。日本については戦前の典型的モデルを事例に、フーコーの一望監視装置論が引き合いに出されながら、監視と時間管理にもとづく教師・生徒間の服従的関係性を目的とする学校建築の様態が記述され、「その建築様式や『一斉教授式』の教室内部空間配置を通して、権威を尊重し、統制管理に服従するようなメッセージ」（1994: 233）を与えていたと指摘している。

賀の国内学校建築についての考察はほぼ戦前に留まるものだったが、古賀正義（2000）は戦後から一九九〇年代までの学校建築の展開を踏まえた考察を行っている。賀が指摘したような戦前の学校建築の様態がかなりの程度保持されたまま量的整備が進んだ六〇年代までの状況を経て、日本では七〇年代に、画一的で閉鎖的な学校空間の「人間化」を求めた「オープンスクール」が登場する（こうした展開は次節以降で詳述する）。しかしそのような開かれた空間は多くの学校現場において教師や父母の戸惑いを生じさせ、実際の活用において課題を残すことになった。古賀（2000: 131-137）はこれらを踏まえて、九〇年代に建設されたいくつかの小学校はこうした課題に対応すべく、「学習活動の広がりや深まり」を誘発するような小さな仕掛けに満ちた空間になっていると指摘し、それらに「学ぶ

見出していた。

ことの意味を見出す場」としての可能性や、「自ら問題を発見して学ぶ能力」の育成といった希望を見出していた。

（3）本章のスタンス

（2）で紹介したような諸研究は、貴重な知見をそれぞれ産出した一方で、さらなる検討点を指し示してもいる。こうした研究はおおむね、日本の学校が無味乾燥な建築物であることを批判し、そこに学校の管理・統制志向の一因をみるというスタンスをとっている。このこと自体の是非はともかくとしても、このスタンスはいくつかの盲点を生み出してしまう。

その第一は、従来的な学校を没個性的だと批判することによって、そうではない「個性的」な学校をユートピアとして置いてしまう、もしくはそこで新たに起きていることを看過しがちになってしまう点である。上述の山名（2015: 177-180）は、規律訓練的な学校空間を救済するべく、学校空間に開放性を付与しようとする試みに注目するという選択肢があるが、これは「一方に問題の多い現状を、他方に到達すべき理想状況を割り当てて、前者から後者への移行として学校空間の変化を思い描く」という図式に学校空間をめぐる議論を収束させがちで、閉鎖か開放かという「不毛な二者択一」にはまり込んでいると指摘している。山名はこの二項対立から抜け出て初めて「学校空間とは何かを本格的に論じる地点」に辿り着くことができるとしているが、本章でもこの観点を共有したい。つまり、規律訓練的な学校空間論が論じられ始めた一九八〇年代はまさに、多目的スペース設置への補助（八四年）を嚆矢として個性的な学校空間の設置が政策として後押しされるようになった時期でもあったのだが、そうした新たな学校空間はその時期から今日に至るまで、ほぼ検討の盲点になっているように思われ、それをこそ検討してみたい。

第二の盲点は、従来的な学校は没個性的だったとすることで、これまでにあった学校建築の改革的試み、具体的には（1）で紹介したような、建築学者が少なくとも戦後以来取り組み続けてきた学校建築の研究・実作上の工夫を看過してしまう点である。もちろん、大勢は定型的な学校建築の側にあったといえるが、戦後日本の学校建築計画学はそのような定型化に抗するかたちで発展してきた側面があり、そうした展開が一九七〇年代のオープンスクール運動や、上述した多目的スペースの設置補助開始などに結びついている。各時期の研究・実作は、それ以前の学校建築への反省や再評価などをつねに伴うものであり、今日の学校建築について考えるにあたっては、そうした検討の系譜を踏まえなければその様態や新奇性を十分に理解することはできない。

また、先行研究のなかでも古賀はこれらの点をある程度踏まえた検討を行っているといえるが、彼が紹介する一九六〇年代のイギリスで示された「アクティビティ」を重視した学校建築と、九〇年代後半以降の日本の学校建築における流行語の一つになった「アクティビティ」は、用いられる言葉こそ同じだが、その含意はかなり異なるものであり、特に後者は近代以降の日本の学校建築批判およびそれへの対案を含みこんだ概念として仕立てられている（詳しくは6で紹介する）。この概念を提案し、また九〇年代以降の学校建築をリードしてきた一人である建築家の小嶋一浩は、従来的ではない学校を新たに建設するにあたっては教育委員会等に対して説明を通す必要があり、それらに向けて自らのアイデアの「すべてについて理論武装」（山本ほか 1996: 241）をしなければならないと述べているが、そうした理論武装についても細かくみていくことが、今日的な学校空間の様態を理解するには必要だと考えられる。

第三の盲点は、従来的な学校批判はともすると、一望監視装置に象徴される管理志向の学校建築が子どもたちを縛りつけてしまう、という技術決定論に陥ってしまう点である。これに対して、学校施設はさほど問題ではなく、どのような教育を行うかだとしてしまえば上述した内的事項・外的事項を分ける思考に戻ってきてしまう（これは技術決定論に対する、教育決定論といえるかもしれない）。賀(1991: 22) はこれらに対して学校建築は「文化的・イデオロギー的な側面も合わせもっている」とするが、そのアプローチは学校建築に反映された、しかし隠されている「教育行政側の意図」を明らかにし、「学校建築の持つイデオロギーの深層」を明らかにするというもので、その見解は貴重なものではあるものの、学校建築を司る行政へと事態を還元する社会決定論に近いものになっている。こうした、何らかの観点に学校建築の様態を還元するようなアプローチは果たしてどれほど有効なのだろうか。

学校建築は法制上、多くの機能要件を充たしたうえで設計されねばならないが、さまざまな思惑をもった建築・教育・自治体関係者などがかかわり、諸制約のなかで大小の教育的創意工夫を込めながら設計されてもいる。また、それらのある者は研究・実作の蓄積や啓蒙的な著書を通して学校建築（ひいては学校教育）の現状やそのあるべき姿を言葉にして発信し、学校・自治体関係者の一部がそれに触発されて新たな学校計画を立てていく。こうして設計された学校建築が、今度は生徒や教師たちの活動に物理的な影響を与え、さらに学校における日々の活動が調査されるなかで計画の精緻化や新たな創意工夫につながっていく。学校建築を技術決定論的に切り出せば、こうした学校建築をめぐる関係性は解体されてみえなくなってしまうだろうし、逆に教育ないし社会決定論の立場を取っても同様である。学校建築を結節点とするこうした関係性について、切り口を意図的に限定して切り出すことの意義はもちろんあるとしても、こうした関係性そのもの、つまり学校建築の設計や調査のあり方、学校建築（ひいては学校教育）をめぐる言論、それらに制約や方向づけを与える政策や法制等の諸条件をめぐる一まとまりの組み合わせ（セット）あるいは循環的関係（エコノミー）こそが一つの独自な様態として、各時期における動向を形成しているのだと考えられ、可能ならばそうした関係性を捉えうるアプローチを選択する方がよいように思われる。

このようなアプローチを最もよく支えられると考えるのが、第一章で示した中期フーコーの権力論である。（1）で建築学者のスタンスについていくつか引用したとおり、学校建築は、その空間構成や物質の配置によって、生徒の行為や心理に何らかの継続的影響を与えるものとして設計されている。だとすれば、無機的で没個性的な学校建築の打破を企図して、かつてから今日に至る日本の学校空間は、生徒に対するどのような作用が想定されながら設計されてきたのか、またそのことで生徒のどのような主体性を育むことが目指されてきたのか[5]。そしてそれらは、学校建築の展開や各時代の教育をめぐる状況とその認識など、どのようなことがらとの関係性のなかで提案・実現されてきたことだったのか。本章ではこのような観点から、戦後日本における学校空間の分析を行っていきたい。

（4） 本章における分析対象

学校建築をめぐる提案は、各時点での状況観察を伴った批判・対案提示・再評価などをそれぞれ伴いながら展開されているため、その展開は系譜的に描かれる必要がある。系譜をどこから描くのかについては、戦前および戦後まもなくまでの学校建築の評価（定型化・画一化）が、歴史研究の蓄積によっておおむね定まっていることを踏まえると、そうした定型化以後の動向を追っていくのがよいと考えられる。そのため、本章では戦後以降における（1）学校建築に関連する書籍・政府刊行物・博士論文二九四点[6]、（2）学校建築を主題とする建築関連雑誌の特集九六件[7]、（3）その他学校建築に関連する先行研究、（4）資料（1）（2）に関連する建築学者・建築家の著作・論文という四種の資料を参照して、学校建築の系譜をたどっていきたい。また、本章で扱う学校建築は小学校・中学校・高等学校の校舎をそれぞれ含むが、学校建築をめぐる議論と研究が最も集中しているのは小学校であるように思われ、エポックメイキングとされる学校建築も小学校に多い。これは各学校段階における生徒の年齢、担任制のあり方、カリキュラム、進学（受験）などの事情によって、小学校において創意工夫の余地が比較的多いためではないかと考えられるが、本章でもそうした傾向にしたがって、基本的には小学校建築の動向を中心に記述を行っていく（ただ、その動向は中学校や高等学校と隔絶しているわけではなく、オープンスペースや交流スペースなど、活用可能な部分は中高でも採用されている）。

資料（1）（2）の年代別点数は**表2-1**のとおりである。建築に関する成果発信は論文や学会報告を通してなされることが多いが[8]、それらをまとめた書籍や雑誌特集による情報発信もかつてから継続的に行われている。書籍・雑誌ともに二〇〇〇年代以降増加傾向にあるが、雑誌については〇〇年

表 2-1　学校建築に関する書籍（など）・雑誌特集記事の年代別点数

年代	1945-59	1960-69	1970-79	1980-89	1990-99	2000-09	2010-
書籍	17	14	41	34	45	65	78
雑誌	0	1	6	2	5	29	53

表 2-2　学校建築に関する書籍（など）の著者属性

属　性	著者数	割合
建築学者（日本建築学会によるもの 20 を含む）	142	42.5%
教育学者	46	13.8%
建築家	29	8.7%
文部（科学）省およびその関連機関・職員	23	7.1%
自治体およびその関連機関・職員	13	3.9%
出版社	11	3.3%
学校	9	2.7%
教員（元教員を含む）	9	2.7%
工学者	7	2.1%
その他（建築評論家、デザイナー、写真家、小説家、新聞記者、犯罪学者、文化人類学者など）	45	13.5%

代に入って『近代建築』と『日経アーキテクチュア』で学校建築特集が毎年（『新建築』でも定期的ではないがしばしば）組まれるようになったことが大きい。いずれにせよ、総じていえば学校建築への注目が近年高まっているといえるように思われる。

資料（1）の延べ著者数は三三四にのぼるが、それを整理したものが**表2-2**である。学校建築に関する教科書が多いことが最たる理由だが、建築学者によるものが半数近くを占めていることが分かる（建築家を含めると、建築関係者のみで過半数に達する）。ここから、彼らが述べる学校建築に関する技術的および教育的見立て、そしてそれを踏まえた実際の学校建築評や提案が学校建築をめぐる言論の基調をなしているといえるだろう。自治体や学校関係者は、自らがかかわった学校の新設・改築の経緯（計画や理念）や、新しい学校で行われる実践をつぶさに紹介し、教育学者は建築学者の提案や学校現場での実践に教育学的な意義を与え、基本的には肯定的な補強を行う。日本建築学会や建築関連の雑誌は定期的にこうした動向を整理する企画を立てて研究・実作上の到達点や指針を示し、文部（科学）省は学校建築に関する新制度（補助基準などの新設・改訂）に関連して、その意図や先駆的な例を集約して周知する。このようにさまざまなアクターがそれぞれに役割を担いながら、学校建築をめぐる議論および研究・実作は展開している。

このような資料から何を描き出すことができるだろうか。以下の分析パートでも登場する、戦後学校建築計画学の中心的アクターの一人である長倉康彦が「九割の数の学校は、一斉画一授業のための教室しかない、いわば単一教育機能しか果たせない学校建築です」（吉沢ほか 2002: 47）と述べているように、今日の学校建築の大部分を占めるのは建て替えられずに残っている従来的な――ここまで述べてきたが、その具体的な様態については3・4で述べる――それであり、建築学者や建築家、教育学者を中心に書籍・雑誌等で論じられ、示される学校建築はそれらから脱却しようとする一部の先進的な試みに過ぎない。しかし一部とはいっても日本全国をみれば、たとえば多目的スペースを備えた学校は一九九〇年代後半の時点で五〇〇〇校を超えるといわれ（倉斗 2001: 3）、その影響は必ずしも小さいものではない。教育学者の天笠茂（2001: 7）も、八〇年代以後に大きく動き出した学校建築改革の動きは「形として具体的に表現されるため、そのインパクトも極めて大きなものがある」と述べている。

また、先進的な試みだとしても、学校建築を「工場」「兵舎」「隔離施設」（香山ほか 2000: 45; 鈴木 2006: 85-90 など）のようないわゆる規律訓練的空間から脱却させようとする志向は、特に一九七〇年代以後の学校建築論では支配的といえるものに――逆にいえば従来的な学校をよしとする議論はほぼまったくみられないものに――なっており、今日において新しい学校を工夫して建設したいと考える場合の有力な参照項になっていることは間違いないように思われる(9)。社会学者のアラン・プラウト（Prout 2005＝2017: 115）はＡＮＴを参照して、子どもや大人、組織や人工物、技術といった異種混交的なアクターに関する「新しい一連のネットワーク」ができたときに「『子ども』の新しい形が立ち上がる」のだと述べていたが、本章で描き出そうとするのもこれに近い。つまり、規律訓練的な学校空間からの脱却を狙って議論・設計される学校建築、そこで想定されている子どもの望ましい生活・活動のあり方、それらを下支えする教育観や教育政策などからなる新たな関係性を資料から描き出すことを通して、規律訓練がつくり出すとされる主体性とは異なるその新たな様態について解釈することが本章での作業課題になる（Foucault 1975＝1977: 169, 190）。

学校建築に関する歴史記述は少なくない蓄積があるが、述べてきたような作業課題の遂行はそれらの蓄積を前にしても、これまでにない新たな認識利得をもたらすことができると考える。また建築関係者は自ら事態を解釈して研究・実作・情報発信を行っているが、その言論が自覚的に分析俎上にあげられることはほぼない。本章の示差性は物理的設計のみならず、学校建築をめぐる言論動向も含めて、学校建築とその効果をめぐる異種混交的な布置連関を明らかにしていくところにあると考えている。議論を先取りすることになるが、このようにして分析される主体性の様態は（フーコーの議論がそうであったように）学校建築に留まるものではない可能性があり、その意味で本章は子どもたちに留まらない、現代社会に生きる私たち一般が一体何者になろうとしているのかを考察しようとする試みの一端でもある。

3　戦前における学校建築の定型化・画一化——戦後学校建築の前提条件

本章の分析は戦後学校建築の展開を追いかけるものだが、その前提となる諸条件は戦前、もう少しいえば明治期におおむね準備されている。述べたように、戦前の学校建築をめぐる状況については多くの蓄積があるため（青木 1961, 1970; 菅野・佐藤 1983 など）、それらを参照して以後の展開の前提条件を押さえるところから始めたい。

明治五（一八七二）年の学制発布後、開智学校に代表される擬洋風建築がいくつか登場するものの、やがてそのような学校建築は「虚飾」であるとして批判され、必要な機能のみを充たした「質朴堅牢（ないしは質朴堅実）」な建築が推奨されることになる。学校建築をめぐる指針は当初各府県が地域の実情を考慮してそれぞれ示していたが、明治二四（一八九一）年に文部省が「小学校設備準則」を公布して以降、学校建築の全国一律的な統制が進んでいく。設備準則が具体的に規定したのは、日当たりのよい校地の選定から始まり、基本的には平屋建とすること、生徒四人につき一坪をとることといった面積の大まかな基準（これは小学校令の一クラス八〇人以下という規定と合わせて、二〇坪＝四間×五間というかたちの定型化につながる）、講堂・特別教室・体操場・農業練習場・便所の設置や校具など多岐にわたるものであった。御真影・教育勅語謄本の奉置場所として講堂が示されたことは、講堂中心のプランを各学校にとらせることになる。

さらに明治二八（一八九五）年にはやはり文部省から「学校建築図説明及設計大要」が発刊され、設計図例と設計条件の詳細が多く掲載されたこのパンフレットによって定型化の傾向はさらに明確なものとなる。廊下の両面に教室をとる中廊下型（擬洋風型校舎に多い）が否定されて片側廊下校舎が推奨され、体操場は南方ないしは東方に、したがって校舎は北・西に配置されることになり、教員室は体操場に面するとされたため中央部に配置されることになった。教室は形状としては長方形、壁面は中性色（灰色の類）とされ、天井高・教室の窓回り・廊下幅なども細かく規定された。浩瀚な学校建築史を記した文部省職員の菅野誠（1983: 461）はこの大要が「試作期の学校建築に一応の結論を与えた」ものだとしている。

これに明治三四（一九〇一）年、文部省学校衛生取調嘱託・三島通良による「校舎衛生上ノ利害調査報告」が建築衛生論にもとづいて北側に廊下、南側に教室をとるべしと主張したことで、大要では定まっていなかった（廊下を南北どちらに置くべきかは各地方の気候によって異なるとして「南北廊下論争」が起こっていた）廊下の方位までが定まり、こうして「ブロックプランの定型化はほぼ完了」することになる（青木 1970: 206）。こうして進んだ画一化・定型化は、先進国へのキャッチアップを急務として義務教育を整備しなければならなかった当時の状況においてはやむをえない部分があり（船越 1963: 284）、学校施設水準を高めたという点で評価しうる点もあるとされるものの（長倉 1989a: 4）、以降で述べるようにその定型は戦後にも引き継がれ、それに対峙するかたちで戦後の学校建築計画学

は展開していくことになる。(10)

4　「計画性」という希望——戦後の再出発と新たな定型化・画一化

(1)　戦後学校建築のはじまりと規格・標準設計の整備

戦後の学校建築は、喫緊の課題がまさに山積するところから始まった。学校そのものの焼失をはじめ、焼失を免れた学校であっても戦時中の転用や補修不足による老朽化が進行しており、さらには戦後相次いだ風水害の影響も甚大であった。このようななかで新しい義務教育制度が始まるものの、学校施設の復旧ないし新設には資材難と資金難（ドッジライン、つまり緊縮財政のもと新しい学校制度は始まっていた）が立ちはだかっていた（菅野・佐藤 1983: 887–888 など）。「青空教室」や「馬小屋教室」が問題化されていたのもこの頃である（文部省教育施設部 1951: 序）。

しかし、戦争が終わり、新しい教育が始まろうとしていたこの時期、学校建築をめぐる語りは希望の語りでもあった。たとえば、精神主義が強調される「古い封建的イデオロギーの支配的であった社会」では不自由な環境こそが精神を培うとされていたが、新しい「民主主義イデオロギーで貫かれる社会」では、「生徒が学習するのに、快適で、衛生的で、能率的な建物や設備を作ること」ができるようになったのだ（大串 1950: 227）。権威と威厳、管理ばかりに目が向き、計画的な研究が放棄された、無味乾燥な教場の羅列にもとづく「陰気な拘禁の場所」としての戦前学校建築から、生徒たちにとって学習の意味を湧きおこさせる、生活するのに愉快な、また便利なものとしての「良い教育が達成される物質的環境としての学校建築」へ、というように（文部省教育施設局工営課学校建築研究会 1949: 9; 大串 1951: 3; 文部省学校建築研究会 1953: 6–7, 70; 池田・片山 1957: 7）。

こうした状況のもと、いくつかの方向から学校施設の「整備」が進められることになる。その一つは学校建築計画の新しい指針の整備である。戦時中の国民学校建物規格が改良されるかたちで、一九四七年には日本建築規格「小学校建物（木造）JES 1301」が、四九年にはそれが改正されて同規格「木造小学校建物 JES 1302」「木造中学校建物 JES 1303」が制定され、適正な校地規模・配置・面積・設計計画などの標準が示された。同年には日本建築学会と文部省との共同研究による「鉄筋コンクリート造校舎の標準設計（A・B・C・およびD型）」が公布され、東京都新宿区立西戸山小学校（1950）をはじめとしたモデルスクールが建てられていった。資金難をめぐる問題についても、五三年に施設三法と呼ばれる「公立学校施設費国庫負担法（臨時措置法）」「危険校舎改築促進臨時措置法」「昭和二八年六月及び七月の大水害による公立教育施設の災害の復旧事業についての国の費用負担及び補助に関する特別措置法」がそれぞれ制定され、施設関係の補助金にはじめて法的な根拠が与えられた（菅野・佐藤 1983: 1000）。五八年には「義務教育施設費国庫負担法」が恒久法として制定され、合わせて「公立学校施設災害復旧費国庫負担法」なども制定され、学校建築に関する財政的補助の基盤が整うことになる。

学校建築に関する規格や標準設計が定められた背景には、戦争を挟んだ学校建築の施工技術の低下、研究が未だ途上であった学校建築の計画技術者の不足といった問題を抱えながらも学校施設の量的整備が求められていた状況において、無計画で粗悪な学校の建設を防いで災害に耐えうる構造上の水準や必要な室を確保し、設計施工の簡易化・迅速化を促進し、乏しい資材を効率的に使用することを可能にする技術上の指導が要望されたことにあった（文部省教育施設局工営課学校建築研究会 1949: 11-12; 関沢 1972: 79; 菅野・佐藤 1983: 895-896; 上野 1995: 139 など）。標準設計の制定に携わった建築学者たちは「良い学校建築等のタイプ、良い教室のタイプというものは決して唯ひとつではありえない」のであって、「今回発表するものは規格というようなものとしてではなく、ひとつのモデル」に過ぎないと述べていたものの（日本建築学会 1950: 3）、この標準設計は実質的に「規格に近い性格を帯びて戦後の学校建築に君臨」することになってしまったといわれる（関沢 1972: 80-81 など）。

（2） 西戸山小学校の「難点」——学校建築計画学の展開から考える

ただ、標準設計の影響が大きかったとしても、それが生徒の学習に適した建築になっているのならば問題はないだろう。しかしこの標準設計は明治期の「学校建築図説明及設計大要」を「鉄筋コンクリートという新しい材料におきかえて再現したものにすぎなかった」であるとか、教室がより長方形化して多様な使われ方をむしろ阻害するように「退歩」したなどとされ、戦前の定型化・画一化された校舎を戦後に再生産してしまうものだったという評価がなされることがある（関沢 1972: 79; 船越・飯沼 1987: 6; 上野 2008: 16 など）。

標準設計にもとづいて建てられたモデルスクールの代表的なものに西戸山小学校があることは述べたが、同校は標準設計が本来そうであったように、当時の状況を鑑みて「学校建築の質的向上を図ろうとした実践」（上野 2008: 15）だと位置づけられている。同校は学年ごとに教室をまとめたうえで、

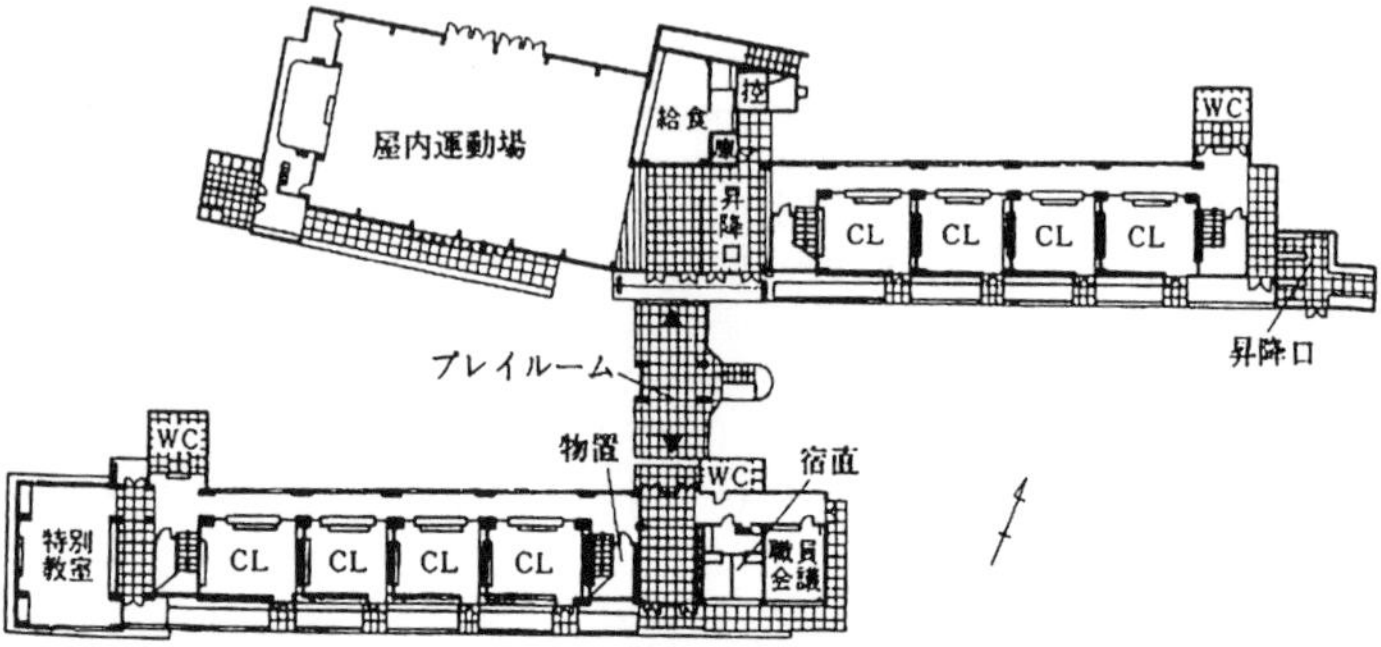

図 2-1　西戸山小学校の配置図（上野 2008: 15）

低学年を北棟、高学年を南棟に分けて生活空間を分離し、教室棟の端部に特別教室を置くという配置になっている[11]（図 2-1）。児童の生活スペースとしてのプレイルームが先駆的に設置され、全体を把握できる管理諸室の配置も考慮されている。

同校については、今述べたような点が「的確な計画的考察に裏付け」られた建築として評価される一方で、二年生と三年生が二・三階に配置されたことや、特別教室を端部に置いたこと、そして明治期以来の片側廊下型の校舎を引き継いだことが難点とされることもある（池田・片山 1957: 5; 日本建築学会 1965: 31; 上野 1995: 139）。こうした難点とは一体何に由来するものなのだろうか。しかし、こうした難点の「理由」が書籍・雑誌における学校評においてつぶさに示されることは管見の限りではなかったように思われる。従来的な学校建築を踏襲することや学年・特別教室の配置をめぐる批判は、一体どのような観点にもとづくものなのだろうか。

西戸山小学校の難点は、戦後におけるもう一つの「整備」の側面、つまり学術的知見の蓄積と整備を通覧することでみえてくる。日本建築学会はときに文部省教育施設部と共同しながら『学校建築技術』(1954)、『建築学大系　第32　学校・体育施設』(1957)、『学校建築設計　鉄骨校舎』(1959)、『教室の設計』(1960)、『学校のブロックプラン』(1964)といった学校建築に関する実践性を備えたテキストを次々に刊行し、研究成果を整備していく。やや時代が下るが、日本建築学会が一九七九年に刊行した学校建築に関する網羅的なテキスト『学校建築　計画と設計』は実に三三の章からなっている。具体的には、地区条件を考慮した学校の構成と規模設定、校地の選定、建設方式の選択、教育・管理上の要求の抽出と建築計画への反映、一般教室から特別教室・体育施設・管理諸室までにわたる各室の設計と配置計画、視環境・衛生条件の設定、屋外環境や校具の設計などで、学校建築が関連することがらは実に多岐にわたる。これらそれぞれについて建築学者は研究を積み重ね、テキストにおいて知見を整備し、各地で開かれた技術講習会を通してその知見を広く発信していたのである(12)。

整備された知見の主だったポイントとして、ここでは四点について概観していこう。早くから議論されていたのは、低学年と高学年の心身の発達段階の違いを考慮して、生活圏が交錯しないように昇降口や運動場を分離する「高低分離」の考え方である(大串 1950: 235-236)。上述の西戸山小学校評をこの観点から捉え直すと、棟による高低分離が評価される一方で、身体的発達の観点からすると二・三年生を上階に配置したところに改善点がおかれているとみることができる。

西戸山小学校の難点として示されていた特別教室の配置は、「ブロックプラン」に関するものだといえる。これは一般教室・特別教室・管理諸室・講堂・体育館・図書館・運動場などの各構成要素をどのように組み合わせ平面上に配置するかという計画を意味する言葉だが、学年ごとのまとまりや高低分離に加え、静かな部分と騒がしい部分の分離、特別教室など共用部分の配置、動線の合理性、将来の拡張可能性、公共利用への考慮、分散配置・開放系にするか集約・閉鎖系にするかといった諸点が考慮のポイントとされる（文部省管理局教育施設部建築指導室 1951: 43-45; 池田・片山 1957: 18; 青木 1957: 197）。かつては一文字型、それが拡張したコの字型、ロの字型等のプランもみられたが、学校建築の定型化以後は各学年の環境条件の均一性、配置の融通性、拡張可能性などから「フィンガープラン」（独立した棟が指のように複数並列して並ぶ構成）が優勢になる。しかし床面積が増大し、管理も困難で、また無味乾燥な建物になりがちであるとして、複数の教室を集めて一つの単位とし、それらの集合として全体を構成する「クラスタープラン」がその解決策として示される（内田 1957: 308-315; 青木 1970: 259-261）。こうした観点からすれば、西戸山小学校の配置は共用部分の配置と動線の合理性に問題があり、また特別教室を従来通り端部に配置することに没反省的であったこと、つまりプラン（計画性）への配慮の不徹底が問題視されているとみることができる（長倉 1969: 199 も参照）。

学校の「運営方式」もこの時期の主要な研究テーマであった。すべての学習を教室内で行う「総合教室型」をとるのか（低学年はこれが望ましいとされる）、一部特別教科専用の教室を設ける「特別教室型」をとるのか、どの教科についても専門の教室を設ける「教科教室型」をとるのか。学年が進むにつれ特別・専門教室の必要性は増すが、高度な教育を行おうとしてそうした教室を増やせば、移動回数が増加して教室利用率は下がり、生徒の落ち着きも失われてしまう。現在ではほぼみられないものだが、この時期推奨されていたのが「プラトーン型」であった。これは各学年の生徒を二つに分けて別々の教室を使用し、一日一回入れ替わることで、あるクラスが特別教室を利用している間、あるクラスは普通教室を利用することにより利用率を向上させることができるという運営方式である（大串 1950: 239; 内田 1957: 284-290 など)。教員配当の工夫やクラス数が偶数でなければならないことなど、求められる条件がかなり厳しい運営方式なのだが、この方式が推奨されたところに当時の学校空間に対する態度が示されているように思われる。つまり、その実施のハードルは高く、のちには「フィクションの建築」(関沢 1972: 77) として批判される方式だったとしても、時間割編成、各教室の配置、生徒の動線管理を一貫した計画性のもとに貫くことができる、「学校の教育計画に従ってシステムを選び、それをもとに施設の計画」(船越 1963: 308) ができるという魅力が、この方式を推奨させていたのではないかと考えられる。

もう一つ、学校建築において最も重要な部分といえる「教室」についても研究が積み重ねられていた。この時期多く検討されたのは「教室まわり」、つまり教室内の各コーナーの充実であった。「昔のように、教壇と、黒板と生徒達の机と椅子さえあればこと足りる」とはせずに、生徒自らが学びを充実させていくことができるよう、学級文庫をはじめ、共同作業、制作物の展示、動植物の生態観察、教材・教具の収納、生徒の所持品の収納などをそれぞれ行うコーナーの設置が理想像として示されていた (大串 1951: 26, 45; 青木 1957: 268-279; 長倉 1969: 104)。さらにはイギリスの事例がいくつも紹介され、子どもがたまることのできるアルコーブ (壁面を後退させてつくった窪み上の小さな空間) を備えた「ホームライク」な環境の構成もこの時期から既に提案されていた (文部省学校建築研究会 1953: 99-100 など)。プレイルームを設置した西戸山小学校は、このような観点から評価されていたといえる。

こうした諸研究の根底にあったのが、東京大学の吉武泰水研究室を中心に積み重ねられていったた

「使われ方調査Post Occupancy Evaluation（POE）」であった。吉武は公営住宅の標準設計（51C型）にかかわっていることでも有名だが、学校建築についても『新制中学校建築の手びき』（1949）をはじめとしてその建築計画研究に根本的な部分からかかわり、生徒の生活・学習活動を中心とした徹底的な実態調査にもとづく研究および提案を主導していった（長澤 1983: 33; 船越・飯沼 1987: 7; 横山 2017: 15）。高低分離、ブロックプラン、運営方式、教室まわりといったここまで述べてきたことはほぼすべて、こうした実態調査に支えられて提案されてきた（青木 1961 なども参照）。

こうした研究の展開からふりかえると、西戸山小学校が建設された時期は「学校に関する建築計画研究は当時緒についたばかりで、計画面で提案すべき蓄積を得るには時期がやや早過ぎた」（長澤 1983: 28）ということになる。その点が、秀作と評されながらも、いくつかの改善点を同時に挙げられる原因になっている。一方、その五年後に建設された東京都目黒区立宮前小学校（1955、当時は八雲小学校分校）は、日本建築学会がその内部に委員会を設けて構造用軽量鉄骨の学校建築への適用を図ろうとしたものだが、高低分離、学年グルーピング、ワークスペースとなる前室を設けるなどの教室まわりの充実、廊下面積の縮小など、この間に積み重ねられた研究成果が反映された建築作品になっていたと評されている（日本建築学会 1965: 31 など）[13]。同校の使われ方調査はやがて「鉄骨造校舎の構造設計標準」（1962）に結実するが、このモデルプランが世に広く普及することはなかったといわれる。建築学者の上野淳（1995: 139–140）はそれを、建設コストの問題と丹念なプランニングが敬遠されたからではないかと解釈している。こうして、大勢としては量的整備こそがまず達成されねばならず、また戦争を挟んだ技術的空白がある状況のなかで、標準設計のうち設計から構造計算までの手数を省くことのできる側面に注目が集まり（そのため西戸山小学校についても、その「豊かな計画性から離れた〝片廊下型のＲＣ造校舎平面〟のみが一人歩きする事態に陥る」ことになり）、結果として戦前と大きくは変わらない定型的・画一的校舎が全国的に普及していくことになる（上野 2008: 16）。

（3）「計画性」という希望

今紹介した宮前小学校もそのような意図のもとにあったのだが、一九五〇年代以後の建築計画学の研究は、既に進行しつつあった新たな定型化・画一化に対峙するかたちで積み重ねられていくことになる。

「最近の進んだ建築計画技術が、新しい教育に適合した学校建築のあり方を追求し、また具体的にいくつかの実例としてそれを実現したにもかかわらず、現存する、そして現在建てられつつある学校の圧倒的多数が、明治以来の旧態依然とした『片側廊下型』の校舎である」（船越 1963: 284）

「問題点が取り上げられてからすでに久しいにもかかわらず、数多いこれらの学校建築の存在と、七〇年間にわたって行財政のなかに滲透してきた規格化の影響とは、新しい質的発展に対して、きわめて慎重な態度と、保守性を発揮するとともに、ある意味では退歩を招く原因ともなっている」（長倉 1969: 76）

「わが国の小学校建築は、明治三〇年代後半に定型化されていらい、わずかに構造・環境衛生の

面に進歩がみられるだけで、平面的にはほとんど改革進歩もなかったといっても過言ではない」（青木 1970: 198）

建築学者自身からは、一九五〇年代から六〇年代の状況は「合理的・科学的な計画技術の開発」「計画研究の深化」「計画学の成果を盛り込んだ豊かな学校への試み」がそれぞれ進んだ時期だと回顧されている（船越・飯沼 1987: 7; 上野 2008: 21）。あるいは大学の研究室がリードするかたちで「度重なる実態調査とこれによる機能的解析から計画条件を創り出す努力が、定型化・画一化の大きな波に対抗しようとした時期」（上野 1995: 140）だともいわれる。これに上記の引用や、西戸山小学校・宮前小学校への評価も合わせて整理するならば、従来的な学校建築のかたちや示された標準設計を没反省的に採用するのではなく、広くは校地の選定から教室の細部の設計まで、実態調査にもとづいて計画された合理性・機能性を行きわたらせた学校を建築することが、定型化・画一化に対する「豊かな学校」をつくることだと考えられていたといえるだろう。

機能という点についてブロックプランを事例にしてもう少しいえば、教室をただ並べるのではなく、一つ一つの室の機能について反省的考察および調査を行い、それによって各室の機能を分化し、機能それ自体は当然高めるべく設計し、かつその機能が十分に発揮できるよう各室を有機的に配置することが目指される（長倉 1959: 87; 西日本工高建築連盟 1971: 13; 大串 1972: 60）。フーコーに立ち戻れば、こうした志向は学校内での合理的配置の徹底を促すことで、規律訓練を強化するような空間設計だとみる人もいるかもしれない。しかしながら、物理的環境への配慮が乏しい戦前以来の従来的学校空間から、細部まで計画的な意図が配慮された学校空間へと学校建築を導くことはまさに希望の営みとして当時はあった。学校建築に一般解はなく、学校のおかれた状況によって柔軟に計画は組み換えられるべきであり、目指すべきは型の提案ではなく「より密度高く学校建築を計画」するところにある（長倉 1969: 84, 197–198, 205）。実証的な研究にもとづき、より合理的な空間配分や動線、細部まで機能を備えた空間へと生徒を導くこと。それこそが生徒たちへの「真摯な贈物」（文部省教育施設部 1951: 序）だと考えられていたように思われる。

5　開かれた学校建築への期待——一九七〇～九〇年代前半

(1)　オープンスクールの登場——加藤学園初等部に注目して

建築計画学の蓄積は、一九六〇年代半ばには「学校内部の問題についてはすでに一通りの成果」（長澤 1983: 34）が得られたと考えられるまでになっていたが、学校建築をめぐる新たな状況をもたらしたのは、ある学校の登場によるところが大きい。それは七二年に竣工した、槇総合計画事務所による静岡県沼津市の加藤学園初等部（現・加藤学園暁秀初等学校）である。

この学校建築においては、私立学校のアドバンテージを活かした、それまでにない実験的な設計が試みられた。教室は従来の四倍の広さを確保し、一人一人の机も決まっていない。ティームティーチングによるインフォーマルな教育の展開に応じて、スライディングウォールによってその時々の空間設定・配置が適宜行えるようになっている。自分でスケジュールを組む学習時間では、図書館を主柱

写真 2-1　加藤学園初等部のオープンスペースと教室
（現・加藤学園暁秀初等学校）(14)

にして各種の学習メディアを揃えた「学習センター」でそれぞれが思い思いに自らの学びに取り組む。学習センターにも固定的な配置はなく、器具や資料は柔軟に移動させることができる。すべての床はじゅうたん敷きで、「子供たちの日常生活における〝ねる、すわる、はう、たつ、ころがる〟といった原初的行動」が行われやすい、親しみのもてる設えになっている。全体的にみても、どこか特定の場所が学習のための空間ということはなく、「学習空間と非学習空間の区別は消滅して、目的空間と媒体空間は一体化している」（福永 1973: 115-116; 加藤学園・北沢 1976: 191-199）。このような、固定された教室中心のプランではなく、フレキシブルに活用できるオープンスペースを備えたプランニングをとっている学校はオープンスクール（以下ＯＳ）と呼ばれる。

このような開かれた構成をとる学校建築は突如出現したわけではなく、建築計画研究においても個別・グループ学習を可能にするティーチング・エリアを備えたイギリスの学校や、空間の融通性を重視したオープンレイアウトをとるアメリカの学校への注目はなされていた（太田 1960; 関沢 1973: 128-136）。また日本国内でも、定型化を打破しようとする研究のなかから、コミュニケーションのためのスペースを設けた青森県七戸町立七戸小学校（1968、東京大学吉武研究室・ＡＲＣＯＭ）や千葉県館山市立北条小学校（1969、下山真司・岩田荘一）など、豊かな学校空間創出のための新たな工夫が生まれていた。しかしこれらは「根本的に学校建築・空間を変えるまでには至ら」ず、より大きなインパクトをもたらしたのは上述の加藤学園であったとされる（長澤 1983: 31; 横山 2017: 17-18）。

加藤学園はただ空間を開いたのみではなかった。先にティームティーチングや個別学習という言葉を用いたように、そこで行おうとしている学習と学校建築を連動させようとするところにその特徴があった。また、そのような連動の意図は、学校建築を含む学校教育に対する総合的な考察・批判・対案提示ともないまぜになったものであった。加藤学園と教育学者の北沢弥吉郎が一九七六年に刊行した『子どもから学ぶ――インフォーマルな教育を求めて』は、以降に続く「オープンスクール選書」の第一巻をなすものだが、そこには次のようにある。「教科書のみによる一斉画一の授業と、受験のためのテストだけの学校では、個性も想像力も、ほんとうの知性と体力も育てようがない……加藤学園の教育目標の一つは、子どもたちの頭に知識をつめこむことではなく、子どもたちに、自分で学ぶ力を育てることにある」。だからこそ、生徒個々人の関心や進度に応じた個別学習プログラム、ティームティーチング、さらには机も決まっておらずチャイムも鳴らないという「オープン・エデュケーション」の形態をとり、教師は「助言者」として、自由な雰囲気のなかでその生徒に合わせた指導を行っていく。このような学習は従来的な教室では成立しにくい。そこで上述したような「一人ひとりの子どもの、興味関心と、能力と、進度にふさわしい学習資料と施設を、学習意欲を喚起するような状況で提供」することで、子どもたちが能動的に学び、また各自の能力を最大限に伸ばすことを支援することが主張されている（加藤学園・北沢 1976: 24, 191-199）。

（2）オープンスクールをめぐる理論武装

上述したように、建築計画研究においてオープンレイアウトへの関心が既にもたれていたこともあり、このような加藤学園からの発信に建築学者も即座に反応し、共同戦線といえるようなものが生まれていく。その中心人物の一人が、吉武研究室で学び、一九五〇年代から九〇年代までの学校建築研究を牽引した長倉康彦である。長倉は七三年に『開かれた学校――そのシステムと建物の変革』（NHKブックス）を刊行し、これまでの学校建築の展開、当時の教育をめぐる状況と関連づけてOSの包括的な意義づけを一般向けに説いている。同書および長倉の他の論考、およびそこに重ねられた当時の議論から、OSをめぐる見解の総体を復元していきたい。

まず、以前から続く定型化・画一化について。教育の環境を豊かに整えるべしという主張に反対する者はおそらくいないだろうが、学校環境は戦前から戦後にかけてさしたる進歩がみられない定型化・画一化の状況にあると長倉らは述べる（4（3）の引用も参照）。戦後に鉄筋コンクリート造が普及し、採光・通風等の環境条件が向上したことは評価できるものの、内外の景観や空間構成は標準設計の支配下にあり、建築一般の進歩を考えれば学校建築は質的に低下傾向にあるとさえいわれる（関沢 1973: 152; 長倉 1973: 9-10, 1979: 1）。

しかし、こうした計画性や反省性の不足の指摘に留まらず、一九七〇年代以降の議論はより広く、教育のこれまでのあり方や当時の社会的状況までを組み込んで学校建築論を展開するようになる。つまり、一斉画一型の授業およびそれを支えた学校建築は、西欧諸国へのキャッチアップを行わねばならなかった状況においては機能したかもしれないが、このような「教える」ことを中心とした教育システムは今日の社会の急激な変化、および多様化した教育要求に対してはもはや機能しづらくなっている。教室に同一年齢の子どもたちを閉じ込め、一人の教員によって一斉的な指導が行われるという従来的な学習形態に閉じこもるのではなく、七一年の中央教育審議会答申（いわゆる四六答申）や七七年の学習指導要領で掲げられているような個性・進度に応じた多様な教育方法が求められている時代において[15]、また「おちこぼれ」「つめこみ教育」「学校ぎらい」といった「人間的な育成が阻まれている」という問題認識が広がりつつある時代において、「人間性回復の教育」が目指される必要があり、そのためには「学ぶ」ことを中心としたシステムを支える、創意工夫に富んだ多様な教育方法を柔軟に展開しうる環境条件が整えられねばならない、と（関沢 1973: 153; 長倉 1973: 37, 103–108, 1979: 2, 1982: 189–191; 長澤 1987: 5）。

その有力な方策としてOSはあるが、これは「一定の形ととらえるのでなく、教育の要求にどこまでも対応していかれるような学校建築を考えていこうとする」営み、「その子ども達に最も必要な望ましい環境を用意してあげること」として考える必要がある。つまり特定の物理的設計のみならず、「教育そのものに適応する空間を探し求めようとする考え方」として、学校建築へのまなざしが組み直されているといえる（関沢 1973: 26; 長澤 1976: 191, 195）。

既にここまでの整理からもある程度分かるように、OSをめぐる議論・提案は**表2-3**に整理できるようなはっきりした二項対立の図式をとっている（長澤 1976: 192, 1983: 125; 長倉 1979: 4–5; 加藤学

表 2-3　従来的学校空間とオープンスクールの対比

従来的学校空間	オープンスクール
暗記や試験に埋め尽くされた一斉画一授業	「個性」や「創造性」を育む多様な個別化学習
教室に生徒を閉じ込める一学級一担任制	ティームティーチング
固定化した画一的時間割	自由な個別学習プログラム
計画表にのっとって進行が管理される教育	個々の進度に応じたフィードバックを重視する教育
教科書による画一的授業	個別メディアの拡張
閉鎖的な同学年のクラス集団	無学年制の学習集団群
指導者としての教師	支援者としての教師
教えることを中心としたシステム	学ぶことを中心としたシステム
おちこぼれや学校ぎらい、非行といった教育問題の温床になっている閉鎖的な学校環境	生徒が自由に楽しく伸び伸びと過ごすことのできる開放的な学校環境

園・北沢 1979: 10–11; 永地 1987: 79; 加藤 1987)。このように、のちに教育学者の高橋勝（1997: 12–28）が「伝達・需要型の学び」ではなく「生活世界を豊かに更新していく営み」へ、「学校を、閉鎖的で一元的な〈機能空間〉から、開放的で多元的な〈意味空間〉へと組みかえていく」といったかたちで説いた「学校のパラダイム転換」論——これは規律訓練的学校空間批判ともいえる——とほぼ同型の議論が、建築学者や学校関係者を中心とした当時のOSをめぐる議論・提案においてみられたのである。

(3)　オープンスクールの構成

では、こうした位置づけを施されたOSは具体的にどのような空間として設計されていたのだろうか。子どもの進度に応じた多様な学習形態を柔軟に展開していくということに即応するものとしては、教室を含めて空間をフレキシブルに活用できるような設え（スライディングウォールの設置）や、教室の外にある廊下を拡張した「ワークスペース」の設置、教材・教具・視聴覚機器を多様に備えたオープンな学習センターの設置、そうした活動を支える吸音性の高いじゅうたん敷きの採用などがまず挙げられる（長澤 1976: 193–194; 池田小学校 1987: 133）。

しかし建築学者（長倉 1979: 6, 1989a: 11 など）は、こうした空間を設ければすなわちOSになるという考え方を戒め、「機能的に必要なものを用意することだけでなく、それを超えて」OSの構成とその狙いについて定位していた。たとえば長倉（1973: 44–48）は、OS以後の学校建築においては次の三つの条件が念頭に置かれる必要があるとした。まず、「ゆとりと変化をもった環境をつくる」こと。床や天井の高さ、廊下の幅に変化をもたせることで単調な空間構成を打ち破り、子どもたちに「気持の変化」や「発散する感じを呼びおこさせる」。次に、「連帯感と帰属感」をもたせること。動線の中心にロビーを設けたり、階段の踊り場を広くしてスペースにつくりかえるなどして、生徒同士が自然に「出あったり」「すれちがったり」「ふれあう」ような構成を考え、ある集団に共に属しているという気持ちをつくり出していく。最後は「明確な空間の構成」。学年のグルーピングや特別教室の配置など、ブロックプランを明確にすることによって、生徒に「何がどこにあるか、自分が今どんなところにいるかをはっきりつかめるような感じを与え」、安心感をもたらす。一九八〇年代から今日までの建築計画研究を上野淳とともにリードしてきた長澤悟（1976: 193–194, 1983: 36–37）も、子どものさまざまな自主的活動に対応できる「フレキシビリティ」、どこでも学びや触れ合いが発生し、また教師にとっても全体を見通せるような「連続性」、大きさの異なる各種のコーナーやアルコーブの設置など、学校への帰属感や心理的安定感をもたらすデザインの「多様性」をOSの要点として挙げていた。

こうした空間の新しさは一体何だろうか。それは長倉（1973: 153）が端的に「すべての部分が教育のメディアになるという考えをもって環境の計画をする」と述べていたように、学校空間全体に教育的・発達的まなざしを注ごうとするところにある。それ以前の建築計画研究が目指していた生活圏や動線、教室利用の合理化といった観点からの配慮のみならず、生徒の日々の活動それぞれに何らかの教育的効果が発生しうるような配慮がこの時期以降、まさにかたちをなしてきたのである。空間的なまとまり・ヒエラルキー・連続性・変化といった操作、さらには吹き抜けやアトリウムの設置、これまでにない色彩や材料の活用等を通して「子供たちの学習への動機づけや興味を触発する空間からの語りかけ」を増殖させようとするこうした動向は、「標準設計の蔓延によって損なわれていた設計行為の復活、建築的ボキャブラリーの回復」の試みでもあった（長澤 1983: 37, 1987: 6; 船越・飯沼 1987: 5–6）。

（4）「教育」への解放

長澤（1987: 19–23）は、OSの浸透は四つの段階に整理できると述べている。まず、まとまったオープンスペースを備えた加藤学園や北条小学校などの先駆的な事例が登場・紹介された一九七〇年前後。次に、関沢勝一らがかかわった東京都板橋区の一連の小学校（1974–1975）や、長倉がかかわった東京都八王子市立小宮小学校（1975）など、オープンスペースを備えた公立学校が現れ始める七〇年代中盤まで。長倉（1993: 36）はこの頃を回顧して、教育現場よりも建築学者の方が、長期的な視野に立った施設および教育手法の改革を訴えていた時期だと述べていた[16]。

第三の時期は、富山県福光町立福光中部小学校（1976、長倉康彦指導・福見建築設計事務所）、愛知県東浦町立緒川小学校（1978、田中・西野設計事務所）、岐阜県池田町立池田小学校（1980、東京工業大学谷口研究室・K構造研究所）など、地方にさまざまなタイプのOSが建設された時期とされる。長倉がかかわった福光中部小学校は、各学年のスペースに「固定的な間仕切り、柱などはいっさい置かれず、天井に二mピッチで碁盤目状にレールを設け、幅二mの可動間仕切りパネルによって学年スペースを自在に組み立てられる徹底したフレキシビリティを実現したとされている（上野 2008: 45）。緒川小学校や池田小学校に関しては、その建築のみならず学校からの積極的な情報発信もまた注目すべき点である。長澤（1987: 17）はOSの動向は「運動論的に進んできた側面がある」としているが、この第三期はOSの増加それ自体に加え、長倉ら建築学者の著述や計画指導によるかかわり、建築雑誌による学校特集の開始、日本建築学会のテキストにおける紹介[17]と各地での講習会開催、各設計事務所からの個々の提案、民間の研究会「二一世紀教育の会」による著述、そしてオープンスペースを備えた各学校[18]による授業公開や刊行物、地方の自治体による新しい学校への注目などがそれぞれ重なり合ってそのような運動が盛り上がりをみせた時期といえる（長澤 1992: 15も参照）。

こうした運動が一つのかたちを成すのが第四期、具体的には一九八四年以降である。同年、「義務教育諸学校施設費国庫負担法施行令」が改正され、多目的スペースの設置に対する補助制度が始まっている（詳しくは日本建築学会 1989: 9などを参照）。これ以降、オープンスペースを備えた学校は八〇年代末までには公立小中学校の一割にあたる三〇〇〇校程度にのぼり（長倉 1989b: 4）、九〇年代半ばには五〇〇〇校程度にまで増えたとされている（倉斗 2001: 3）。もちろん、それでも国内の大多数の学校は従来的な学校建築といえるわけだが、かなりの早さと規模で、これまでなかった空間を備えた学校が増殖していったことのインパクトは小さいものとはいえないだろう。八〇年代から九〇年代にかけては、多目的スペースの補助に限らず、文部省を中心として「学校施設の文化的環境づくりに関する調査研究」(1982)が行われ、学校施設の木造化、インテリジェント化、複合化などがそれぞれ指針や補助制度として動き出すなど、学校施設の質的向上が目指された時期だといえる。

さて、ここまでみてきたように、OSはただ学校空間の物理的な開放としてあるのではなく、従来的な学校建築の批判、当時の社会的・教育的要求のとりこみ、新しい教育を支える教育実践の改革、教育的効果をもたらす設計上の配慮がそれぞれ織り重なった、言説的・非言説的な要素の集合体としてある。このような集合体は、やや後に教育学の分野でなされる規律訓練的学校空間批判と同様に、子どもたちを閉鎖的な学校空間から解放しようとするベクトルをはっきりともっているといえる。では、これまでとは違うオルタナティブな、希望をもって語られる学校建築のさなかで、生徒たちのどのような主体性が育まれようとしてきたといえるだろうか。これについては既に(3)で、長倉と長澤の議論を紹介して「発散する感じ」、生徒たちが自然に「ふれあう」ことでもたらされる「連帯感と帰属感」、心理的安定感などとして言及しているが、これらから考えるとOSが念頭に置いている作用のターゲット、つまり生徒たちは学校空間のなかに閉じ込められ続けてはいるものの、そのなかの所定の位置に繋ぎ止められるばかりではなくなっている。一定程度だが自らの興味関心にしたがって動くことができ、偶発的なコミュニケーションが得られる空間へと解放されつつある。規律訓練はこの意味では弛緩しているといえるもしれない。だがやはり上述した、長倉による「すべての部分が教育のメディアに」という言及を思い出せば、ここで行われているのは「教育への解放」とでもいうべきことであり、学校でのさまざまな体験がそれぞれ教育上、あるいは心理上何らかのよい効果をもたらしうるような空間に生徒たちは新たに放たれているともいえる。この意味では、OSは一元的な規律や序列への閉じ込めを加速するものではないとしても、何らかの教育的契機を都度掬い取り、望ましい方向に増幅させようとはしており、その意味で定型的・画一的な学校建築よりも、また一九六〇年代までの計画性を重んじた学校建築よりも濃密な「教育」的まなざしに貫かれているともいえる。学校空間の連続性を保つことが、生徒たちの触れ合いの創出等とともに「学校の中をいつも教師の誰かが、察知していること」と合わせ推奨されていたように、統制への志向も明確に保持されているようにみえる（長倉 1974: 84）[19]。

ただし、後代と比較すれば、そのまなざしの焦点は絞り切られていないものだったように思われる。この時期、教育・心理上の効果が企図された空間的設えは、スペースやコーナーの設置や空間構成という水準にほぼ留まっていた。このことがOSをめぐる新たな問題化へとつながり、さらにそのことが統制志向を乗り越えようとする次なるアイデアの創出につながっていくことになる。

6　アクティビティを喚起する学校建築──一九九〇年代後半以降

（1）オープンスクールをめぐる懸念とその対案

多目的スペースを備えた学校の増加は、新たな懸念を同時にもたらしてもいた。早い段階では長澤

（1992: 15）や長倉（1993: 23）が指摘し、その後上野（1995: 141, 1999a: 114など）が各所で指摘するその懸念は、「オープンスクールという画一化」であった。つまりOSの急激な増加のなかで、前節で示したようなその設置意図が深く考えられることなく、「学年のまとまりを考慮しないで漠然と設けられたただ広いだけのスペース、オープンスペースとは名ばかりの大きな閉じた部屋（多目的教室）」がただ設けられる、それらがさして使われずに従来的な教室のみが利用される、結局間仕切りを固定して利用するといった事例もまた増加していることが問題視されたのである[20]。上野はその背景を、神奈川県横浜市立本町小学校（1984、内井昭蔵建築設計事務所）、東京都目黒区立宮前小学校（1985改築、日本建築学会学校建築に関する委員会第一〇小委員会・アルコム）などを通してOSのプランニングの検討が進んだが、その結果として無前提に「これからの学校はこんなスタイルらしい」として定型的に受け入れられるケースが増え、「新たな画一化」をもたらしたのではないかと解釈している（上野1999a: 107–114）。

「学校の多目的スペースは、無目的スペースになっていないか」（船越・飯沼・寺嶋1998: 8）[21]。こうした問題意識に応じるような研究・提案がいくつかの観点から示された。たとえば、イギリスのホームライクな学校建築への注目はかなり以前からなされていたが、そこに設けられたアルコーブ（ほぼ同種のものに「キバ」や「デン」がある）などに注目した使われ方調査や生徒の快適感に関する調査などが積み重ねられるなかで、オープンスペースよりもこうした小ぶりなコーナーの方が子どもたちを集めやすいという知見が共有されてきた。得られた知見はやがて、ただ広いだけのオープンスペースを用意するのではなく「子どもたちのスケールにあった空間」を、また子どもたち自身の集団の規模に応じてさまざまな「場所性に富んだ空間」を用意する提案へと結びついていく（上野 1999a: 15-17）。

このような提案は、空間的設えのサイズをより小さく絞ろうとするものだといえるが、その一方でそうした設えによって目指されるものもまた、より明確に焦点化されるようになっていく。建築学者の柳澤要（1992: 1-2, 620, 1995: 54-58）は、ある物理的環境下における人間の行動がいかに発生するのかはこれまで十分に検討されてこなかったとして、学校を含む子どもの遊びを事例にして「分節化されたあるまとまりを持った行動とその発生場所とのセット」の研究を行った。柳澤はその際、ある行動が必ずしも明確な空間的境界のなかで発生するとは限らず、またまったく同じ行動が発生するということもありえないため、注目する対象を「ある物理的環境によって誘発されやすい行動パターン」に設定する。

こうして得られた知見を支える鍵概念が、生態心理学者のジェームス・ギブソン（Gibson 1979＝1985）によって示され、柳澤によって「そこでさまざまな活動を誘発させ、また行動領域形成に何らかの働きかけをするようなその場の魅力とも言うべき性質」（柳澤 1992: 2）として定位された「アフォーダンス」概念であった。つまり、得られた知見はこの概念を通して、どのような物理的要素が子どもたちの活動を誘発（アフォード）しやすいのか、という観点からまとめられるようになるわけだが、ここでいう物理的要素とは何らかの決まった空間や備え付けを用意するというよりは、柱・壁・床・天井・階段・スロープといった建築的な要素や家具を利用・流用した何らかの「遊びを誘発するさまざまな仕掛け」、あるいは「集まったり、休息をしたりする際の居場所を確保する手掛かり」を意味している。こうした仕掛けを数多く確保することで、用意しようとする環境を「行動に最適な状態で適応するようにデザイン」できるようになり、その結果「人間と物理的環境との豊かなコミュニケーション」が誘発され、子どもの活動を豊かにできるというスタンスが以後共有されていくようになる[22]。

前節でみたような、新しい学校建築を推進しようとするにあたっての二項対立的な「教育的」まなざしの方向性は、一九九〇年代に入っても大きく変わることはない（ただこの時期は「新しい学力観」「生きる力」などが示されて教育の方向性が大きく転換した時期である。そうした方向性と学校建築との関係性については7で述べる）。九〇年代後半以降の学校建築は、その教育的な位置づけが変わったというよりも、今紹介したような建築学的研究および実作上の新たな展開として解釈できる向きが強いように思われる。その展開の起点となったのは、紹介したような研究の成果を集約し、OSという新たな画一化の問題に解答を示したといえるようなある学校建築の登場であった[23]。

（2）アクティビティを喚起する学校建築——打瀬小学校の衝撃

それが一九九五年に建設された千葉県千葉市立打瀬小学校である。建築設計事務所シーラカンス[24]によって設計された同校は九七年の日本建築学会賞を受賞し、以後の学校建築にも大きな影響を与えた、まさにエポックメイキングな学校だといえる。

この学校の空間構成上の特徴としては、教室・中庭・アルコーブ・通路・ワークスペースをひとまとめにした「クラスセット」という単位が離散的に並べられているところをまず挙げることができる（図2-2）。それに加え、上野をアドバイザーとしたこの学校は、均質的なオープンスペースをつくらないことや学年ごとにクラスターの設計を変えてその場ごとに空間の雰囲気が異なること、教室まわりの充実など、これまでの学校建築に関して論じられてきた諸点に対応した構成をとっている（小嶋 1998: 196; 上野 1999a: 148–149）。

だがこの学校において特筆すべきなのは、そうした構成の水準に留まらない細部の工夫に溢れ、またそうしたアイデアを生み出し具現化していくにあたっての独特な作業プロセス（学校建築に関してこれまでみることのできなかった知識の産出・適用プロセス）があり、それらと関連して学校建築批判から建築と人間の関係の再構成までを貫く思索が根底にあるといった諸特徴を含みながら、「既存の学校建築の計画手法を頼りにせず、全く新しいイメージの学校像を提出」（上野 1999a: 145）したところにある。以下、シーラカンスの小嶋一浩の言及を中心にその学校像を再構成していきたい。

打瀬小学校の設計において念頭に置かれたのは、「アクティビティ（活動）のデザイン」（小嶋 1998: 192）である。(25) ここでいうアクティビティとは、教室内での従来的な学習活動を単に意味するものではなく、かといってインフォーマル教育におけるそれに収まるものでもない。小嶋の考えるアクティビティはもう少し独特な含意のあるものである。(26)

上野がこの学校のコンペにアドバイザーとして参加した際、彼はOSという新たな画一化の問題に触れ、イギリスの学校を事例に「ヒント性がある」「変化のある学校」という方向性を示しながら、問題の打破を希望として述べたという（加藤ほか 1998: 201; 上野 2002a: 94）。このこともあってか小嶋の従来的学校建築に対する見方は、一斉画一型の授業を中心として生徒を閉じ込める「監獄」のようなものだというように、これまでの学校建築計画が典型的に行ってきた批判と大きく変わることはな

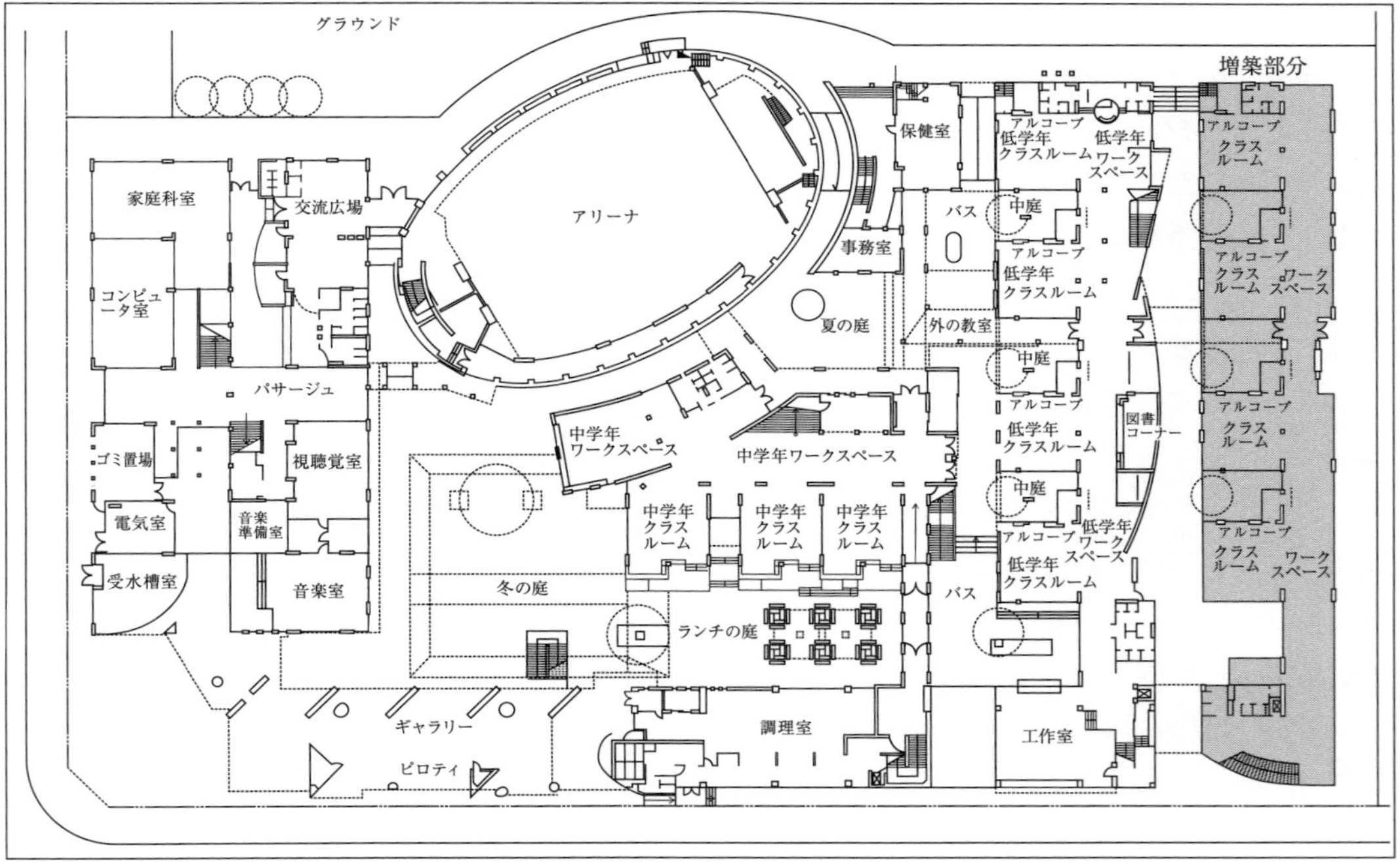

図 2-2　打瀬小学校（1 階）の配置図（建築思潮研究所 1998: 54 より作成）

い（小嶋 2000a: 7）。

だが学校が監獄のようであるという見解の根拠は、それが定型的・画一的だからという観点のみによるものではない。小嶋は、国内の学校建築においては「使われ方と空間が一対一対応」になっており、子どものさまざまなアクティビティの個性を排除し、「○○教室と名付けられた」、「機能別の部屋」に押し込んでしまっていることにも起因しているとして、学校建築計画がこれまで理想としてきた機能性の追求にも問題があったと述べる。これは定型的な片廊下型の学校についての言及だが、効率のよい学校は「空間に逃げ場や変化」がなく、そのため人間関係に閉塞感が生まれた場合、とても息苦しい状況になってしまうとも述べている（上野ほか 1999: 105–107; 小嶋 2000a: 7–11; 小嶋ほか 2015: 82）。

また小嶋は、従来の学校建築が想定してきたのは「集団」としての生徒の活動、つまり「マスアクティビティ」だという。期待されている活動のパターンは一人一人個別的なものではなく、集団レベルで単純化されたものである。このような考え方をとるため、空間も単純化された目的・機能・行為に応じて切り分けられてしまう。このような空間では、子どもたちの自発的なアクティビティは押しつぶされてしまいがちである。これに対してオープンスペースや多目的スペースは名前の通り、目的や行為を切り縮めようとする空間ではないようにみえる。だが小嶋はこれらを「均質空間のオフィスビル」のように効率的な空間利用をさらに追求するもので目的志向の延長線上にあるとし、ただ大きなスペースが与えられることが多いために子どものスケールからすれば寒々しく感じ、また「アクティビティを誘発する手掛かり」に乏しいと退ける（小嶋 1995: 154–155, 1998: 193, 2000a: 8–9; 小嶋ほか

2015: 84)。では、一人一人の個別なアクティビティを可視化し、またそれを建築にフィードバックするにはどうすればよいだろうか。

小嶋らが行ったのは「シミュレーション」を用いた設計である。壁や柱を伴った平面図を描く前に、教室と家具のみをまず置き、次に数百人分の生徒が校内のどのような場所でどのように動いているかについての調査データを入力してシミュレーションが行われる。このとき、無数の点が画面を動き回ることになるが、先にかたちを決めるのでも、当然こういう活動をするだろうという「マスアクティビティ」を想定するのでもなく、このような「パーソナルなアクティビティの集合」そのものをまず捉え、そのアクティビティをそのまま保持、あるいは増幅するような設計・配置を行っていこうとしたのである。小嶋は当時、アクティビティの集積を「天気図」などを例えにして論じていたが、これは後に風の解析などを経て「〈小さな矢印〉の群れ」として表現し直されることになる。**図2-3**は後になされたホーチミンシティ建築大学の「敷地に流れている〈小さな矢印〉」を見出し、それが流れる場をつくり出すための解析だが、当時のシミュレーションの意図はこの図とも通じているといえるはずである（小嶋 2000a: 6-9, 2013: 5-7, 21-27, 146)。

こうして実現された、打瀬小学校に象徴されるシーラカンスの学校建築のポイントをいくつか挙げてみると、まず「開放性」がある。幕張新都心の、テーマパークのように整然と開発された市街地のなかに立つ打瀬小学校は「街並みの一角」として考えられ、内外を区切る門やフェンスが設けられずに足元の素材を変えてフラットなままで領域を分け、ピロティなどがバッファゾーンになっているのみである。街路から通じ、地域の人々も通ることのできる構内の通路には屋外授業スペース（外の教

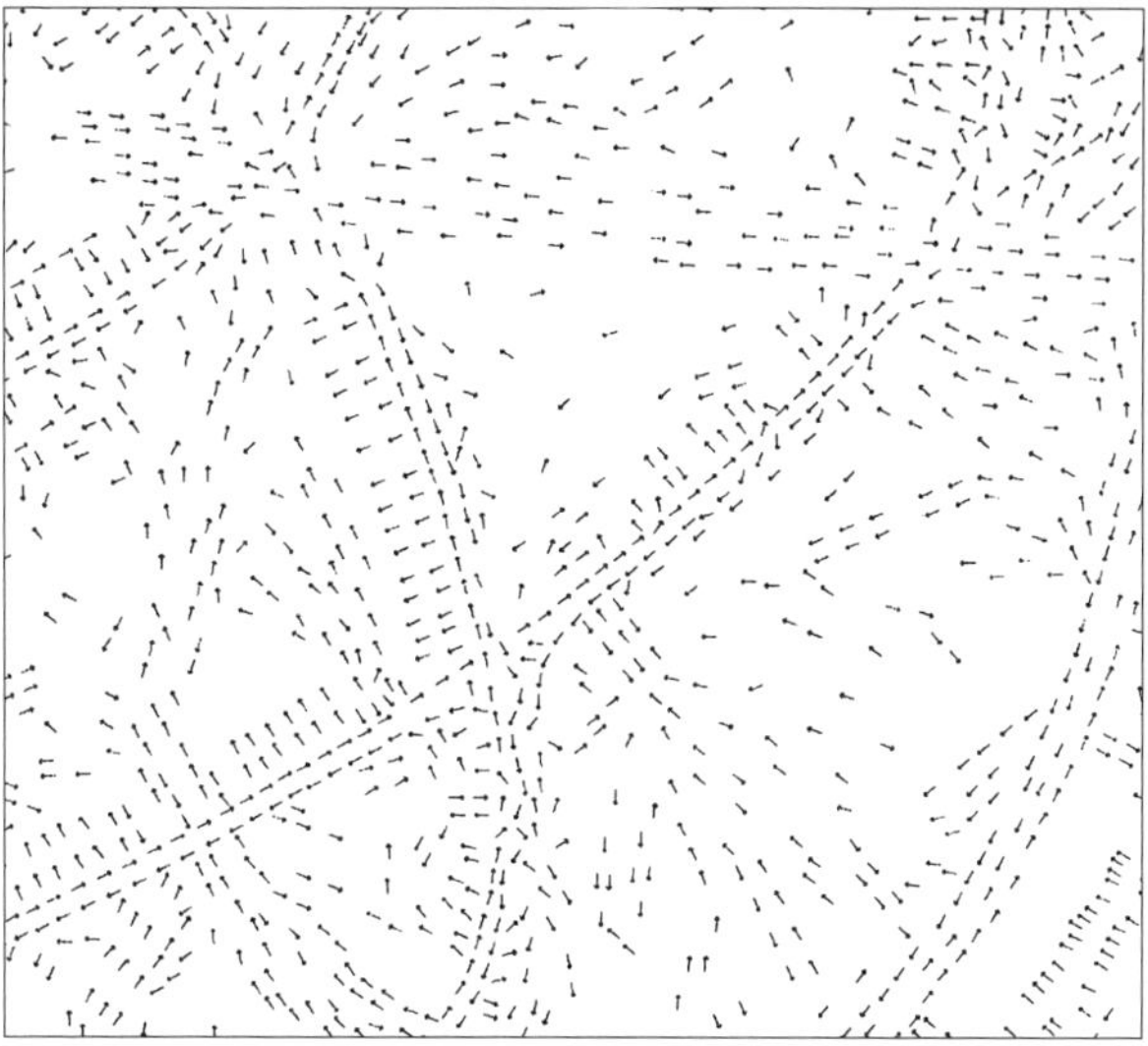

図 2-3　〈小さな矢印〉の群れの例（小嶋 2013: 8）

室）が設けられており、授業という機能、学びという活動は校舎の内部にも、学校の内部にも閉じられていない[27]。総体として外部と内部といった「境界はあいまいにし、空間を流動化させ、なだらかにつながるものへと切り替えていく」ことが試みられている。見るというアクティビティについても、教室からはクラスセットの他の要素が、屋外部分からは他の場所へとつながっている通路や校地の外がそれぞれ見え、つねに違う場所の気配を視覚的に感じられるような設計になっている（工藤 1998: 188; 小嶋 1998: 94, 2000a: 7, 24-35）。

次に「回遊性」。移動の目的地となるような体育館や特別教室をばらばらに離して配置することが学校全体に移動を発生させると考えられている。それぞれのクラスセットに備えられた中庭や通路によって移動経路は複線化され、「どこをどう歩いても目的地に着くように行き止まりはつくらない」。通路自体もまた、路地のように細くつくられているところや、少し隠れることができる柱が設けられているところなどがあり、こうした一つ一つ雰囲気の違う空間を歩くことは開放的な感覚をもたらす。こうした回遊性の確保は、逃げ場のない空間の問題化に対する提案にもなっている（小嶋 1998: 195–196; 小嶋ほか 2015: 84）。

もう一つは「多様性」。椅子や作業台などの家具も、サイズや見た目だけでなく、簡単に動くものからなかなか動かないもの、固定されたものまで、多くの種類を分散して校舎全体に配置し（この学校のために設計したものも含む）、次々にメンバーや行おうとすることを組み換えながら移動する子どもたちそれぞれが気に入った場所を選び、思い思いに座り、寝そべり、作業し、流用することが可能になるよう意図されている。また、ガラスの使い分けによる明暗の違い、床やタイルや壁の仕上げの使い分け、水場や段差や柱に隠された工夫などのちょっとした空間的仕掛けも、それぞれが気に入った場所を見つける手がかりとして配置されている。このように、決まりきった教室の内部に閉じ込めるのではなく、また所定の身体的所作に封じ込めるのではなく、一つの空間やモノをオールマイティに用いて対応しようとするのではなく、多様な活動を下支えするようなかたちで設計・配置が細やかになされているのである（小嶋 1998: 195–197, 2000a: 9, 34–35; 上野ほか 1999: 107）(28)。

小嶋は、建築には「人に働きかける力」があることを強く自覚している。機能に応じて明確に境界を区切り、人を所定の位置に配分することのできる力があると考えている。実際そのように設計されたとき、建築は「制度を固定し強化する」方向に作用する。しかしそのような強い作用を小嶋は「空間は強くアクティビティを規定してはならない」として拒絶する。小嶋はそれに対して、上述のア

写真 2-2　打瀬小学校の中庭（長澤・中村 2001: 71 より転載）

撮影：彰国社写真部

フォーダンス概念にも言及しながら、「活動を強制するのではなく、喚起する空間」であることが望ましいと述べる。目的や行為を定めた空間を整えることではなく、「どういうふうに空間を設計すればいきいきとしたアクティビティが喚起できるか」を考えて空間とアクティビティの対応関係を都度調査し、それぞれのアクティビティを喚起しうる手がかりをちりばめ、そうした醸成された諸々の「活動の気配」からボトムアップ式に立ち上がってくる様相、いわば「その場所の『空気』を設計すること」が建築の営みなのだというのである（小嶋 1995: 155, 1998: 194, 2000a: 7–10, 2000b: 55; 青木ほか 1998: 50; 小嶋ほか 2014: 58, 2015: 85）[29]。

そのような喚起は、述べてきたように一つの行為を志向するのではない。「同時多発的」という言葉を小嶋はしばしば用いるが（小嶋 2000a: 32, 2013: 14）、小嶋が志向するのは子どもたちのアクティビティの潜在的可能性をまず想定したうえで、それらに多様に応答し、立ち上がってくるふるまいや出来事がオーバーラップすることを許容するような緩やかな喚起であり、また以下のようなささやかな喚起である。

「それらは、空間から人への、ささやき・きっかけのさざ波に満ちた空間と言い換えてもいいだろう。『ささやき』とは、一〇〇人いたら二〜三人が気付く程度の、あるいは小学校生活六年間の二〇〇〇日で一度気付くかどうかの微妙な働きかけである」（小嶋 2000a: 10）

「誰にでもいつでも伝わるような働きかけは、指図や命令として作用し押しつけがましく感じることになるので注意深く回避し、ささやきかけに近い、ある状況、ある天候や時間にしか気づかないような仕掛けを空間に散りばめていく」（小嶋ほか 1997: 102）

喚起された手がかりをどう発見し、受け取るかは、そこで過ごす子どもたち次第である。小嶋は「学校という監獄にも収容所にもなりかねないところを、居場所という本人が主体的に選択している空間にいかに変え得るか」が学校建築の目指すべきところだと述べているが、そのような主体的な選択・解釈・流用の可能性をささやかに下支えするような喚起が目指されている。このような見解を示しながら、小嶋は端的に建築を「アクティビティの喚起装置」と表現した（青木ほか 1998: 55; 小嶋 2000a: 10, 2000b: 55, 2002: 97; 小嶋ほか 2014: 55）。

（3）「ポスト規律訓練」のプロジェクトとしての学校建築

OSの画一化という問題意識に対する、アクティビティを喚起する細やかな手がかりのちりばめという応答は、以降の学校建築における一つのトレンドになっていったといえる。以後今日に至るまで、学校建築を扱う資料集・教科書・ムック本・建築雑誌の特集などでは小嶋らの手を離れて「アクティビティ」や「手がかり」「仕掛け」を起点においた学校建築の事例あるいは今後の方向性が、ほぼ必ず示されるようになっている（長澤・中村 2001: 8, 177–190; 学校を変えなくちゃ!! 編集委員会 2002: 14; 建築思潮研究所 2006 など）[30]。特にアルコーブ・デン・キバといった子どものスケールに応じた小さな隠れ家・たまり場的スペースや、それらにおいてもしばしば活用される木材を用いた温かみのある設え、学年ごとに異なる空間デザインをとることなどによって場所性を高めている学校が多く紹介されている[31]。また、天井を高くした共有スペース、アトリウム・吹き抜けなどを活用した交流スペース、学校全体の透過性・採光性・色彩性を高めることなどによって開放的な設えをとり、協同学習の促進、コミュニケーションの誘発、アクティビティの相互視認による活性化などを志向する学校もよく紹介されている。学校によっては、学校内部での透過性を高めるだけでなく、街から子どもたちのアクティビティを見ることができるようになっているところもある。そのような「開かれた学校」の代表例の一つが、打瀬小学校にもかかわった工藤和美と堀場弘（シーラカンスK&H）による福岡県福岡市立博多小学校（2001）といえるが、同校に設置された階段状の多目的スペース「表現の舞台」をとりいれるところも多い。オープンスペースを備えた学校は延べ五〇〇〇校を超えるともいわれたのに対し、このような設えをとる学校はより限られた事例といえるかもしれないが、今日において従来的なものではない学校建築を手がけようとする場合、こうしたオプションの何らかを導入することになる可能性はかなり高いといえる[32]。

また、小嶋らが決定的な契機をなしたわけではないが、一九九〇年代以降、建築家（プロフェッサー・アーキテクト含む）が学校建築を手がけることが珍しくなくなりつつある[33]。そうした建築家の多くは、小嶋らにかなり近しい問題意識をもって学校建築の提案をしているようにみえる。たとえば北山恒と芦原太郎は、宮城県白石市立白石第二小学校（1996）の設計に際して、「制度が空間の機能や使い方を規定すること」に対する自発性の許容を検討課題とし、座談会の相手でもあった小嶋の仕事をおそらく念頭に置いて、ワークショップを通して「使い手側の自由なアクティビティを誘導する仕掛けを空間に組み込むことができた」と述べている（山本ほか 1996: 241）。『原っぱと遊園地』（青木 2004）、つまりあらかじめそこで行われることが先回りして想定されて設えられている建築（遊園地）と、そこで何かが行われることでその中身がつくられていく建築（原っぱ）を対比させた議論でも有名な青木淳も、自らが手がけた奈良県御杖村立御杖小学校（1998）について「人の行動を先取り」することなく、小学校の設計をめぐって「身体化してしまった約束事から自由になって、実際に使うことで、自由な使い方が生まれてくるような空間」（青木 2016: 48）を目指したという説明を与えていた。

こうしたトレンドが形成されていくなかで、小嶋らは打瀬小学校の後も、岡山県吉備中央町立吉備高原小学校（1998）、宮城県立迫桜高等学校（2001）、千葉県千葉市立美浜打瀬小学校（2006）、東京都立川市立第一小学校（2014）、千葉県流山市立おおたかの森小・中学校（2015）など多くの学校建築を手がけていくが、本章の趣旨となる主体化の作用という観点からは、熊本県宇土市立宇土小学校（2011）をこれまでの思索・実作のさらなる展開例として紹介できるように思われる[34]。

小嶋（2000a: 14）は、打瀬小学校の頃から「雑木林の中に教室が散在する」というイメージをもって、教室や校舎の内外を流動化させる学校建築を企図してきた。宇土小学校ではそれをさらに推し進め、学校そのものを「限りなく外部のような、雑木林のような空間」として提示したという。その起

図 2-4　宇土小学校・L 壁の配置イメージ（小嶋・赤松 2016: 78）

点となる道具立てが「L壁」である（イメージとしては**図2-4**を参照。実際には、特別教室を含めた各教室や角になる部分それぞれに設置されている）。L壁はその内側に主に授業を行うクラススペースをつくるが、L字であるためそのスペースを閉じきることがなく、またL字のコーナー部分を曲面として場を画然と切り分けないために、子どもたちを「過度に秩序付ける」ものではない。L壁はちょうど樹木のように、その周囲にクラスの活動をいつでも展開させることを可能にし、また同じ場所で子どもたちの「天気図のように連続的に変化していく」自由なアクティビティも発生させやすくする。L壁の向きや配置が一つ一つ異なることで、それぞれ違う雰囲気をもった空間が学校内に散らばることになり、子どもたちがその都度の離合集散に応じた「自分の場を発見していくきっかけとなる」という（小嶋・赤松 2010: 119, 2016: 80; 赤松 2011: 69）。

もちろん、このような学校空間が設えられても、今日の子どもたちがやはり試験と評価に個別にさらされ、生産的であることを期待され続けている側面はあり、かつての規律訓練論が指摘したことがらから決して無縁だといえるわけではない。だがそうしたなかで、小嶋ら以後の学校建築においては動きまわり、出会い、隠れ、楽しみ、発見し、読み替え、落ち着き、休むといった、統制的な環境から子どもたちが自ら抜け出せるようなふるまいを喚起する細やかな手がかりがちりばめられている。小嶋らが目指そうとしてきたのは、学校建築とその運用がどうしても何らかの制約を子どもたちに課さねばならない側面があるなかで、そのなかでいかにして制約を最小化して、子どもたちの多種多様な可能性を喚起し、また自らが居る場所の自己発見を支援するような空間を設えるかということであり、これらの意味でまさに「ポスト規律訓練」の学校空間の可能性が目指されていたといえる。小嶋は二〇一六年に五七歳の若さで逝去したが、学校建築をめぐる当面の展開可能性は、今でも小嶋らのアイデアとともにある。

7 「ポスト規律訓練」的学校空間における自由とは

(1) 個性・自発性・創造性をめぐる布置連関

ここまでの議論を整理しよう。戦前からの定型的・画一的学校建築の打破を目指して始まった、使われ方調査等の実証研究にもとづく学校建築計画学は、計画的・合理的配慮を行き届かせた学校を目指してきた。しかしその最中で生まれた標準設計とモデルスクールは、意図せざる新たな定型化・画一化をもたらしもした。一九七〇年代以降、加藤学園を画期として注目を集めたOSはそのような状況を打破する起爆剤として期待され、当時の教育状況に対する批判や現場の実践とあいまって、学校空間に教育的・心理的配慮を書き込みうるような物理的変革をもたらした。しかし九〇年代に入ると、OSが自己目的化して再度没反省的な定型化・画一化が行われているのではないかという危惧が示され、それに対して打瀬小学校に象徴される、アクティビティを喚起する細かな手がかりに充ちた、また学校内および内外の境界を流動化させた学校空間が以後の一つのトレンドになっていく。このように、戦後日本の学校建築計画については、それぞれの時代のそれぞれの形態をとって、つねに支配的であり続ける定型的・没反省的な学校建築からの脱却を企図してきたという系譜を描くことができる。(35)

こうした企図は、つねに教育をめぐる特定の状況のなかで提出されてきたとみてよいように思われる。戦後の状況における計画的配慮、当時の教育一般に対する批判を伴って提案されたOSについては既に述べたが、前節でみたアクティビティを喚起する学校建築においてもそれは同様である。具体的にいえば、打瀬小学校は「教えることではなく学ぶことに主眼」を置いた、協同担任制をとる学校であった。また、教室内に留まらず、資料コーナーや図書コーナー、さらには街を活用した学習の展開が考えられており、ティームティーチングや交換授業、「生きる力」を育み「自分さがしの旅」を進めるための教科横断的な「うたせ学習」という特徴的な学習も行われている（千葉市立打瀬小学校 1998: 18–31）。そのような「個性や自発性を引き出す学校」「『子供たち一人一人の自発的な学習』をサポートする空間」という志向を小嶋らが支持しているからこそ、打瀬小学校のこのような設計は実現しているといえる（小嶋 1998: 191, 2000a: 6–7; 小嶋・赤松 2010: 119）。また、一九九〇年代以降の学校建築をめぐる議論全体を眺めても、学校建築は一般的には未だ無味乾燥で定型的・画一的な空間で

表 2-4　学校建築の展開

時　期	建築的特徴	状況認識と意図
戦後～1960 年代	計画的意図にもとづいた合理的・機能的ブロックプラン、教室設計	明治以来の定型化・画一化の打破 学校建築への計画的意思の浸透
1970～1990 年代前半	フレキシブルに活用できる空間の設置、空間・デザイン的意図の導入	戦後の新たな定型化・画一化の打破 知識偏重の学校教育批判
1990 年代後半以降	アクティビティを喚起する手がかり、従来的プランの根本的な問い直し	OS という新たな画一化の打破 生きる力等の教育改革との共振

あり、知識を教えることに偏った教育のあり方とともに改革されるべきだ、「児童生徒の創造性を刺激し、伸ばしていくような姿を目指していく」べきだとする主張は、ＯＳの推進時から現在に至るまで途切れることなく続けられており（上野 1999a: 3-11, 168-170, 2002b: 5; 吉沢ほか 2002: 42 など）、二〇〇〇年前後のいわゆる「学力低下論争」などを経て授業時間の再増加に転じた学習指導要領の改訂（2011-2013）に向かう動向をめぐっては、個別化や多様化を目指す流れが止まってしまうのではとして危惧が表明されることもあった（柳澤 2007: 9; 北川ほか 2010: 38）。また多くの学校建築は、述べてきたような設えによってより能動的な学習を促進するべく設計されており、近年ではアクティブラーニングの推進にも一役買うものとしてしばしば語られている（長澤 2019 など）。

現代的な学校建築が喚起するアクティビティは、移動することそのもの、見ること、座ることといったプリミティブな水準での喚起が主であるようにみえ、それ自体が一人一人の人格や心の細やかな動き、意味解釈のあり方にまで入り込んでくるようなことはない。小嶋自身（2000a: 8）、興味があるのは「シミュレーションのアルゴリズム」だと述べ、それを評する側からも、想定されているアクティビティは子どもたちのスタディやシミュレーションを通して脱個人化された「透明な人間」(塚本 2002: 197)のそれであり、そうして組み立てられているのは「インプットされる現象に対して『最適化』された反応を送り返すような建築」(二川 2002: 6)などとされることがある。[36] だが、上記のような教育的文脈のなかに現代的な学校建築があることを考えると、アクティビティを喚起する手がかりに溢れた学校建築は「個性」や「自発性」「創造性」、あるいは自らの居場所を自ら見つける、何かを発見する、その意味を自分なりに組み換えることがそれぞれできるといった観点から子どもたちの生活を捉え、またそれを支援しようとする、教育実践や教育政策とあいまって形成される異種混交的な布置連関の一部をなすものといってよいように思われる。[37] より直接的には、協同学習をはじめとした多様な学習活動がより展開しやすい設えがとられているわけだが、それをより促進するような「活動の気配」「その場所の『空気』」もまた、その空間構成や細部の仕掛けから醸成されているといえるのではないだろうか。

(2) 二つの論点の提示

さて、ここで二つの論点を提示して、以降の章における考察の手がかりをつくっておきたい。一つめの論点は、みてきたような細部までの配慮が行き届いた学校空間で過ごすことができるのはどのような子どもたちなのだろうか、ということである。打瀬小学校は公立小学校であり、小嶋らが手がけてきた学校建築もそのほとんどが公立の学校である。ただ、もう少し広く傾向をみると、明らかな偏りをみてとることができる。

『近代建築』誌では二〇〇一年以降、毎年夏頃に学校建築特集を組むようになっている。特集の大半を占めるのは、工夫を凝らして新たに設計された学校建築の紹介記事である（全校舎の新築ばかりではなく、一部新築や、改築を含む）。もちろんこれらは新たに手がけられた学校建築のすべてではないし、総体的な傾向がそのまま反映されたものでもないだろう。だが、注目に値する工夫が凝らされたものとしてピックアップされた学校建築が紹介されているという点で、その好例が集約された特集ということができる。この特集記事を〇一年から二一年まで通覧し、掲載された小学校・中学校・高等学校を総計すると、それぞれ二〇三校、二〇八校、一四〇校になる[38]。文部科学省による『令和二年度学校基本調査』(2020)をここで参照すると、小学校全一万九六五一校のうち私立校は二四一校（一・二%）、中学校全一万〇三二四校のうちでは八〇二校（七・八%）、高等学校全四九三〇校のうちでは一三四一校（二七・二%）である。こうした総体的な傾向に対し、『近代建築』特集における私立校の登場率は、小学校の場合二〇三校中二四校が私立ということで一一・八%、同じように計算して中学校では三六・五%、高等学校では七〇・〇%と、総体的な傾向に比べて明らかに高い。

こうした偏りは、学校の新築・改築という自治体にとって非常に予算のかかる営みが公立校ではかなり発生しづらいのに対して、私立校では予算をより弾力的に活用でき、新築・改築が学校イメージの向上と生徒募集に直結するために発生しやすいと考えれば、不思議なことではない。だがいずれにせよ、誰かの思惑というよりは今述べたような状況の帰結として、工夫された学校建築——掲載されている学校建築の工夫のポイントが学校複合化による地域性の重視などにおかれることもあるが、学校建築の要点はやはりそこで学ぶ生徒たちの学校生活の質的向上にあるため、かなり多くの記事では6（3）で示したような各種の工夫が採用されている――の経験可能性には、公立校と私立校に通う生徒のあいだで、ひいては進学を左右する出身家庭の社会経済的背景によって大きな差が出てくるように思われる。ただ、筆者はこのことを殊更に批判しようとしているわけではない（批判しようがないともいえる）。これは第一章で示したレーヴの論点、つまり人々の社会的属性と空間のあり方の親和性についての指摘を踏まえた、考察のための論点提示である。このような、空間とそれを利用する人々の偏りについては、以降の章でも引き続き考えていきたい。

もう一つの論点は簡潔なもので、ここまで述べてきたような個性・自発性・創造性を称揚する傾向は、教育のみに限られたものではないと考えられることについてである。生徒たちが学校を卒業して入る世界、つまり労働の世界でも、というよりむしろそちらにおいて今日そうした傾向はますます顕著になりつつあると考えられる。では、学校を通り抜けたのちに過ごす空間は今日どう設計されているのだろうか。これについては次の第三章で取り組むことにしたい。そのことによって学校建築をめぐる布置連関の意味ももう少しみえてくるだろう。

（3）「ポスト規律訓練」的空間における自由とは

ところで、フーコー（Foucault 1983a＝1996: 301-302）は権力とはそれに対峙する自由と必ず表裏一体のものだと述べていた。規律訓練的学校空間／権力については、それに対峙する自由の様態は閉じ込めに対する移動、監視に対するすり抜け、コミュニケーションの遮断に対する地下網といったように、ある程度想像しやすいものである。そして実際、そのような空間の打破を企図したものが5・6でみてきたような学校建築であった。それは子どもたちを閉じ込める空間的区分を流動化させ、規律を課す者と課される者の対立を緩め、子どもたちの個性やコミュニケーションを圧殺するよりもむしろ育むような空間構成と仕掛けを備えたものになっている。

では、アクティビティを喚起する学校建築をユートピアのようなものとみなすべきだろうか。2（3）において述べたように、本章ではそのような考えはとらない。というより、小嶋らを含む建築関係者自身もそう単純には考えていない。小嶋が建築の作用について自覚的であったことは前節で述べたが、ここではより端的な事例として、青木淳による小嶋らへの問いかけに注目してみたい（青木ほか 1998: 50–59）。青木は小嶋およびシーラカンス（当時）の小泉雅生との座談会で、小嶋らの学校建築に象徴される、アクティビティを喚起するささやかな仕掛けに充ちた学校空間について、後に自らが展開する原っぱ／遊園地論に近い観点から小嶋らの作品に切り込んでいる。つまり、小嶋らが手がけた学校は、行為や目的を切り分けて囲っていく「建築計画学的思考」に対して、学校であることを存続させながらもその切り分けと囲いを解体しようとする「正統的な批判」だといえて共感できるものの、対案として提示されている「空間的な仕掛け」も、いかにそれがルーズであっても何らかの行為を想定し、規制しているといえるのではないか、と。そもそも「規定力が弱く『見える』建築はあっても、規定力の弱い建築なんてない」のだから、「子どもたちに自由に振る舞っている気持を与えているというのは、そこにある空間に力がある」はずで、考えられるべきは「そういう意味で、規定しているかしてないかではなくて、どういう規制をしているか」だ、と。

これに対して小嶋らは、「〝アクティビティをデザインする〟という言い方は危ないなと思いながら使って」いるということを率直に述べ、さらに「〝シナリオなきシナリオ〟みたいな状態がいかにつくられるか、という意味ではまたひっくりかえしているから、ちょっと難しいんですけど」とやや言葉に詰まりながら、「行為と場所との対応が単純にならないように」した等の意図を説明し直していた。

青木の疑問に対する切り抜けは非常に困難であるように思える。四方(2000b: 55)も、デン(隠れ家的な小スペース)を事例にしてそれが「予め用意され管理された空間と化しているのではないか」と述べ、「子どもたちが『集い、行き交うなかでおのずからできてくる』ような」空間はそのとき残されているのだろうかと述べているが、そのような空間を新たに設える、あるいは逆に設計しないことによる生成を企図するといった対案をとったとしても、そのような企図自体が新たな規制になってしまうことを考えると、この疑問の出口を見つけるのは単純なかたちでは難しい。したがってここで行うべきは小嶋らを責めることではもちろんなく、小嶋らがこのような困難を自覚しつつ、しかし「何も用意されていなければそこには何のきっかけも、可能性も生まない場所」になってしまうというジレンマのなかで、行いうる最善策として述べてきたような学校建築を提案してきたということを踏まえ(赤松 2006: 7)[39]、そのうえで青木が述べるように「どういう規制をしているか」を考えることでしかないだろう。

どのような規制であるのかは、前節および前項で示し、整理してきたことなのだが、自由にふるまうことを喚起するような規制が設けられていると考えるとき、それに対するさらなる自由とはどのようなものだろうか。対立軸を立てなければならないわけではもちろんないのだが、規律の強制、画一性への押し込めに対しては主体的な解釈、組み換えや流用、移動といった個々人の抵抗があり得たかもしれないのに対し、そのような解釈や組み換えを自発的に、フレキシブルに行う主体性こそが期待されているとき、それらに対峙するものとしていかなることがらを想定することができるだろうか。それが子どもたちにとって学校という避けられない物理的環境としてある以上、それを無視してかかわらないということはまさに物理的に不可能であり、従来的な使い方に戻ることや逸脱的な行為、破壊的な行為に走ることを抵抗だとするのはややお粗末だろう。率直にいえば、この点について筆者はまったくアイデアがないのだが、これは筆者の想像力不足という話だけではなく、そもそも「権力とそれに対する自由」という発想が意味をなくしてしまうような、そうした切り分けをシームレスなものにしていくような規制がなされているということなのではないだろうか[40]。そしてこのようなとき、自由とは何らかの働きかけに対峙して得られるものではなく、働きかけのなかで生成されようとするものと同一化することになるのではないだろうか。

さまざまな場でのさまざまなふるまいを喚起し、受容してくれるような、権力とは表現しづらいが、しかし物理的な規制として現前するもの。第一章で権力の技術に関して述べたのと同様に、筆者はそれを「悪い」ものと捉えているわけではないのだが、これ以上踏み込んだ言及が可能になるとしたら、本章とは異なるアプローチがおそらく必要だろう。つまり、徹底的なスタディを行って学校を研究・設計する建築関係者たちの熱意と努力に何か付言を行おうとするならば、彼らと同様に学校空間に入り込み、しかしながら異なった視点をもって（批判ありきということではなく）経験的にそのような規制が何を生み出し、帰結するのかを観察・考察していくようなアプローチを行わなければ同じ土俵に立つことはおそらくできないだろう。本章を読んで、現代的な学校建築のなかでは、子どもたちは画一的な基準に押し込められて評価されることはないかもしれないが、より細密な観点から一つ一つの活動を観察され、吟味・評価されていることになると思った方もいるかもしれない。また、学校・教室の透過性を高めて開放的な設えをとり、吹き抜け等を用いて交流スペースの可視性を高めるような空間のもとでは、むしろ誰かに監視されているという感覚が強まる可能性を考えた方もいるかもしれない（これは、教師からという場合もあるだろうし、他の生徒や街の人々からという場合もあるだろう）[41]。こうした点も考慮に入れたケーススタディが必要で、そのときにこそANTのスタンスが有効かもしれない。

注

（1）ベル＝ランカスター方式、つまりモニトリアル・システムの教室を一望監視方式に近いものとして考えると、それらにおける騒音・照明・換気・暖房上の悪条件が問題視されたことで、アメリカでは一八三〇年頃からクラスルーム方式が検討され、学年制学校が六〇年頃までには普及したといわれる（関沢 1973: 111–114; 柳澤 2004: 97–98）。

（2）山名（2015: 174）は規律訓練的学校空間論の退潮について、フーコーの理論を矮小化している等の理論的不十分さ、学級崩壊に象徴されるような教育現場との乖離などが批判され、「今日においては、規律訓練論に言及すること自体が時代遅れとみなされているかのように感じられることさえある」と述べている。

（3）規律訓練論がよくあてはまるような状況以後の、またそうした枠組から脱却しようとする試みを本章では大括りに「ポスト規律訓練」と表現しているが、これは必ずしも規律訓練にとってかわるようなものではない。規律訓練論で指摘されていることがらには、近代化以降今日に至るまでの学校の原理そのものである部分も多く、本章での分析対象となる学校建築がどう変わっても影響を与えづらい側面が少なくない（学校の設計にあたっても、どうしてもそれらに多くの制約を受けざるを得ない）。そのため、「ポスト規律訓練」という言葉で示したいのは、規律訓練をすっかり塗り替えてしまうような新しいモデルというより、それを部分的に書き換えていくような試みの方向性というべきものである。

（4）宮本の研究は、学校建築の設計と教育思想との関連を明らかにしようとする点で、本章のスタンスと近い。また、当時のアメリカ学校建築の展開は、以下で述べる戦後日本の展開に部分的に重なるようなところもある。ただ、時期と社会状況がそれぞれ大きく異なる宮本の研究を本章の分析結果と比較することは容易ではないように思われ、その相同性や相違性の解釈について本章では控えることとしたい。また、アメリカに影響を及ぼしたといわれるイギリス学校建築の展開については、第一章で紹介したビルディングタイプ研究に詳しい（五十嵐・大川 2002）。

（5）学校の主たる利用者としては当然、教師を考えることもできるのだが、教師に焦点をあてた建築上の工夫としては、たとえば後述する加藤学園がそうであるような職員室の廃止（教室内に教師の机を置くようにする）、職員室の透過化、オープン化といった以上のアイデアが示されることはかなり少ないように思われる。もちろん、どのような工夫も教師の教育活動に関係するものなのだが、学校建築をめぐる議論と工夫は、基本的には「学ぶ存在」としての生徒を主としてなされてきたといえる。教師たちは多くの場合、以下で述べていく工夫された学校空間の適切な利用（促進）者として描かれるか（注(19)、(28)も参照）、さもなくば「生徒を教室に閉じこめておきたいと願っている」（上野 1999b: 37）、「教師は生徒をコントロールしやすい教室を主張する」（小泉ほか 2003: 41）というように、建築上の工夫の抵抗者として位置づけられてきた傾向がある。

（6）資料の抽出は以下の基準で行った。まず、オンライン書店「Honya Club」および国立国会図書館サーチの「キーワード」にそれぞれ、A群「学校・学習環境・学び」とB群「建築・設計・デザイン」で三×三通りの掛け合わせを行い、学校の物理的環境の変革に関連すると書誌情報から考えられたものを抽出し、これに「オープンスクール」に関連するものを追加した。この時点で資料数が膨大になってしまったため、以下の基準から資料の除外を行った。まず、学校建築計画の方向性が大きく変わったものになってしまうため、専門学校・病院内学校・養護学校のみを扱うもの。それ独自の議論が展開されていることによる、学校図書館や特別教室、プール、照明・音響設備をはじめとした、教室以外の学校施設単体に関するもの（学校図書館以外は量的には少ない）。「学校建設の苦労」のような内容が多くを占め、物理的環境の内実にはあまり触れられることがない市町村史における学校建築の記述。さらに、政府刊行物には海外各国の学校建設計画に関する報告書が多くみられるが、これらは建設計画のための調査報告書という側面が強く、日本国内の学校建築をめぐる状況と関係者等の点で大きく異なる傾向を有するため除外している。また近代以前の学校建築を扱う写真集、建築法規・建築士資格・耐震工事関連書籍、卒業設計作品集についても除外している。資料リストの最終更新日は二〇二一年一〇月一九日。

（7）（2）についても、CiNii（NII学術情報ナビゲータ）を利用してA群「学校・学習環境・学び」とB群「建築・設計・デザイン」で三×三通りの掛け合わせを行い、学校の物理的環境の変革に関連すると考えられたものを選定した。除外の基準も同様である。建築関連の雑誌については、『SD』『近代建築』『建築雑誌』『建築ジャーナル』『建築設備士』『建築知識』『建築と社会』『建築とまちづくり』『建築文化』『建築防災』『新建築』『ディテール』『日経アーキテクチュア』が含まれている。また、これ以外に学校施設専門誌『スクールアメニティ』も適宜参照している。

（8）そのため、論文や学会報告を分析の素材にするというアプローチもありえるのだが、書籍や雑誌をみることで（のみ）、学校建築の作用やそれに関係した教育観がよりよくみえてくるように考えられるため、本章では書籍と雑誌に注目していきたい。

（9）学校建築計画学の議論においてフーコーが直接言及されることはほぼないように思われるが、アーヴィング・ゴフマンが述べた「全制的施設」（Goffman 1961 = 1984）として学校を位置づけ、そのような空間から離脱することは訴えられ続けている（上野 1999a: 3 など）。

（10）もちろんこうした時期においても、優れた木造学校建築や、復興小学校のような時代をリードする鉄筋コンクリート造の学校建築は数こそ少ないものの手がけられていた。また、動線に関する研究なども行われつつあったが、それらは戦時における学校建築設計・研究の停滞を挟んで戦後に本格化していくことになる。

(11) 西戸山小学校の空間構成は基本的には今日でも変わらない。高層団地の前に立つ同校の校舎は、本文で述べているようにエポックメイキングなものなのだが、それと気づくことができないほどに「普通の校舎」である。だがそれは、そう感じさせるほどにこの校舎が全国のまさにモデルとなったということを意味しているように思われる（フィールドワークは二〇二一年二月一二日）。

(12) これらのうち、衛生環境研究については上述の三島以来、採光・気積（換気）を中心に戦前以来の蓄積が一定数あったと考えられる。

(13) 北海道札幌市立真駒内小学校（1960）など、当時の建築計画学の知見を反映させた学校は他にも多くあるのだが、すべてをとりあげることはできず、最も端的といえる例に絞って紹介している点はご理解いただきたい。

(14) 筆者による撮影。撮影日（フィールドワーク実施日）は二〇一八年九月二五日。

(15) 一九八〇年代になると、情報化社会への対応や、臨時教育審議会が示した個性重視、創造性や選択能力・自立性の涵養といった志向がさらに接続されるようになる（池田小学校 1987: 15; 長倉 1989a: 5 など）。

(16) 教育学者からは、オープンスクールやインフォーマル教育は生徒間の格差を拡大させてしまう可能性があることや、従来的な学校建築や教育手法のもとでの教師による創意工夫を過小評価していることへの批判があった（喜多 1986: 242-244; 長澤 1987: 1）。

(17) 一九八七年の『建築設計資料16　学校』では、八〇年代の代表的な学校建築が収録されており、ここで紹介された二五例中一六例までもがOSとして計画されたもの、ないしはオープンスペース・ワークスペースを備えた設計になっており、この時期の傾向がみてとれる。

(18) 一九七〇年代までの主要な学校アクターは加藤学園といえたが、八〇年代は緒川小学校と池田小学校がそれにとってかわることになる。

(19) こうした管理志向が保持されている一方で、小学校自体がOS運動のアクターであった当時は、二項対立化された望ましい学習環境の実現は教師の肩にかかっているともされていた。たとえば「多様な学習を保障するすばらしい物的環境をどう生かして子どもの教育を進めるのかが、教師に課せられた最大の課題であった」（池田小学校 1987: 17）、「子どもの動きから、予測される活動をみきわめ、用意された環境を準備してやることが教師の役割なのである。……与えられた環境をいかに使いこなすかは、私たちにゆだねられている」（緒川小学校 1987: 16–18）というように。

（20）こうした提案は、OSを用意しても結局従来通りの空間利用に戻ってきてしまうという問題だともいえる。こうした問題への対応として近年では、学校空間の工夫のみに留まらず、教師向けの「学校空間の使い方」ワークショップ開催や、また自らのニーズを反映した「学校づくり」への参加などを通して、教師による積極的な学校空間利用が促されるようになりつつある（牧野 2018 も参照）。

（21）こうした見解に対し、緒川小学校で教員を務めた成田幸夫（2000: 37）は使い手の創意でスペースに意味を持たせていく余地が残されるという意味で「多目的スペースの無目的性を留保してくれる方が、ユーザーの目的性に合致する」と述べている。だがこのような見解は分析対象資料のなかで成田以外にみることができないものだった。

（22）学校建築に限らず、建築物はつねにその利用者に何らかのふるまいをアフォードするものだと考えられるため、これ以前の学校建築もまた、子どもたちに対して一定のアフォーダンスを備えているというべきだろう。このことに関して、認知科学を専門とするドナルド・ノーマン（Norman 2013 = 2015: 14–21）は、アフォーダンスはどのようなモノにおいても備わっている「物理的なモノと人の関係」そのものであるため、それを伝えるシグナル的要素や仕掛けについては「シグニファイア」として別個に言及することを提案している。その意味で、本節で紹介していくのは建築上の仕掛け（シグニファイア）によって明確化された関係性（アフォーダンス）だと表現するのがより精確で、そのことを踏まえて整理すると、これ以後の学校建築（論）における新しい動向といえるのは、アフォーダンス概念の自覚的活用と誘発する仕掛け（シグニファイア）の細密化、つまり室・スペースの水準に留まらない、より細やかな仕掛けの多種多様な配置にあると考えられる。ただ、ノーマンがこうした分節化を行ったのは柳澤がアフォーダンス概念を用いていた時期よりかなり後であり、本章の分析対象資料にもそうした分節化はみられないため、本章ではアフォーダンスという表現のみを用いる。

（23）一九九〇年代初頭までは、OS自体を新たな動向として示す議論はまだあったが、打瀬小学校の登場以後そうした議論は少なくなり、建築雑誌における作品紹介ではオープンスペースを設けたことだけではなく、それがどのようなアクティビティを喚起しようとする建築なのかまでを書くことが学校建築の典型的な説明パターンになる。OS自体がゴールとされなくなったことの理由には、九〇年代以降の学校建築の論点が複合化、木造建築の推進、環境を考慮した学校施設（エコスクール）の整備、小中一貫校（に伴う大型化）、学校間連携、コンバージョン、防災性能の向上（避難拠点化も含む）、バリアフリー化といったように多様化したことも関係している。これらはそれぞれに重要な争点だが、本章の趣旨とずれるために割愛している。

(24) 一九八六年に共同設立された建築設計事務所で、打瀬小学校の設計には小嶋一浩のほか、工藤和美、小泉雅生、堀場弘、安井雅裕、宇野亨、赤松佳珠子がかかわっている。九八年にはシーラカンスアンドアソシエイツ（C＋A）とシーラカンスK&Hに対等分社化し、さらに前者は二〇〇五年にはCAt（シーラカンスアンドアソシエイツ東京）とCAn（同名古屋）に再編されている。小嶋はこれらのうちC＋A、CAtに在籍していた。

(25) アクティビティに注目したもう少し詳しい経緯については小嶋（2002: 21, 24）を参照。

(26) 「活動」に注目するという態度は、一九四九年の『新制中学校建築の手びき』において既に、生徒の生活実践を列挙してそれに対応するように室を与えていくべきだという考えが吉武によって示されていた（文部省教育施設局工営課学校建築研究会編 1949: 18-21）。また、イギリスのオープンスペースをもった学校が重視している子どもの自発的な学習活動や、国内のOSにおけるフレキシビリティを確保して生徒の多様な活動に対応すること、地域に開かれた学校の活動性などを指してアクティビティという言葉は以前から散見されてもいた。しかし打瀬小学校以降の学校建築論において語られる「アクティビティ」は、それらとまったく切り離されているわけではないが、従来の学校建築批判、捉えようとしているアクティビティの独自性やその解析手法、建築の作用に対する配慮など、それ以前にない意味づけを積み込んだ言葉になっており、打瀬小学校前後で切り分けて考えるべきものではないかと考えられる。

(27) 打瀬小学校については、筆者が行ったフィールドワーク（二〇一八年一二月二八日）も一部含めて記述を行っている。また学校を街へと開放することについては、しばしばイヴァン・イリイチ『脱学校の社会』（Illich 1971＝1977）を引き合いに説明されている。

(28) ただ、小嶋らは教師に対しては、手がけた学校空間の構成や多種多様な家具が子どもや学校のどのようなアクティビティと親和するものなのか、マニュアルを作成し、時折そのレクチャーを行っているという（古谷・八木ほか 2009: 80 など）。他にも、開かれた学校は騒音や寒暖、地域開放に際しての運用などにおいても実情に応じた調整が必要であるため、そうしたフォローアップも含めてこうした学校建築の提案はなされているとみるのがよいだろう。

(29) ただ、小学校建築であればこのような着想を展開することは比較的可能性があるが、中学校や高等学校の場合は教科の専門性がより強く求められるため、目的に特化した室の比重も高まってくる。そこで小嶋らが示したのが、特定の使われ方だけをする「黒の空間」と、さまざまな使われ方を許容し、また喚起する「白の空間」という区分である。これらは中学校や高等学校におけるクライアントに理解を促し、アイデアを実現していくための「共通言語」として用いられ、また実際に宮城県立迫桜高等学校（2001）などで導入されている（小嶋 2006: 5, 2013: 33-49 など）。迫桜高校ではこうした提案とともに、本文で述べているような開放性、回遊性、多様性も同時に実現されているように思われる（フィールドワークは二〇一九年八月三一日）。

(30) ただ、これはそうした活字メディアに載るような、建築関係者にとって「作品」といえる学校建築のみに限られるトレンドかもしれない（松村 2021: 11-14 も参照）。

(31) 「はじめに」で紹介したのは、こうした特徴をもつ学校建築の代表例の一つである神奈川県川崎市立はるひ野小・中学校である（2008、豊設計事務所、基本構想は長澤悟）。

(32) こうした限定性を考えると、3から5までにみてきた学校建築はある程度広く、建築空間と私たちのふるまいとの関係性、喚起される主体性について考える素材になるかもしれないが、6で紹介しているような事例は単純にそう位置づけられないかもしれない。そのため、6における記述は半ば広がりつつある新しいトレンドとして、半ば（第一章の最後に述べたような）私たちの社会における「希望」のありようを描いている部分としてみてもらえればと思う。

(33) より先行する事例がないわけではなく、先に挙げた加藤学園や神奈川県横浜市立並木第一小学校（1981）の槇文彦（槇総合計画事務所）を始め、埼玉県宮代町立笠原小学校（1982、象設計集団）、岩手県田野畑村立田野畑中学校（1983、穂積信夫）、盈進学園東野高校（1985、クリストファー・アレグザンダー）、沖縄県那覇市立城西小学校（1986、原広司）、長野県浪合村立浪合学校（1988、湯澤正信）などの前史がある。この時期以降の動向としては、従来の学校空間の定型を根本的に打破しようとする建築家の取り組みが前面化してきたことを指摘できるように思われる（倉斗 2001: 43-49）。こうした動向のなかで、建築計画学者と建築家の新たな関係性も確立されつつあるといわれる。つまり建築家は「学校という機能へのいわば反発的とも思える挑戦」を行い、それに対して建築学者はその意図を生かしつつ、計画的な意味を付与したり、計画的な新たな発想の種を見つけるという関係である（長澤 1998: 236 など）。また、象設計集団は打瀬小学校よりもかなり先行して、子どもの身体感覚や地域性を重視した学校建築を手がけている。彼ら（象設計集団 2004: 56-57, 68-70）は手がけた学校建築の意図について、「内と外の空間全体が連続して生活の場をつくる」ことや、ＯＳの画一化批判を念頭に置きながら「いろいろなところにある小さな場所、秘密の場所、ものかげ、すきま」をつくることで、「ここにしかない自分の場所、自分たちの場所」を見つけ出せるようになると説明していた。本章では建築の作用を明確に示す「アクティビティ」という言葉に注目して小嶋一浩の紹介に多くの紙幅を割いたが、兵庫県立出石町立弘道小学校（1991、Ｔｅａｍ Ｚｏｏいるか設計集団）などにも注目した、身体感覚や地域性を重視する書き方もありえるかもしれない。

（34）吉備高原小学校と迫桜高等学校がＣ＋Ａによる設計、美浜打瀬小学校以降がＣＡｔによる設計である。いずれも小嶋と赤松が設計にかかわっている（吉備高原小学校のみ、さらに小泉もかかわっている）。

（35）一九九〇年代以降が大きな一まとまりになっており、今日的な状況を描くには区分として粗すぎるという見方もあるかもしれない。ただ、本章の問題関心にそって資料をみるかぎりでは、これ以上の区分を行うことは難しい、行ったとしてもかなり強引な区分になってしまうように思われる。九〇年代以降により細かい区分が可能になるとしたら、脚注(23)、(33)でそれぞれ述べているように、地域とのつながりや防災性といった別様の異なった観点をとるときだろう。

（36）ただこれは小嶋の建築に対する見方からしても、また学校建築における主なユーザー（さまざまな年齢のさまざまな子ども）からしても、そのような落としどころしかありえないということなのかもしれない。

（37）先行研究として挙げた古賀（2000）もまた、そのような学習環境としてアクティビティを喚起する学校建築を解釈している。

(38) 集計の簡略化のため、「義務教育学校」は小学校と中学校をそれぞれ一校ずつとして、「中等教育学校」は中学校と高等学校をそれぞれ一校ずつとして集計している。『学校基本調査』のデータにおいても、義務教育学校一二六校と中等教育学校五六校を同様に集計している。

(39) 長澤(1998: 195-198)も、「子どもたちの気持ちを受けとめる空間」として穴倉のような空間(デン)を提案したことに対して、遊び場所までが設計されることで「子どもが自ら場所を発見する力を弱らせる」のではないかという批判を受けたことがあると述べていた。それに対して長澤も、批判を真に受ければ単調な学校空間に逆戻りしてしまうことになるとし、デンをつくろうがつくるまいが子どもたちは遊び場所を自分たちで見つけるのだから、さまざまな場所を用意することは阻害にはならないと反論している。

(40) 第一章で紹介した東浩紀は、「環境管理型権力」の台頭のなかで、「人々が自由でなくなった」ということはないものの、「自由か不自由かの差異を問うことそのものが、意味がなくなりつつあるようにみえる」と述べていた(東・大澤 2003: 54-55, 60)。東が環境管理型権力の事例として押し出すのは「マクドナルドの硬いイス」のような「動物的」な管理を志向するものだが、本章でみてきた自由なアクティビティを促す規制についても、あてはまる部分があるのではないかと考えられる。

(41) 実際、学校の透過性を高めることで教師による生徒の位置確認が容易になり、教職員全体のまなざしによって不審者の侵入も防ぐことができるといった効用が述べられることもある。後者については、特に二〇〇一年の大阪教育大学附属池田小学校における事件以降、「開かれた学校」が向き合わねばならない課題の一つになっている。

第三章　オフィスデザインにおけるヒト・モノ・コトの配置
――「クリエイティブ・オフィス」の組み立てとその系譜

1　「ハイブリッドデザイン」としてのオフィス

(1)「クリエイティブ・オフィス」への関心とその構成

経済産業省は二〇〇七年から「クリエイティブ・オフィス推進運動実行委員会」を設置し、「知識経済化」状況における企業の生産力・競争力を向上させるべく、知識創造を支援しうるオフィス環境の実現を訴えるようになった。国土交通省もまた、同じく〇七年に「知的生産性研究委員会」を産官学連携で設立し、同年閣議決定された長期戦略指針「イノベーション25」を参照しつつ、オフィスを中心とした「知識社会に最適な」建築の研究・開発を推進してきた（建築環境・省エネルギー機構2010など）。二〇一〇年代には企業内外の知識・情報の交流によってイノベーションを起こそうとするオープン・イノベーションに注目が集まり、それを可能にするオフィス空間の設置が活発化している

（松下 2021: 91）。

オフィスにおける知的創造性《クリエイティビティ》への関心は、各種メディアによって積極的に語られ、また視覚的に例示・表象されるものでもある。建築関連の雑誌や書籍がオフィスを扱う際、知的創造性（の支援）はいまや頻出する枕詞と化している。建築家や大手ゼネコンがオフィス（ビル）の設計を手がける際に自ら知的創造性について論じることもあれば、それを高めるようなオフィスデザインを依頼されたと語ることもある。企業実務、あるいはインテリア関連の雑誌やムック本では、フォトジェニックなオフィスの写真、クリエイターのインタビューなどがちりばめられながらその関心が煽られている。今日のオフィス、あるいはそこでのあるべき働き方を考えるにあたって、「クリエイティブ・オフィス」への関心はその確固たる一角を占めるようになっている。

ところで、「クリエイティブ」なオフィス環境はいかにして実現するのだろうか。フォトジェニックなオフィスを設ければよいということなのだろうか。あるいは何かしらの定まった空間を設ければよいという、技術決定論のような想定がなされているのだろうか。おそらくそのどちらでもない。近年のオフィスをめぐる議論の牽引者たちはしばしば次のように述べる。

「オフィスデザインを進めるに際して、オフィス空間だけをデザインの対象として考えるのは、あまり賢いやり方ではない。空間（スペース）だけでなく、オフィスで使われる道具や情報システム（ツール）、そこでの働き方や制度、組織（スタイル）を同時にデザインして初めて創造性が高まるのである」（仲 2007: 6）

「大切なことは『モノからコトへ』とばかりに安易に軸足を移すのではなく、『モノのコト化』もしくは『コトの中にモノを埋め込む』ことなのです。ハードやソフト、サービス、システム、ビジネスモデルなど、個別に扱われ分断されてきた要素を総合し、ひとつにまとめあげる高度な知的プロセスが必要なのです」（紺野 2008: 27）

オフィスの物理的環境に手を加えるだけではなく、あるべき働き方や組織文化、なされるべき行動や経験をもそこに関係づけようとする近年のオフィスデザインは、単純な技術決定論をとることはなく、かといってオフィスで働く人々に影響を与える組織文化や労働状況こそが最も大事なのだと踵を返すのでもない。こうした議論がどうしても言語を通して行われる以上、オフィス環境をめぐる意味づけは重要である。たとえば、日本国内では長らく旧来的で権威主義・集団主義的とされてきた対向型レイアウトが欧米のオープンオフィスの紹介を経て、コミュニケーションを活性化するセッティングとして見直されたように、空間やモノに対する意味づけの作用は小さくない。だが、それとて当の物理的環境なくして語られることはありえないし、組織の形態や慣行の変化なくしてはリアリティを伴うものにはなりえない。

このように、物理的環境・組織・言説の変容のいずれかとしてではなく、それぞれの変容の一まとまりの組み合わせとして近年のクリエイティブ・オフィスは議論され、デザインされている。このような組み合わせをいかにして捉えることができるだろうか。新たなオフィスデザインが提案されるにあたって、それまでのデザインの歴史がたどられることはしばしばあり（岸本 2007; 建築環境・省エネルギー機構 2010など)、経営学の立場からもデザインの展開はレビューされてきたが(阿部 2013, 2014など)、それらにおいてこのような組み合わせの様態が自覚的に考察の対象とされることはなかったように思われる。本章ではこれらに対して、第二章と同様に中期ミシェル・フーコーのアプローチを参照し、クリエイティブ・オフィスという「ハイブリッドデザイン」(上野・土橋 2006)の対象がどのように構成されているものなのか、またそれを通して働く人々の知的創造性がどのように生成されようとしているのかを考えていきたい。

(2) 本章の意義と検討課題

本章のアプローチは、従来のオフィス研究の盲点を突き、以下のような点において新たな知見をもたらすように思われる。第一は今述べたような、一まとまりの異種混交的な技術としてある今日のクリエイティブ・オフィスを総体的に把捉する知見の提供である。ただ物理的環境の設計としてあるのでも、ただ組織の変化によって要請されるものでも、ただ語られるものとしてあるのでもないクリエイティブ・オフィスの展開を捉えるにあたって、その異種混交的なセットのあり方に配慮できるフーコーの視点は有用だと考えられる。

第二に、これまでのオフィスデザインの展開についてのレビューは、近年において知的創造性が求められる背景を「知識社会化」や「情報化」などに帰す傾向があるが、こうした背景論は近年にのみみられるものではなく、後述するように半世紀近く繰り返されてきたものである。そのため、官公庁などが唱える「知識社会」等を素朴にクリエイティブ・オフィス促進の原因として捉えるべきではなく、あるオフィスデザインの促進・正当化を可能にする諸条件の一つとして、その内実や位置価の変化をみながら系譜的に捉える方が妥当であるように思われた。これに関してもやはり、フーコーの議論はそれを可能にする理論的準備がある。

第三に、近年に限らずオフィス論は研究・開発ともに、「従来の」オフィスを硬直・停滞した問題含みのものと捉え、それへの対案を示すという展開を基本的にとるが、それは第二章の学校建築論と同様にしばしばユートピア的な展開をとってしまうことの陥穽がある。たとえば、均質化・効率的配置を旨とするかつてのオフィスはまさにフーコーの述べる一望監視装置の原理にもとづく抑圧と管理のテクノロジーであったとされたうえで、今日のオフィスはそうした原理にもとづく時代を終え、労働者は組織の束縛から自由になろうとしているという言及が時折みられるのだが（地主ほか 1998: 40; 池田 2011: 53-68 など）、そこで議論は終わるべきだろうか。第一章および第二章でも論じてきたように、そこでもまた何かが起きていると考えるべきではないだろうか。一望監視装置が引き合いに出されているからこそ、それとは違うオルタナティブな、希望をもって語られるオフィスデザインが一体どのような主体化の装置としてあるのかを考えることは、従来の議論に対する積み足しになりうるだろう。

こうした観点から、本章では二つの検討課題に合わせて取り組みたい。一つは、近年のクリエイティブ・オフィスとは何なのか、より具体的にはそれが一体どのようにそこで働く人々とオフィスに存在する各種のモノを配置し、そのことによって人々のどのようなふるまいを導き、どのような主体性を喚起しようとする技術としてあるのかを検討すること。これについては近年の特徴を浮き彫りにするべく、クリエイティブ・オフィスの登場に至るオフィスデザインの系譜をさかのぼり、かつてから現在へと至るまでにいかなるヒト・モノ・コトの配置がそれぞれの時期にどう企図されてきたのかを検討していくことになる。もう一つは、クリエイティブ・オフィスとそれ以前のオフィスデザインがそれぞれ、どのようなオフィスの現状および社会的背景についての認識のもと推進すべきとされてきたのか、各オフィスデザインの促進に関係する諸条件を検討すること(1)。こうした検討は、私たちの多くが人生のうち長い時間を過ごす職場環境の来し方行く末を考えようとする点で、それ自体が現代社会に生きる私たち一般が一体何者になろうとしているのかを考察しようとする試みの一端といえるが、得られた知見が第二章(学校建築)の分析結果と関連するところがあるならば、その知見はより有意義なものになるといえるだろう。

(3) 本章における分析対象

本章での分析対象について述べたい。筆者はまず、オンライン書店「HonyaClub」および「国立国会図書館サーチ」を用いて、書籍タイトルに「オフィス」「職場」「仕事場」「ワークプレイス」が含まれる書籍すべての書誌情報(特に章・節構成)を確認し、以下のように書籍のリスト化を行った(最終検索日は二〇二一年一〇月一九日)。

検索によって出てくる書籍のうち、かなりの部分がオフィスを舞台にした小説、「Microsoft Office」の操作法に関するマニュアル本、長時間労働やハラスメントといった職場の構造的問題を論じる書籍、職場での対人関係のとり方や仕事の進め方を論じる自己啓発書などによって占められている。

表 3-1　138 冊の書籍タイプの内訳

タイプ	冊数	説　明
オフィス環境の改善に関する書籍	72	オフィス環境の改善に関するマニュアル、アイデア集、事例報告、基礎研究、現状分析
写真集・ムック本	20	最先端のオフィスの写真を多く紹介するもの
建築関係者向けの教科書・マニュアル	16	オフィスビルの施工からオフィスレイアウトの手法まで主に建築技術面を扱うもの
人間工学の教科書・研究書	10	衛生環境や作業環境などに関する研究成果がまとめられたもの
提言・報告書	9	官公庁や関連団体が手がけているもの
その他（学術書、テレワークの解説書など）	11	著作や論文集のなかにオフィスに関する考察があるもの

そこでまず、書誌情報からオフィスの物理的な設計やレイアウトに言及している（人事考課、リーダーシップ、労働規制等のみではなく）と判断できるものを抜き出してリストアップした。(2) 次に、書誌情報からは確認できないが、タイトル・サブタイトルから物理的環境の変革に言及している可能性があるものもリストアップした（つまり、タイトルが「オフィス論」のように包括的であるもの）。そして、こうしてリスト化された一九四冊の書籍に順次あたり、物理的環境の変革を扱っていないものを除外し、(3) 一方でデータベース検索では検出されなかったが、リストアップされた書籍のなかで言及されている関連書籍について現物をあたり取捨選択を行った。

この結果、一三八冊の書籍が最終的にピックアップされた。書籍タイプの内訳は**表 3-1** のようになっている。建築上の技術面を扱った書籍、写真集・ムック本、人間工学に関する書籍、官公庁による提言などによってオフィスデザイン論は構成されているといえるが、最も多いタイプは建築学者・経営学者・オフィス関連の研究所・ライターなどさまざまな立場から発せられるオフィス改善のアイデアや手法、オフィスの現状分析を主内容とする書籍群である（これらの内容は一つの書籍のなかで入り混じっており、これ以上の分類は難しい）。

一三八冊の著者・編者は延べ一八〇名・団体にのぼり、最も多いのは建築家・建築学者（三三）だが、第二章の学校建築および第四・五章でとりあげる公共空間に比して建築関係者の占有率はその半分程度である。オフィスデザイン論は、「オフィスビル総合研究所」のようなオフィス関連の研究所・団体（一七）、写真集やムック本を刊行する出版社（一七）、経営学者（一五）、家具メーカーとその関係者（一五）、コンサルタント（一五）、労働衛生などを専門にする工学者（一二）、官公庁とその関連団体（九）、デザイナー（七）、ライター・ジャーナリスト・編集者（七）といったさまざまな執筆者が入り混じっている。これはオフィスデザインが建築、経営、人間工学、企業、官公庁、ジャーナリズムなどの関心対象にそれぞれなっていることの表れともいえるが、だからこそオフィスデザインの様態を理解するにあたっては物理的環境・組織・言説のいずれかではなく、それらが入り混じった様態に注目する必要があると改めていえるように思われる。

また、時期によるタイプごとの違いはさほどみられないが、オフィス環境の改善に関する書籍のなかでも、企業における担当者向けのマニュアルは一九五〇年代から七〇年代にかけて多く、二〇〇〇年代後半になると最先端のオフィスを紹介するムック本がそれ以前より増えるといった傾向がみられる。また時期ごとの冊数は五〇年代が二冊、六〇年代が一一冊、七〇年代が四冊、八〇年代が一九冊、九〇年代が三〇冊、〇〇年代が二九冊、一〇年代以降が四三冊（うち二〇年・二一年刊行のものが一一冊）となっている。(4)

また補助資料として、『新建築』『建築雑誌』『SD』『JA』『商店建築』等の建築専門誌におけるオフィス関連特集・記事、それ以外の雑誌におけるオフィス関連特集・記事（合わせて約四〇〇件）、そして後述する『ECIFFO』などのオフィス専門誌をそれぞれ通覧して分析対象とした(5)。これらの資料を素材に以下、前項で示した検討課題に取り組んでいく。2から5が分析パートだが、まず2ではオフィスにおける「レイアウト」が本格的に考慮され始めた一九五〇年代から六〇年代における改善策を整理し、オフィスデザインの基調となる要素について確認する。3では七〇年代から九〇年代における、働く人々の「快適さ（アメニティ）」に注目したオフィスデザインの動向を整理し、既にこの時期に知的創造性への関心が抱かれていることと、しかしながら今日と比べてその物理的要所が異なっていることをみていく。4はやや短い補論のようなもので、九〇年代においてオフィスが組織の文化・戦略を積み込んだハイブリッドな「ワークプレイス」としても位置づけられるようになった経緯をみていく。5が冒頭で紹介したクリエイティブ・オフィスの分析にあたるもので、その理論的な意味づけ、物理的な空間構成のあり方、実例についてそれぞれみていく。6が考察で、分析のふりかえり、第二章における知見との比較検討と解釈、分析を踏まえた次なる論点提示を行う。

2　能率と「流れ」への埋め込み――一九五〇〜六〇年代

建築分野におけるオフィスへの関心はまず、オフィスビルの施工技術や設備計画、内外装、ビルと都市景観との関係などをめぐって抱かれていた（鈴木ほか 1987 など）。オフィスという物理的空間内部の配置を通してそこで働く人々に何らかの効用をもたらそうとする着想は、戦後になり、オフィスの「レイアウト」のあり方を考えようとする経営・労務管理の専門家によって本格的に論じられるようになる。以下、本章でみていくのも基本的には、学校建築がそうであったような建築物そのものの設計というよりは、既にできあがっている建築物のフロア（複数階にまたがる場合もあるが）におけるヒト・モノ・コトの配置ということになる。(6) その意味で、学校建築とは検討することがらがまったく同じということではないのだが、議論を先取りすると、それでも学校建築と重ねて理解できるような「ふるまいの導き」への志向がみられることになる。

さて、オフィスレイアウト論が展開され始めた一九五〇年代から六〇年代においては、主に三つのことが強く主張されていた。その第一は、オフィスへの「配慮の不足」である。たとえば、住宅であれば「生活上必要とする條件を満足するような機能」「家族の員数や構成」「室に与えようとする機能」などに配慮した設計を行うようになっているというのに、「一日の大部分をすごしているオフィス」は「こうした考慮が充分に払われているだろうか」（渋田 1951: 15）。オフィスは「場所がありさえすれば事務なんかとれる」と軽視されており（池野 1959: 1）、レイアウトも「あたらずさわらず」の状態にしているか、何らかの取り組みがあっても「考え方が不統一で、かってな判断や誤解」が多い状況にある、というように（安田 1963: 1-2）。(7)

このような配慮の不足に対置されるのが、第二の主張点「科学的調査・設計」である。つまり、配慮の不足を埋めることができるのは「オーソドックスで系統だった調査分析の手法とアイデアにあふれた改善立案の手法」（安田 1963: 2）、「目的・或いは必要に対しての條件に客観的に基礎をおき合目的的であり且つ合理的であること」（大賀 1952: 26）とあるような系統的・客観的・合理的、つまり科学的なオフィスの調査分析であり、それにもとづいたオフィスレイアウトであるとされていた。調査されるのは室面積と職員数・組織数の把握、一人当たり面積と通路幅の確保、各課の仕事の性質、各課の関係性、課内の仕事の流れと分担状況などが主だが、それら専用といえる各種の調査手法もこの時期考案され、活用が推奨されてもいる。いくつか例を挙げると、各職員がオフィスの内外を含めてどこからどこまで、どのような目的で、一日のなかで何回移動したのかを記入・集計していく「記述法」、オフィスの平面図上に各職員が移動した軌跡を書き込む「平面記入法」、注文書や出庫票などが注文先や各部署の間をどのような順序で、どのような手続きをそれぞれ経て移動していくのかを可視化する各種の「フローチャート」（**図3-1**）などがその代表的なものである。こうした調査結果にもとづいた「配列技術」を運用することで、オフィスの環境は大きく改善するのだという（安田 1963: 33-38, 58-70 など）。

その改善は何を目指すのか。今紹介した手法からもある程度それは明らかだだが、それがこの時期の第三の主張点「能率の向上」である。当時の書籍・雑誌には次のような言及が頻出する。オフィスの整備とは「事務を能率的に処理するための場所を設計して　執務に必要な物を配置し　人が快適な状態で仕事のできる空間をつくること」が目的である（池野 1959: 1）。「各人が快適な条件、環境の中で、最高能率が発揮でき、仕事が停滞せず川の水の流れるがごとくスムーズに行なわれれば、すべてが合理的にとりはこばれることだろう」（中村 1963: 3）。このように、「場所がありさえすれば」と考えるのではなく、オフィスの科学的調査にもとづいた「配列技術」によって、能率の最大化を目指そうと

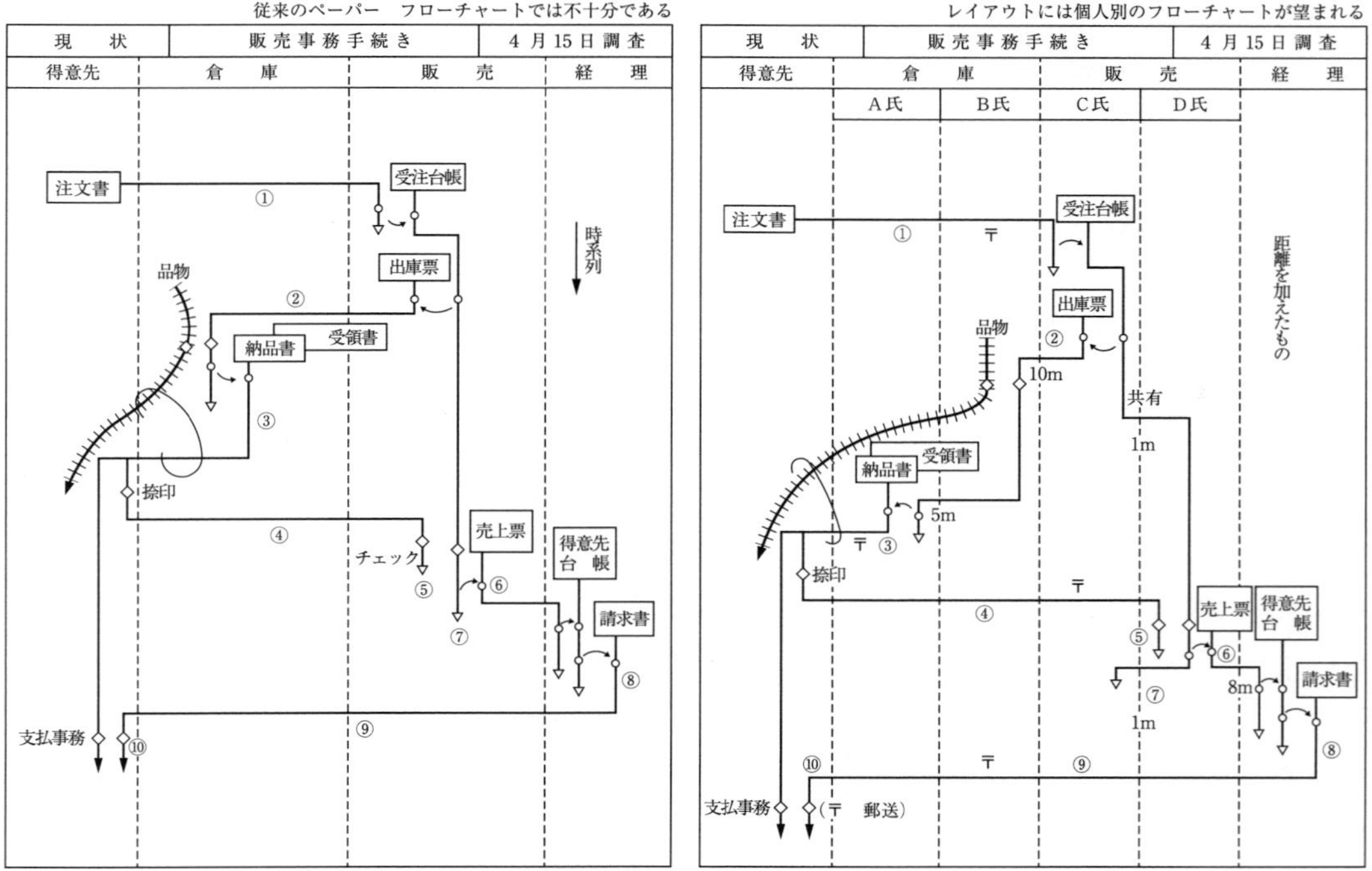

図 3-1　書類の移動に関するフローチャート（安田 1963: 60 より作成）

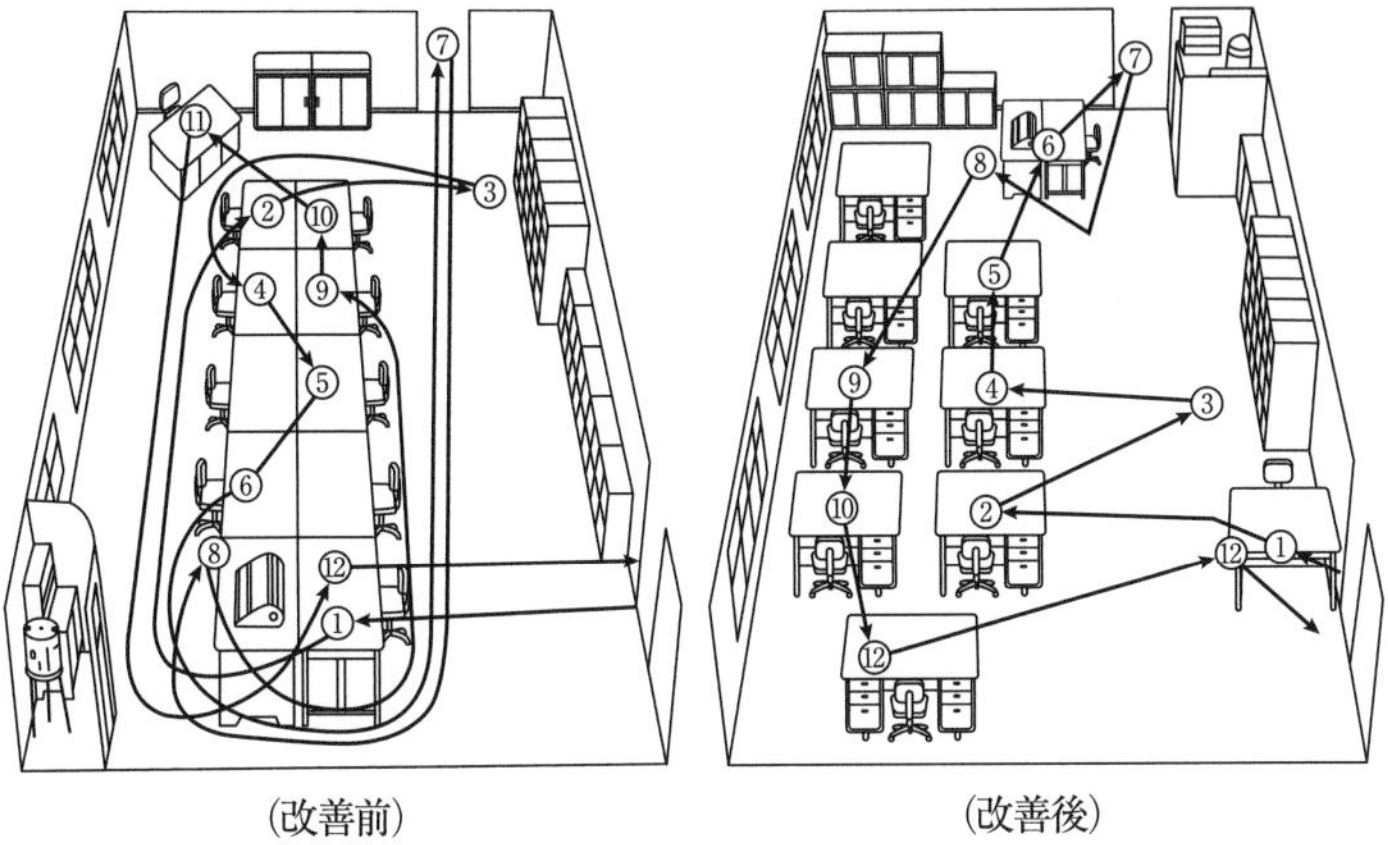

図 3-2　オフィスの配列イメージ（中村 1963: 134–135、東 1972: 32 より作成）

いうのである。より具体的には、「身分の順位によるいままでの配置をあらため」、事務手続きの「流れに適合」するような配列を、複数の事務作業を行う者がいる場合には「流れの頻度」に応じた配列を行うこと（池野 1959: 60–62）。「仕事の経路・手続き・流れという動きの軌跡」を調査によって可視化し、「情報の経路」と「人の移動経路」を双方「線形計画」のうちに組み込むこと（安田 1963: 31）。仕事の流れを直線化し、物や人の流れを「最短距離」化することで仕事の処理量の向上、処理時間の短縮、処理工数の減少、監督や統制の容易さを高めること（中村 1963: 26–27, 134–135）。より端的には、オフィスにおいては「最良循環交通型」（俣賀 1965: 175）を設計すべきだという表現もなされていた。

一九五〇年代から六〇年代のオフィス論はこのように、科学的調査によって明らかにされた事務手続きの流れのなかに、各部署、各職員、規格化されたオフィス家具・備品・機具を無駄なく埋め込み、能率・効率を最大化することを目的としていた（**図3-2**も参照）。比喩ではなく、まさに「工場設計（プラント・レイアウト）の考え方を、事務所に適用」しようとするものとして当時のオフィスレイアウト論はあった（保賀 1965: 17）。これはテイラー主義・フォーディズム的管理の明快な現われだともいわれているが（池田 2011: 42-55 など）、それはまた「人に合理的で機械化した身体になることを要求し、同時にさぼらないよう一望に監視できるプランニング」（地主ほか 1998: 40）でもあったと考えられている。

3 創造性への注目と空間の多様化——一九七〇〜九〇年代

一九七〇年代に入ると、オフィスについての考察はそこで働く人々の生活や知的創造性に注目し始めるようになる。(8) 日本ＩＢＭ本社ビル（1971）などを手がけ、いわゆる「巨大建築論争」にこの後かかわることになる日建設計の林昌二がその牽引者の一人だが、林は七二年の「オフィスビルを、なぜ」という小論で次のように述べていた。産業構成が変化し、多くの人々がオフィスという空間で長い時間、ともすると「人生の大半の歳月」を過ごすようになっている。このような状況ではもはや「オフィスビルに無関心ではいられない」。ただ「事務能率をあげ」るのではなく、「オフィスの中での生活」、「生活空間」としてのオフィスについて考えなければならない（林 1972: 155-156）。当時の他のオフィス論においても、オフィスとは「協同的な人間生活を生みだす場」「『間人間的空隙』にココロの通いあう橋をかける〝場〟」「知的価値を生みだす場」（産業能率短期大学 1975: 3, 9）であるといった言及がなされ、オフィスを人々の生活の場として捉えようとする視点、およびオフィスにおける知的創造性を重視する視点の萌芽が示され始めていた。

こうした視点の一つの下支えになっているのは、一九五八年にドイツの経営コンサルタント・クイックボナーチームが考案した「オフィス・ランドスケープ（ビューロランドシャフト）」というレイアウト案だと考えられる。これは日本のオフィスにおいて当時非常に多くみられた対向式レイアウト、つまり部課内の職員が向き合った「島」を形成してスペースの節約、所属意識の向上、集団秩序の維持、業務の相互補完を志向するレイアウト（**図3-2**の左側参照）ではなく、相互のコミュニケーションがとれるような一定の近接性を保ちつつも、個人のプライバシーを重視して机のレイアウトを「群島」のように分散させて配置する、「人間性尊重の立場を重視」したレイアウトである。このようなレイアウトを組むことで、「問題の発見と解決にその重点を置く」、「創造力を充分に発揮することが要求される」、「情報化時代」に適応したオフィスになれるというわけである（産業能率短期大学 1975: 151–156）。

しかし当時のオフィスにおいては、多大なスペースを必要とするオフィス・ランドスケープの案が実際にとりいれられることはほぼなかったという（林ほか 2003: 67など）。一九八〇年代に入ると、また異なる観点からオフィスデザインの変革が訴えられ、また実現されていくことになる。その要点について四つの観点から整理したい。

一点目は、一九七〇年代後半から言及され始める「ＯＡ（オフィス・オートメーション）化」である。その論じられ方はいくつかある。まず、オフィスに情報処理のための機械が導入され、まさに「直接にオフィスの物理的環境に影響を与える」（栄久庵 1983: 32）ことで、オフィスレイアウトの大幅な変更は不可避である。また、ＯＡ機器の導入によって生じる新たな身体・心理的疲労に対しては人間工学（エルゴノミクス）にもとづいたオフィス家具の導入が、機械から発せられる温熱環境・騒音の悪化やスペースの狭隘化についてはそれを改善しうるオフィス家具の設置、配線の工夫、空調の導入がそれぞれ必要である。そして、機器導入により単純な情報処理を機械任せにできるため、人々は「書類操作の反復という比較的単純な事務作業から、問題の発見や解決という高度な知的作業へ」（1983: 33）と向かうことができるようになる、つまりこれからは知的創造の時代だ——。このように、ＯＡ化はオフィスを物理的に変革し、その目的を組み替える理由づけをさまざまなかたちで準備したといえる。

二点目は、こうした変革がまさに物理的に可能になる、「オフィス家具」の開発とアピールである。一九八〇年代中盤以降、イトーキ総合研究所による『オフィスの未来をデザインする——ＯＡ時代のヒューマンな環境づくり』（1984）、内田洋行企画による『ザ・ニューオフィス・デザイン——快適化とインテリジェント化のために』（1987）など、オフィス家具メーカーないしはその付属研究所が、それぞれのサブタイトルからも分かるような、半ばＯＡ化に対応したオフィス家具ならびにオフィスコンセプトの提案、半ば製品カタログという書籍を刊行するようになる。やがてその動きはイトーキ『Office Age』（1987）、コクヨ『ECIFFO』（1988）、内田洋行『フレキシブル・ワークプレイス』（1993）などのオフィス専門誌の発行へとつながっていく。このように、オフィスレイアウトの変革を実際に可能にするモノが同時並行的にこの時期に示されるようになっていた。

三点目は、「ニューオフィス」をめぐる体制の整備である。経営学者の野田一夫（1985: 1-3）は、海外におけるデザイン性の高いオフィス（家具）のカタログ的解説書『The Office Book——オフィスの新時代』を監修し、「オフィス後進国」である日本は、知的生産の時代に応じた、快適な生活空間としてのオフィスを目指さねばならないとして「オフィスの魅力化」を訴えていた。この野田が大きくかかわるかたちで、より早い段階から生活の場としてのオフィスという観点を示していた上述の林、[9]さらにデザインや工学の研究者、家具・電機メーカーの役員などからなる「ニューオフィス推進委員会」が一九八六年、通商産業省によって設置され、幾度かの会合を経て同年末に「ニューオフィス化推進についての提言」が公表されることになる。

その提言は、上述した林の指摘やOA化に関して示された論点を集約するような内容になっている。つまり、産業構造の変化によってオフィスワーカーがかつてなく増大したものの、オフィス環境は長らく顧みられない対象であり、OA化は従来以上にその環境を悪化させている。多くの人々が長い時間を過ごすオフィスを「生活の場」とみなしその環境を改善させることは、労働者の不満を解消するだけでなく、「情報化」の時代において重要な「頭脳労働」を支えるために必須である、というように（通商産業省 1987: 25–31）。この提言の後、提言内で「ニューオフィス化推進のための民間主体」として言及されていた「ニューオフィス推進協議会」が一九八七年六月に設立される。協議会は翌八八年の通産省「ニューオフィス化の指針」、同年から日本経済新聞社と共催で開催している「日経ニューオフィス賞」、その他一般向け書籍や提言の刊行に多くかかわり、「オフィス革新の先導」となったとされる（安藤 1990: 9）。

さて、このようにオフィスをめぐる諸条件が組み変わっていくなかで、実際のオフィスにおけるヒ

表 3-2 『ニューオフィスモデル 100 選』本社部門における紹介のポイント

紹介内容	件数	詳　細
執務室	25	天井の高さ（開放感）、パーティションの活用、OA 化、色彩の工夫、家具の規格化
リフレッシュコーナー	18	景観の良さ、バーの併設、ゆとりのある空間
エントランス（ホール）	18	開放性、障がい者への配慮、デザイン性、コンサートの開催、情報化、サインデザイン
会議室	16	AV 機器の導入、素材・デザイン性、ゆとりのある空間
打合せスペース	11	プライバシーに配慮したデザイン、開放性
外観	10	個性的なデザイン、コーポレートアイデンティティ
食堂・カフェテリア	8	内装へのこだわり、落ち着き、開放性
多目的ホール	5	イベントの開催、地域への解放
アトリウム	4	快適さをもたらす
その他	—	社長室 3、フィットネススタジオ 3、和室、記念資料館、バルコニー、屋上遊園、ショールーム

ト・モノ・コトの配置はどのようなものになっていたのだろうか。それが四点目である。ここでは端的な資料として、今述べた「日経ニューオフィス賞」の活動成果として刊行された『ニューオフィスモデル１００選』（社団法人ニューオフィス推進協議会 1991）を事例にしたい。同書ではタイトルにあるように、一〇〇の「先進的で優秀な事例」（社団法人ニューオフィス推進協議会 1991: 2）が紹介されているのだが、その内訳は本社部門のほかは、営業部門・管理部門・システム開発部門といった業態によって区切られている。ここでは総体的な改革の動向をみることのできる「本社のニューオフィス化」二五例を素材にしたい。アサヒビール、アシックス、東芝、東京ガスなど有名企業の本社ビル二五例がここでは紹介されているが、その内容は**表 3-2** のとおりである。

ここで紹介されている内容は、主に「空間の設置」に関することだといえる。リフレッシュコーナー・打合せスペース・アトリウムの設置。内装や家具の素材にこだわり、開放的で、落ち着きやゆとりをもたらす空間。執務室（狭義のオフィス）についても、天井の高さや色彩など空間そのものに関すること、あるいはＯＡ化に対応したオフィス家具の設置、統一感をもたらす家具の規格化など、外形的といえるような紹介で占められている。

だが、これが当時のゴールであるとおそらくいえる。上述した推進委員会の長・井上毅（日本経済新聞社常務取締役論説主幹）が「快適でなければ機能的ではない」「創造力は、快適でなければ出てこない」（通商産業省 1987: 8）と述べているように、快適さをもたらす空間の設置こそが、当時のニューオフィス化の具体的なゴールであったようにみえる。つまり、能率や動線の最適化を志向する「純粋に機能的な空間」「均質空間」の先に向かい（鈴木ほか 1987: 8-9）、「創造の場にふさわしい多様な刺激を受ける空間へ」(10)と進む。執務室という主空間だけでなく、気晴らしを行うことのできるリフレッシュコーナーやアトリウムといった「支援空間」を設け、オフィス全体の快適さ（アメニティ）を向上させる（栄久庵 1989: 51-56）。ＯＡ化によって疲労した人々が新たに「人間的な接触を深め、長期間にわたり創造性を持続させ能率を高めるため」に、「緊張とくつろぎをバランスさせる個性ある空間」や「リフレッシュ出来るゆとりある空間」を提供する。(11)業務タイプに応じてオフィス家具とレイアウトを選択する。当時のオフィスをめぐる議論においてこうした語りが頻繁にみられたように、執務室に留まらない支援空間へと人々を解放し、執務室においてもこれまでにはなかった多様な選択肢へと解放することがまず目指されており、人々はそのような多様な空間へと解放されることで気分を新たにし、生活の場における高い居住性のもとでやがて知的創造性を発揮する存在として

位置づけられていたと考えられる。(12)

4　ワークプレイスという視点とハイブリッド化——一九九〇年代中盤

オフィス空間の多様化はやがて、オフィス利用の根本的な問い直しにつながっていく。具体的には、一九九〇年代初頭からオルタナティブオフィスやオフィシングという言葉が掲げられつつ、一つのオフィスのなかに個人の占有空間を置くことなくオフィス全体を共用するノンテリトリアルオフィスやフリーアドレスオフィス、オフィスの利用を予約式で行うホテリング、センターオフィスから物理的に離れていながらも情報ネットワークによってセンターオフィスと同様の成果をあげることができるサテライトオフィス、その応用形としてのリゾートオフィスといった新しいオフィスのあり方が紹介・提案されるようになっていた。(13)また、これは今日既に現実のものとなっているが、情報環境の整備が進むなかで、当初は空港やホテル、やがてインターネットカフェ、そしてある程度落ち着いて座れるような場所ならどこでも仕事を進めることができるようになっていくことが、建築学者の仲隆介を中心に「都市のオフィス化」（仲 1996: 40）として論じられてきた。

このように働く場所と働き方が流動化へと向かうなかで、次のような考え方もまた生まれてくる。「仕事をする場所を『物理的な空間＝オフィス』としてとらえるのではなく、人と情報と時間の流れを持つ刻々と変化し続ける『場＝ワークプレイス』としてとらえること」(14)。これは経営学者フランクリン・ベッカーの『トータルワークプレース』（Becker 1990＝1992）以来の表現といえるが、オフィスの外にも拡散しつつある働く場所の全体をワークプレイスとして捉えようとすることはつまり、「多岐にわたるワークプレイスの構成要素をどう有機的に結び付けていくか(15)」、それぞれの場の意義をふりかえって考える契機をもたらすことになる(16)。

ここではその考え方が最も端的に示されている、ベッカーらによる『ワークプレイス戦略――オフィス変革による生産性の向上』(Becker and Steele 1995＝1996) の内容を整理したい。ベッカーらは、労働の場面はその空間、機具備品といったモノによって形づくられているが、そうした環境は「私たちの行動や態度や価値観によって意味付けされている」と述べる。より端的には、「環境を高性能なものにしているのは、人、ワークプロセス、テクノロジー、組織文化と行動規範、そして物理的設定から構成されるシステムとしてのワークプレイス」であるとし、まさにヒト・モノ・コトが相互に絡み合った場としてワークプレイスはあるという見解を打ち出している (1995＝1996: iv, 4)。「流動的な市場における成功を勝ち取るために、物理的な環境設定、ワークプロセス、組織文化、そして情報技術といった諸要素の統合システムとしてワークプレイスを考えること」が求められるとき、もはやオフィスの変革はただ動線を最適化すること、あるいはただ空間を多様化することではもはや達成されなくなる。組織の文化や戦略を「物語るような」物理的設定を行い、それは執務室 (狭義のオフィス) にとどまらず「人が仕事をするすべての場所」を総称したワークプレイス全体に対して調和的に行われねばならないとされるのである (1995＝1996: viii, 18, 43)。

もちろんこれはべき論、理想論である。また、ベッカーらの著作ではいくつか事例が紹介されているが、各企業のビジョンをワークプレイスづくりに反映させていく実際的プロセスに多くの紙幅が割かれており、組織文化・戦略を物語るような特定の物理的環境が強く押し出されているわけではない。だがオフィス／ワークプレイスには、物理的環境と組織文化・戦略の統合、執務室やセンターオフィスに留まらないワークプレイス全体の関係性など、以前と比してかなり多くのことがらが積み込まれるようになったのは確かである。建築学者の本江正茂（2007: 30）がワークプレイスという言葉を、「オフィスを構成する諸要素のうち、人々が仕事をする『場所』としての側面、すなわちオフィスの空間的あるいは社会・文化・環境的側面を、操作可能なデザインの対象として切り出した概念」だと述べているように、これまでは埒外におかれていたことがらが考慮の対象としてオフィスに節合されるようになったのである。その節合の様態は、まさに異種混交的な要素の組み合わせといえるものであり、いわばオフィスの「ハイブリッド化」の自覚がこの頃進行したとみることができる。そして一九九〇年代半ば以降、「無思想で経営と遊離した」形式的な側面のみで満足すると「世界に取り残されかねない」（薄ほか 2001: 8）、「オフィス内装に費用をかけて、今風のオシャレなオフィス」にするばかりでは意味がなく「経営者の思い描く理想の姿をいかにオフィス（環境）に落とし込むか」（河口 2021: 7-8）が重要だ、というようにハイブリッド化を賭金とするような差異化が伴われながら、この種の発想は浸透していくことになる。

5 創造的なアクティビティのデザイン――一九九〇年代後半以降

3で述べたとおり、知的創造性の発揮を支援すべくオフィス環境を整えようとする志向は一九七〇年代以来みることができるものである。だが冒頭で述べたようなクリエイティブ・オフィスへの志向がオフィスデザインにおいて明確な潮流をなす二〇〇〇年代中頃までの間に、知的創造性の実現をめぐっていくつかの重要な積み足しがなされている。本節では九〇年代以降における三つの重要な積み足しについて整理していきたい。

(1) オフィスデザインの理論武装

ところで、知的創造(性)とは一体何なのだろうか。これまでは、空間を多様化してリフレッシュすれば、組織文化と統合したワークプレイスをつくれば、とはいうもののその先がいわば「ブラックボックス」になっていた。

一九九〇年代後半あたりから、オフィス論はさまざまな側面で理論武装を強化するようになる。たとえば知的創造性については、経営学者の野中郁次郎らが九二年に示した知識変換の四モード――経験や技能(暗黙知)を共有する「共同化 socialization」、暗黙知を明確なコンセプト(形式知)にする「表出化 externalization」、形式知を組み合わせて体系化する「連結化 combination」、形式知を個人に体化(暗黙知化)する「内面化 internalization」の循環として知識創造を捉える「SECIモデル」(Nonaka and Takeuchi 1992 = 1994: 91–109)――を経営学者・紺野登がオフィス論に引き取り、それらを可能にする「場」をオフィス内に具現化する必要があるとする主張が、オフィス論においてやがて異口同音になされるようになっていく。

SECIモデルは冒頭のクリエイティブ・オフィス推進運動実行委員会も参照している、近年のオフィスデザインの基本枠組といえるものなので、その主導者の一人である紺野の議論をもう少しみておきたい。紺野は、「その場にいないとわからないような脈絡、状況、場面の次第、筋道」としての「文脈」の共有を可能にするような「物理的・仮想的・心的な場所を母体とする関係性」を構築することが知識創造においては重要だとし、「場所が暗黙知を共有させる媒介としてデザイン」される必要があるという。逆にいえば、「企業はこうした『場』のパターンをたくさん知っていて、それらを複合的に創出・活用できないと、知識創造の支援ができない」という（野中・紺野 1999: 161–175）。こうした場のパターン把握の鍵になるのが上述したSECIモデルである（その具体的な展開は（3）参照）。場の構築にあたっては、「オフィスの物理的なかたちや機能だけにとらわれ」、「表面的に家具を配置」しただけで済むと考えてはならない。上述したような人々の間で共有されている文脈や関係性、さらには「組織文化やリーダーシップ、コミュニケーションの活性化や知識創造の支援といった要素まで踏み込んで空間をデザインできるか」が重要であり、だからこそ1で引用した「コトの中にモノを埋め込む」ようなハイブリッド的発想が必要だとされる。というより、それができるか否かが「知識経済社会」において企業が生き残っていけるかという、「企業の存続に関わる最重要案件のひとつ」になっているのだと紺野は述べる（紺野 2008: 11–16, 23, 58）。

二〇〇〇年代になると、建築学の立場からもオフィスに関するさまざまな考察が展開されるようになっていく。その象徴ともいえるのが『JA』五〇号（2003）の特集「オフィス／アーバニズム」である。同号では建築各分野から寄稿がなされ、メガフロアオフィスを舞台とした「新たなタイプのワークプレイス」の提案が全面にわたって行われている。その中核となるのが阿部仁史と本江正茂による「オフィスアーバニズム宣言」である。阿部らは、オフィスとは「多数多種多様な人びとが自律的に判断しながら俊敏に行動し、大量の物資と情報が届けられ消費され再生産され送り出され、同時多発的に勃発する無数のプロジェクトが相互に切り結ばれながら絶えず創造されていく」、まさに「都市」のようなものとして考えられると述べる。そのようなオフィスが創造的作業に向かおうとするとき、メンバー内外でのコミュニケーションを活性化していく必要があるが、流動的な今日の労働環境において「きたるべき働き方を定義し、それに必要なスペックを満たすひとつの建築型に収斂させる」ことは不可能である。そのため、「現在のワークスタイルの決定不可能性を受け止め、その俊敏で、流動的で、多様な特性を加速し得る『開かれた場のシステム』」を構築することが目指される。そのシステムを阿部らは、人間の活動、ワークスタイルをそれぞれ支える環境のマネジメント、つまり「オフィスの都市計画（オフィスアーバニズム）」によって生み出されるものとし、その様態を「コトとモノの二重体」と呼んでいる。ここでもオフィスは人間、その働き方、環境がそれぞれ絡み合うハイブリッドなものとされている。

上述した仲もまた、1で引用したように「物理的環境（モノ）」をただ構築するだけではなく、「同じ経験の共有、同じアイディアの共有など人と情報の関係、人と人の関係といったその場の状況（コト）」がモノと連動するような場をつくる必要があると二〇〇〇年代以降各所で述べ（仲 2010: 73–74など）、それをジョン・ワトソン以来の「環境決定論」の考え方を超えた「人間・環境系理論」への移行だとして理論的定位を行っている（2008: 123–124）。

ここまでに紹介したのは近年のオフィス論における主要な登場人物のみにすぎないが、彼らに留まらず、近年のオフィス論では経営学・建築学双方からそれ以前になく踏み込んだ考察が試みられ、知的創造性の向上を促すオフィスデザインに多くの理論的根拠を与えているといえる。特に、経営学と建築学からの立論構成はそれぞれ異なるものの、ともにオフィスをヒト・モノ・コトが絡み合う異種混交的な場として捉えようとする視点が同様に提出されているといえる。そして前節でも述べたように、そのような「ハイブリッドデザイン」としてオフィスを捉えられるかどうかが、望ましいオフィスをつくり上げる際の賭金として置かれているようにみえる。

（2） アクティビティを誘発するオフィスデザイン

このように、知識創造性とは一体何であるのか、それを可能にする場の構築とはどのようなものであるのかというブラックボックスの中身が明確なものとなり、経営学ないしは建築学的理由づけをもってオフィスにおける知的創造性を語ることができるようになった点が近年のオフィスデザイン論の特徴の一つである。では、こうした理論を具現化しうるようなオフィスデザインとはどのようなものだろうか。二点目に論じたいことは、その具現化の焦点とレトリックもまた定まったことについてである。

その発端となっているのは、心理学者のフィリップ・ストーンらが一九八五年の論文（Stone and Luchetti 1985）で初めて示した「アクティビティ・セッティング」（以下ＡＳ）という考え方だといえる。これは働き方や行う作業が多様化した状況において、それらの多様な活動に応じた「いろいろな環境を提供して組織の活動の範囲を広げる」（Stone 1995: 26）というそれ自体はシンプルなアイデアなのだが、このアイデアがさまざまに表現されていったところに近年のオフィスデザイン論の特徴がある。

この考え方を積極的に導入し、発展させていった立役者の一人が、コクヨのオフィス情報誌『ECIFFO』の編集長（当時）だった岸本章弘である。『ECIFFO』は一九八八年に創刊され、当初は海外のデザイン性や遊び心に溢れたオフィスを紹介する向きが強かったが、岸本が編集長となってまもなくの九四年に誌面を大きく刷新し、ノンテリトリアルオフィスや分散型オフィスといった当時の新動向に積極的に取り組むようになり、これ以降、ＡＳの考え方をさまざまに具現化していくためのキーワードが次のようなかたちで示されていく（実際、同誌では九四年という日本国内ではかなり早い段階でＡＳが紹介されてもいる）。

「伝統的な管理の階層やタテ型の部門の壁を越えて、多様な職能やスキルをつなぎ合わせ、異質なメンバー間の化学反応を促進させる触媒のようなオフィス、そんな空間の在り方を探ってみよう」（『ECIFFO』25: 2（1994））

「階層的な空間配置を廃し、空間機能の柔軟な配分を可能にする一方で、特にインフォーマルな交流と触発を促進する核となる施設も求められるだろう」（『ECIFFO』26: 10（1995））

「人々がリラックスした気分で自然に集まれるような場所。様々な訪れる目的や理由を提供し、多くのメンバーを誘い込むような空間。あるいは、メンバーの意外な一面を伝えたり、ほかのメンバーの興味を惹くような情報を提示する仕掛け」（『ECIFFO』40: 4（2002））

「触媒」「触発」「促進」「自然に」「誘い込む」「仕掛け」。引用箇所以外で例を探せば、「誘発」「発生」「トリガー」「スイッチ」「トラップ」「仕込む」といった表現もしばしば用いられる。岸本はなぜこのような表現を用いるのか。彼は次のように繰り返し述べる。流動的な今日の市場において、組織は柔軟に自らを適応させねばならない。答えのない競争的環境、次々と組み変わるプロジェクトとそのメンバーを前に企業は、彼らを積極的に交流させ、インフォーマルなコミュニケーション、コラボレーション、チームワーク、そして創造的なアイデアが醸成されるような環境をつくらねばならない。しかしそのようなアクティビティは、たとえば「コラボレーションルーム」のように何かをすべしと決められた空間の設置のみで果たして可能になるものだろうか。おそらくそうとは限らないからこそ、「閃きを誘発する」「人々を引き寄せる」「出会いを活性化させる」といったかたち、あからさまではない「にも関わらず」わき起こるというかたちで創造的な活動を誘発するさまざまな仕掛けを「環境の中に埋め込む」べきなのである、と（岸本ほか 2006: 163 など；西村 2003: 49 も参照）。

オフィス研究の蓄積にもとづき、知的創造性を誘発しうる環境は物理的条件や空間デザインに関係するものだという主張を岸本は一九九〇年代半ば以降続けた。岸本のみがこのような観点をとっていたわけではなく、上述の紺野（野中・紺野 1999: 167–168）は「媒介、触媒」、岡村製作所オフィス総合研究所の鯨井康志（1996: 80）は「誘発」「促進」「活性化」という表現を同時期に用いながらこれに近しい主張を行っていた。だがいずれにせよ、公称八〇〇〇部（最大時。メディア・リサーチ・センター『雑誌新聞総かたろぐ』による）を誇る、「オフィスデザインに携わっている者で知らない人はもぐりだと言われた」[17]雑誌『ECIFFO』を起点の一つとしながら同型のレトリックが継続的に発信されるなかで、この種の表現はやがて彼らの手を離れ、二〇〇〇年代に入ると他の建築雑誌や総務関連の雑誌でも、さまざまな人物から知的創造性にかかわるアクティビティを誘発しうるオフィス環境への変革が論じられるようになっていく。

(3) 誘発的仕掛けの増殖

近年のオフィスデザイン論に関して三点目に論じたいことは、知的創造性を支援するオフィス空間への理論武装がなされ、アクティビティを誘発する仕掛けの埋め込みという焦点が定まったところで、では具体的にどのような仕掛けが設置され、どのようなヒト・モノ・コトの配置が企図されるようになったのかという点である。

リフレッシュコーナーやアトリウムなどの空間を用意するのではなく、コピーコーナーでちょっとしたリフレッシュを促すといったより小さな仕掛けを準備しようとするアイデアは、これ以前にまったくみられないわけではない(18)。しかし一九九〇年代前半までは上述のような理論武装と焦点化が伴われず、また散発的に示されるアイデアの一つでしかなかった。九〇年代後半以降になると、岸本らはコミュニケーションを活性化させる手段として、職場内にコーヒーメーカーを置くことで待ち時間中の雑談を発生させる、会話のきっかけになるような絵画や小物を置くといった「マグネットスペース」(岸本 1998)、組織の文脈情報をビジュアル的に提示できるような「半透視型ディスプレイ型空間」(2002) など、具体的なアイデアをいくつか示していくようになる。

このようなアイデアが二〇〇〇年代半ば以降、目に見えて増殖し、ときに上述したSECIモデルと連動して明確な位置づけがなされるようになる。まず、〇三年の『10＋1』誌上では、都市計画を専門とする山口重之と上述の仲の研究室、それに岸本の共同による「ワークウエア――オフィス空間と情報の新しいかたち」という論考が掲載されている。ワークウエアとは「空間デザインとツールデザインとワークデザインをひとまとめにしたデザイン行為」、つまり（1）で述べたような異種混交的なデザインを示すものだが、ここで注目したいのはその具体的なアイデアのバリエーションである。**表3-3**に示すように、ここでは一五のアイデアが示され、それぞれの効用が具体的な視覚的イメージとともに解説されている（その一例として**図3-3**）。

効用や実現性はさまざまだが、一九九〇年前後のようにリフレッシュルームなどの空間それ自体を設けるのではなく、より焦点が絞られ、オフィスにおける一つ一つの物品やコーナーを仕掛けと化すことで、各種アクティビティの誘発、特にコミュニケーション・文脈共有・創造的着想の誘発が企図されているといえる。この試みがさらに発展するようなかたちで、二〇〇六年に『POST-OFFICE――ワークスペース改造計画』という書籍が刊行される。同書は岸本と仲に加え、情報工学（中西泰人）、リノベーション（馬場正尊）、建築（みかんぐみ）の専門家によるコラボレーションの産物といえるが、まさにそのような創造的コラボレーションをオフィスにおいて可能にするためのアイデアが実に七五種類も紹介されている。**表3-3**と重複しないものでいえば、人が集まるところを自動的に照らしてコミュニケーションの濃度を可視化する「インタラクショウメイ」、どこからでも座れ、人の流れを流動的にする円形デスク「マルデスク」、会議の白熱度に応じて会議室の色彩を変化させる「時ヲ刻ム会議室」、等々。これらは著者らによって「荒唐無稽なモノや、少し悪ノリもある」ともされてい

表 3-3 「ワークウエア」のアイデアの一部（山口・仲・岸本 2003）(19)

名　称	概　要
プロジェクトシェル	プロジェクトの情報を投影・掲示するスクリーンとどんでん返し式マガジンラックで緩やかな囲い込みをつくり、ほどよい集中とプロジェクトの可視化をもたらす。
ライブドア	ドアに 360 度囲まれた小部屋で、各ドアは分散拠点の情報・映像を映し出してコミュニケーション・文脈共有を促す。
マグネットカウンター	キッチンカウンター、コピー機、ごみ箱、インフォメーションディスプレイを一か所に集め、偶発的な出会いとコミュニケーションを促す。
ほっとスポットコミュニケーション	テーブルがデジタルホワイトボードになっている休憩用スペースで、そこへの落書きが非同期的なインフォーマルコミュニケーションをもたらす。
ブッキングチェアー	現在読んでいる本や雑誌を椅子の背にディスプレイできるようになっており、個々人の能力・知識を可視化してインタラクションを誘発する。
あしあとフロア	床がデジタルカーペットになっており、個々人の ID カードと連動して各個の移動の軌跡・量が床に可視化される。
デジアナピンナップウォール	デジタル資料、アナログ資料双方をピンナップできる壁で、プロジェクトの可視化やアイデアの構造化を促す。
リフレッシュウォール／カベレオン	テーブルや椅子、ブランコなどを高低自由にはめ込める壁からなるリフレッシュスペースで、通常のオフィスでは得られないリフレッシュを体験させて活力と創造力をもたらす。
デジタルパッチワーク	洞窟のような空間の壁面・天井に、プロジェクトに関連する文字・映像情報を投影し、インスピレーションを誘発する。

このワークウェアはグループ間インタラクションを調整するものである。このシェルは半透明のスクリーンと「どんでん返し式」マガジンラックから構成され、グループ間のインタラクションヴォリュームを段階的に調整する機能と資料（デジタル、アナログ）をピンナップする機能を持っている。またこのシェルはユニットをさまざまに組み合わせることで、プロジェクトの進行状況や社内のプロジェクト数に応じてカスタマイズすることができる。プロジェクトの初期段階では透明のシェルがゆるやかにシェル内外を結び外部の刺激を許容する。そしてプロジェクトが進むにつれ資料で埋め尽くされたシェルが外部を遮断し、自然とグループの集中を高めてゆく。また他グループのメンバーはディスプレイされた資料を見ることで、グループの進行状況を把握したり、インスピレーションを受ける。

図 3-3　「プロジェクトシェル」の視覚的イメージとその説明
（山口・仲・岸本 2003: 145 より作成）

て、必ずしも即実現できるものばかりではない。しかし大事なのは実現可能性よりも「気づき」であるという。「相互作用の活性化」、活動の「可視化」、「発想支援」「アイディア・経験の資源化」を誘発できそうな気づきをもたらすことができればそのアイデアは機能したという、仕掛けの設置自体に意義を認めるスタンスのもとでこれらは次々と紹介されている（岸本ほか 2006: 26–27, 38–39, 76–77, 94–95, 154–155）[20]。

二〇〇〇年代半ばの仕掛けの提案のなかには、より明確な理由づけを行おうとするものもある。上述した鯨井は〇五年の『オフィス進化論』において、（1）で紹介したSECIモデルをもとに、オフィスでの活動をアイデア出しやブレーンストーミング（表出化）、複数で行うアイデアのまとめ（連結化）、何気ない雑談（共同化）といった知識創造をめぐる九つの活動に分類した。この活動に応じて九つの空間パターンが示され（表3-

4）、それは図3-4のようなかたちでオフィス内に配分されるとしている。表3-4、図3-4のように区分けされた空間には、それぞれに応じたディテールが必要とされている。たとえば普段出会わない人との偶発的な交流を促す「クロッシングウェイ」は、コピー機やプリンターといった半強制的に人を集める用事を発生させるモノを設置し、また周囲から視認できるところに配置することで複数人が集まって話している様子を知らしめ、さらに人を呼び込めるようにするのがよいとされる。家具についても、滞在する人と通過する人のコンタクトを促進するべく、目線の高さを同じにするハイチェア、アイデアを伝達・共有して新たな情報提供者を引き込みやすいホワイトボードなどを置くのが効果的だとされる。また、周囲と緩やかな境界をつくりつつ、外部の参加を拒まないアイデア出しの場としての「ブレストスペース」では、さまざまな人を巻き込んでアイデアの幅を広げるために出入り可能なスペースとし、アイデアを掲示できる壁面、模造紙や文房具、ポップな色使いの家具などを配置する。そして小集団で集中してアイデアを絞り込む「クロージングルーム」は、執務エリアと切り離された空間に場を設け、雑音を遮るために遮音性の高い壁や扉で空間を仕切り、人の出入りで集中が乱されないように出入口を視線が集まる方向と反対側に配置し、集中して議論が行えるよう明暗が調節可能な照明を設置するのがよいとされる（鯨井 2005: 45–59）[21]。

これ以後も、ビジネス書風にオフィス環境を改善するちょっとしたアイデアを無数に示すような著作（浅田ほか 2007; 花田ほか 2015）、鯨井のようにSECIモデルを念頭に置いた目的別の仕掛けをやはり無数に示すような著作（フィールドフォー・デザインオフィス 2009 など）、働く人々自身による経験や記憶の蓄積を促してモチベーションや帰属意識を高めていくことを推奨するような著作（池田

表 3-4　知識創造空間マップ（鯨井 2005: 45-63）

	ひとりで	まわりの人と	メンバーで
アイデアを出す・気付く	フラッシュポイント→ひとりで無心になる	リフレッシュパーク→見ず知らずの人と出会い、お互いを知る	ブレストスペース→招集されたメンバーで拡散的な会議を行う
アイデアを揉む・ふくらます	ワークポイント→個人作業を行う	クロッシングウェイ→予期せぬ人と出会い、異分野の情報を交換する	ワークショップルーム→招集されたメンバーで創造的な会議を行う
アイデアをまとめる・評価する	シンクポイント→集中して作業を行う	ハドリングベンチ→周りの人と会話をしながら作業を行う	クロージングルーム→招集されたメンバーで収束的な会議を行う

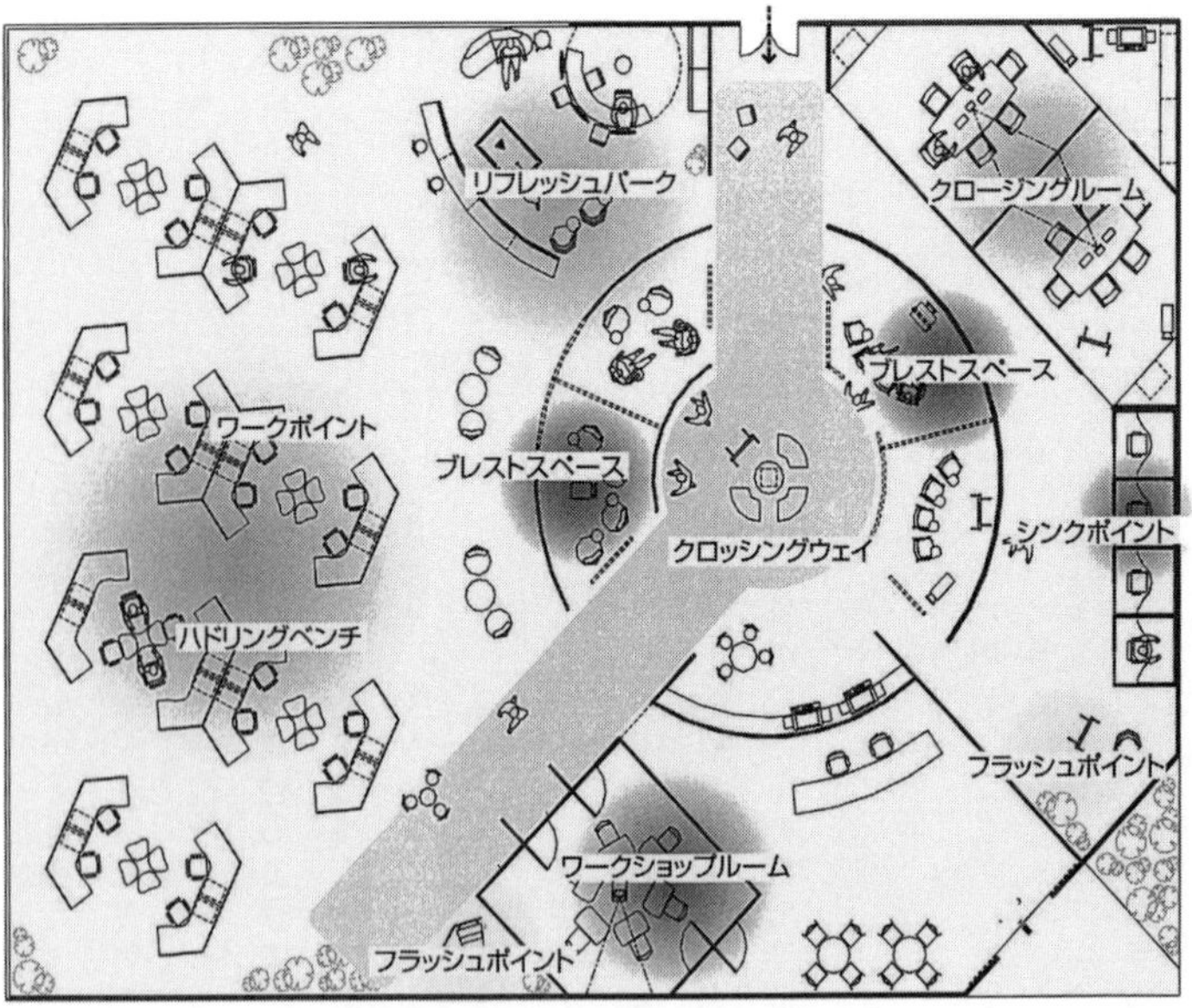

図 3-4　知識創造空間のゾーニング（鯨井 2005: 64）

2011）をはじめ、アクティビティを誘発する仕掛けを提案する建築・企業実務・ビジネス関連の書籍・雑誌記事トレンドは続いていく。そしてASの考えは、二〇一〇年代にはアクティビティ・ベースド・ワーキング（ABW）という表現のもとに定着したといわれるようになる（鯨井 2017: 65; 島津 2020: 82; 松下 2021: 96 など）。

また、二〇二〇年の新型コロナウイルス感染拡大に伴ってテレワークが急激に広がるなかで「オフィスの存在意義」が揺らぎ（島津 2020: 3）、オフィスの撤廃や縮小を選択する企業も出ているといわれるが、テレワークの浸透によって逆に、物理的なオフィス空間においてこそ有効な活動、あるいはそこでしかできない活動の絞り込みがより進むことにもなっている。『日経クロステック』副編集長の島津翔（2020: 197–205）は、各企業への取材から明らかになったコロナ後におけるオフィスの価値について、偶発的な人やモノとの出会いや何気ない会話がイノベーションの可能性を高める「セレンディピティ」、仕事を円滑に進める素地となる人間関係としての「企業内ソーシャルキャピタル」、物理的に共在することで成員のモチベーションや協働感覚を高める「同時性」という三点に整理し、これらに関係するアクティビティとして雑談・ブレインストーミング・企画会議といった「チームでの」「クリエイティブな仕事」を挙げているが、これらはおおむね〇〇年代以降にASないしはABWの視点から誘発が試みられてきたアクティビティに関連するものといってよいだろう（島津 2020: 85も参照）(22)。オフィスデザインを手がける翔栄クリエイトの河口英二（2021: 5, 234–235）も、テレワークのメリットを認める一方で、コロナ禍のもとであるないにかかわらず、オフィスは「経営者が望む方向へ会社の変化を促すための仕組み（仕掛け）」であることは変わらず、むしろこのようなときだからこそ、テレワークであってもオフィスに集まるにしても「どのような働き方、社風、会社にしていくのかを総合的に考え」ていく必要性が強まっていると述べている。このように、コロナ禍はオフィスで働くということの根本的な見直しを促進した一方で、実際のオフィスをどうデザインするかという点においてはそこで断絶が生まれたというよりは、活動に適した場をその都度選択するというＡＳ／ＡＢＷの志向や、オフィスデザインと組織文化・戦略の相互浸透を図ろうとする志向をより強めた向きがあるように思われる。

(4) クリエイティブ・オフィスの実例

既に述べたように、建築物自体が一から設計され、かなり長い間の使用が見込まれる学校建築とは異なり、オフィスデザインの場合は（既にできあがっている場合も多い）建築物のフロアレイアウトがその配置の要点となる。そのため、オフィスの移転（借り換え）やレイアウトの再変更が発生しやすく、そのとき話題になった新しいオフィスの紹介という以上にエポックメイキングな「名作」がオフィス論において繰り返し言及されることはあまりない。ただ、理解を促進するため、ここまでに述べてきたような志向が実現されている典型的事例も紹介しておこう。『新建築　２０１２年９月臨時増刊　TAKENAKA WORKPLACE PRODUCE』では、二〇〇六年に設立された竹中工務店ワークプレイスプロデュース本部（ＷＰＰ）の手がけたいくつものオフィスが紹介されている。ＷＰＰはオフィスビルを含め、今日におけるオフィスデザインを実際に手がける一主要アクターといえるが、ここでは〇八年から一〇年にかけて手がけられたアルバック超材料研究所を、知的創造性を支援するオフィスの端的な事例として紹介しよう。同研究所は、研究開発環境の強化、執務・打合せ・資料保管スペースが分散していることへの対応、技術開発のための討議スペースの確保といった課題を受けて計画がスタートした。実験室での作業、執務席での分析、打合せを交互に行い（つまり在席率が低い）、参照する書類の量が多いためデジタルデータの検索よりも紙媒体の資料を使った方が早いというオフィスの現状調査を踏まえて、個々のデータ分析と打合せ・討議をそれぞれいかに効果的に促進するか、複数の試案を踏まえてオフィスレイアウトが考案されている。

考案されたオフィスレイアウトのコンセプトは「ふらふら歩き、ナレッジを集め、議論への参加を促すオフィス」と表現されている。分析に集中できる執務席を中心としながらも、職員がオフィスを移動する動線をあえて蛇行状に展開し、その動線上に打合せや討議ができるスペースが分散的に配置されている。これらは、実験室や書庫へと移動するあいだに打合せや討議の状況を視認することができ、そうしたなかでオフィス内で進行している業務内容が職員全体に共有され、場合によっては打合せや討議への参加を促すことを企図したレイアウトであると説明されている。

ＡＢＷの考えにもとづくオフィスデザインとしては「ITOKI TOKYO XORK」(2018) が象徴的といえるだろう。ここでは「高集中」「コワーク」「電話／WEB会議」「二人作業」「対話」「アイデア出し」「情報整理」「知識共有」「リチャージ」「専門作業」という一〇種の活動を「空間に落とし込む」ことが試みられている。(23) 具体的には、「高集中」はタスク・アンビエント照明を用いた半囲い型の個人作業スペース、「アイデア出し」は壁面全体のホワイトボード、スタンディングディスク、カラフルなカーペットを配したガラス張りの会議室、「知識共有」は報告会やディスカッションを行う

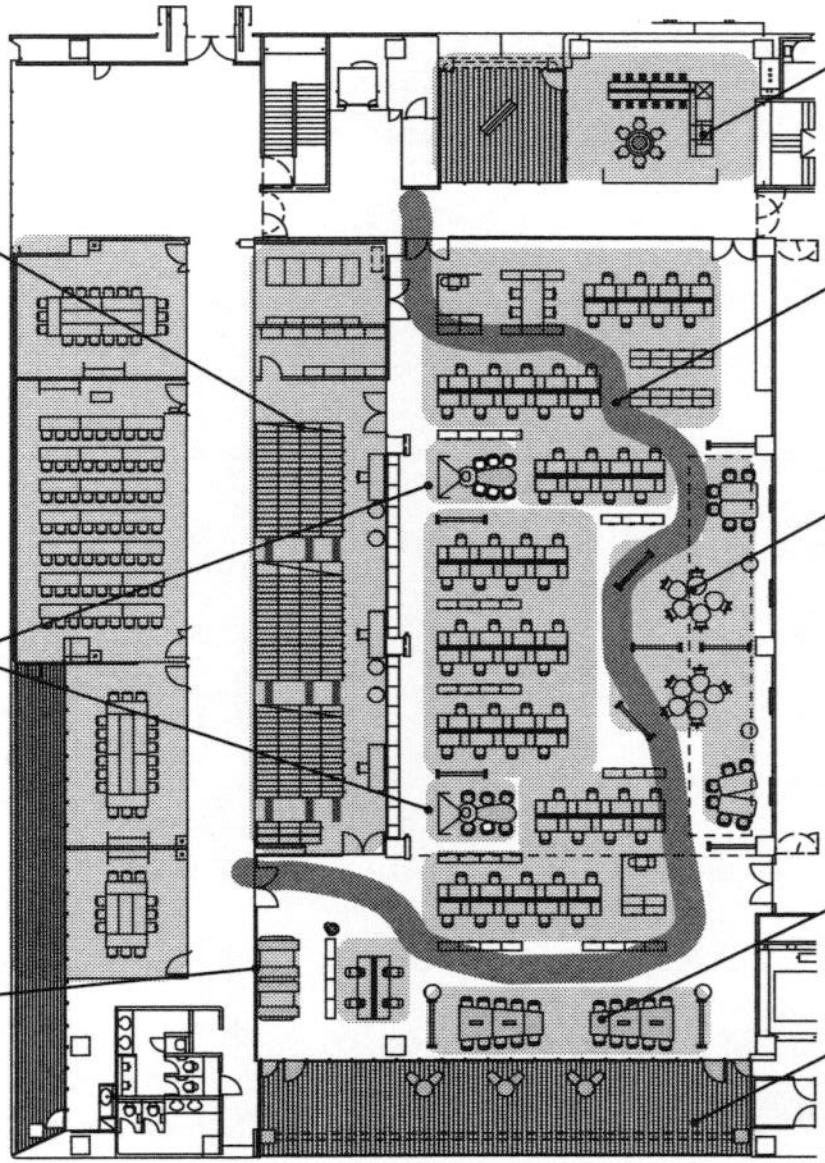
大量の実験資料や文献が十分に収納できる集密書架と閲覧机を執務室のすぐそばに設置し、素早く検索できる環境とした。

執務席の近傍には、プロジェクタースクリーン、ホワイトボード、参考書類を一時格納するラックをセットにした打合せスペースを設けた。

動線端部にはファミレス型のブース席を設け、少人数での打合せや集中作業にも利用可能とした。

オープンパントリーとカウンターテーブルを設置した気軽に利用できるリフレッシュスペースを設けた。

執務エリア内を蛇行するメイン動線沿いに多様な討議の場を分散配置した。

執務室東面の大型壁面の上部にトップライトがあることから、将来対応スペースと絡めて、大画面ディスプレイを設置したフリーレイアウトの打合せスペースとした。

電話会議セットを設けた大型テーブルの周りにホワイトボードを集中設置して、研究進捗の全貌が把握できるようにした。

外部テラス席にはテーブルを設け、リフレッシュや打合せにも利用可能とした。

図 3-5　アルバック超材料研究所のオフィスレイアウト(24)

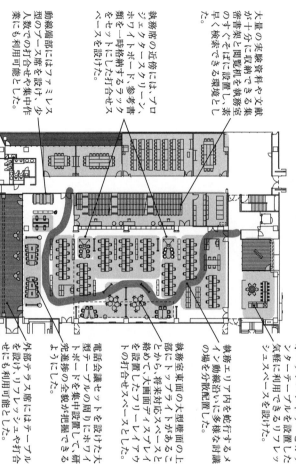

階段状のシート、「リチャージ」は畳敷きのリフレッシュスペースといったように、それぞれのアクティビティを促進する設えになっている。

こうしたなかで、特定のアクティビティに照準するオフィス空間もまた手がけられている。最も端的といえるのはジンズが運営する個人向けワークスペース「Think Lab」(2017)[25]で、ここでは「知の探索」と「知の深化」に向けて「集中」を専ら促進するような設えがとられている。飯田橋の複合ビルの二九階にある「Think Lab」の動線は、まず漆黒の長いエントランス(参道がイメージされているという)を通ることで緊張感をもたらし、次にやはり黒を基調としつつ植栽と眺望が備わる庭空間に入ることでリラックス状態をもたらして、集中に向けた準備を整えさせるものになっている。その先にあるワークスペースもやはり黒を基調として、収束思考に向かいやすい前傾姿勢を促すデスクとチェア、あるいは発散思考に向かいやすい低座・後掲で眺望を前にしたものなどがそれぞれ同じ向きで並んでおり、それ以外にもやはり黒を基調とした畳スペース(集中、リラックスあるいは各種イベントのために用いられる)、逆に白を基調として緊張を和らげるカフェスペースなどが置かれている[26]。

筆者は二〇一八年から一九年にかけていくつかのオフィスを見学したが[27]、それらにおいても基本的な方向性はここまで述べてきたものと同様といえるように思われる。プロセスとしては、オフィス改革(移転含む)はおおむね総務関連のプロジェクトとして実施され、ABWの考えにもとづいた行動調査・ゾーニング・空間設計という順序で行われることが多い。改革の象徴に位置づけられることが多いのはカフェライクなラウンジ・コミュニケーションスペースで、多くの場合木材を基調とし、暖色系の照明や採光をとりいれた開放的な設え、植栽を多用した公園にいるかのような設えがとられる傾向にある。天井をスケルトンにして室内の高さをとり、開放感や「ラボラトリー」感が演出されることも多い（レンガなどで囲んでより照明を落としたバーカウンター的な空間、照明を落としつつ装飾度を高めたラグジュアリーな空間、ポップアートを基調とする前衛感を演出した空間といった選択肢もある）。企業によってはそこが食堂になっている場合もあるが、それらの多くは食事の時間帯以外も開放され、個人作業や簡易ミーティング、顧客との打ち合わせ、さらにはイベントなどを行えるようになっている。執務スペースはフリーアドレス制をとることが多いが一様にそれということではなく、固定ＰＣ席、集中的な個人作業を行う区切られた（やや暗い）ゾーン、小規模のミーティングゾーン、半透過の中規模会議スペース、文房具などを一か所に集めた偶発的コミュニケーションを促すマグネットスペース、階段状に座れるプレゼンテーションスペース、アウトドアライクあるいは板敷き・畳敷きの設えをとるリラックススペースなど、アクティビティ別のスペースが各企業の改革コンセプトに応じて設けられている[28]。これらはおおむね、コミュニケーションの誘発、コラボレーションや創造的着想の促進を目的として設けられているが、こうした改革を行うことによる自由で開かれた企業風土の醸成、居住性の向上による成員の健康増進、優秀な人材の繋ぎ止め・確保による企業競争力の向上、企業イメージの向上・発信なども織り込まれた改革として行われている。またこうした改革は徹底したオンライン化およびペーパーレス化、各場所の活用を支援するコンシェルジュサービス部門の設置、そして社員の仕事に対する意識改革と連動して行われており、特に最後の点は各企業が最終的に目指すところのものとなっている。これらの意味で、改革は物理的な側面のみならず、ヒト・モノ・コトが連動するところをやはり目指しているといえる。

6　創造的主体性とその棲み分け

（1）　可分性と創造性

本章ではここまで、オフィスデザインの系譜を追いかけてきた（表3-5）。クリエイティブ・オフィスの枕詞ともいえる知的創造性の重視は早くには一九七〇年代からみられ、時代によって語られ方を変えながら、大きくは同様にオフィスの環境改善を訴える根拠として示され続けてきた。近年のクリエイティブ・オフィスに特有といえるのは、そうした知的創造性の重視が理論的内実を備え、アクティビティを誘発する空間内の仕掛けとして実装され、オフィスにおけるヒト・モノの配置が、知的創造やコミュニケーションの誘発というコトへと多様に結びつけられているところにある。知的創造性を掬い取ろうとする仕掛け一つ一つの回収率はおそらく高くないのだが、理論武装された仕掛けの網をさまざまに用意することによって成果の向上が企図されているといえる。

こうした状況において、そこで働く人々はどのような存在としてその布置連関に置かれていると考えられるだろうか。かつてのような能率的動線のなかへ埋め込まれる一要素としてではおそらくない。また一九九〇年前後のように、多様な空間へ解放される生活の主体としてでもないようにみえる。今日のクリエイティブ・オフィスにおいて人々は、全人的な主体としてよりは、知的創造性へと節合しうる各個のアクティビティに照準され、それらを誘発・最大化しようとする仕掛けのなかにつねにさらされているような状況にあるといえるのではないだろうか。もちろん、オフィスへの要求は加算的

表3-5　オフィスデザインにおけるヒト・モノ・コトの配置の変遷[29]

時期	特徴
1950〜1960年代	科学的手法によって可視化・最適化された仕事の流れ・動線の中への埋め込み
1970〜1990年代	オフィスビル内部に設営された多様な空間がもたらすアメニティへの解放（リフレッシュから知的創造性へ）
1990年代後半〜	知的創造性へと理論的に接続された諸アクティビティを誘発する仕掛けによる攻囲

に改善され続けていくものなので、快適さも高められている今日のクリエイティブ・オフィスで働く人々は、個人として尊重されていないわけではない。だがオフィスデザインの変遷をみるかぎり、そこで想定されている人間のあり方は、第一章でナターシャ・ダウ・シュールが参照していたジル・ドゥルーズの管理社会論における指摘にあてはまる部分が多いように思われる。つまり、体系的な議論とはいえないもののドゥルーズは規律訓練と管理を対比させ（規律訓練については第二章1を参照）、後者の特徴について、監禁を伴う閉鎖的な環境ではなく「開放環境」において、人々を鋳型にあてはめるのではなく「網の目が変わる篩《ふるい》」のように鋳造のモデルをつねに変えながら、規律ではなく終わりなき「平常点」の管理によって人々を導き続けるもので、その要点としての個人individualは「可分性dividuels」として扱われ、管理されていると指摘した（Deleuze 1990＝1992: 292–296）。これは前章にもあてはまることだが、開放的で多様性を備えた環境において、アクティビティという可分的な要素に照準されて、その喚起・誘発がつねに図られているという近年の傾向は上記の指摘にかなり合致するのではないだろうか。また、特にクリエイティブ・オフィスに関しては、まさにドゥルーズも述べていた「リゾーム」という言葉が用いら

れて今日における組織の流動性が言及されたうえで、みてきたような誘発的仕掛けが推奨されることがあり（地主ほか 1998: 40; 紺野 2009: 9 など）、その意味でもドゥルーズの議論とのあてはまりはよいように思われる。

（2）学校建築とオフィスデザインの相同性

いまの議論とも関連するが、オフィスデザインにおいても学校建築と同様に、合理的計画を重視する時期を経て、空間で過ごす人々を解放しようとする志向が強まったのち、アクティビティに照準したよりサイズの小さな仕掛けが一九九〇年代半ばから二〇〇〇年代にかけて注目・実装されていく展開をみることができた[30]。学校建築とオフィスデザインをめぐるアクターはまったく重複していないのだが、それでもかなり相似した展開が確認できたことを考えると、自発的なアクティビティを喚起／誘発しようとする志向は特定のビルディングタイプに留まらないトレンドといえる可能性がある。特に学校とオフィスという、私たちの多くが長い時間を過ごす場において同様の志向がみられたということは、私たちの行為と建築空間の関係性において、そうした志向が要点を占めている可能性が高いといえるのではないだろうか。

喚起／誘発されるふるまいや主体性についても、かなり相似する部分があったといえる。つまり前章では、アクティビティを喚起する学校建築の特徴として「開放性」「回遊性」「多様性」を挙げたが、近年のオフィスデザインでもまったく同じかたちではないものの、開放的な設え、移動を発生させる仕掛け、多様なオフィスファニチャーや空間デザインはその基本的構成要素をなしているといえる。

また、一九九〇年代後半以降の学校建築のトレンドとして場所性の高い隠れ家・たまり場的なスペースを用意して子どもたちの充足感を高め、企図された（偶発的）出会いの空間を設けて協同学習やコミュニケーションを促進し、そうしたアクティビティの相互視認を活性化するような設えへの志向があることを述べたが、これらについても、二〇〇〇年代以降のオフィスデザインにおいて雑談やリラックス（オフィスデザインの場合、隠れ家的なスペースは集中の場にもなる）、協働作業やコミュニケーション、アクティビティの相互視認による文脈共有などを促そうとする仕掛けへの志向をみてとることができるように思われる。学校建築においては動きまわり、出会い、隠れ、楽しみ、発見し、読み替え、落ち着き、休むといったふるまいそれ自体の創出に小嶋一浩らは意義を見出していたのに対し、オフィスデザインの場合そうしたふるまいが知的創造に結びつくこと、何らかの生産性をもたらすことがより明確に期待されているという違いはあるもの の[31]、自発的なアクティビティの喚起／誘発を通して、自ら最適な場所を見つけ選び、活発にコミュニケーションを行い、ものごとに自ら意味を見出し組み替えていくような主体性――先の可分性についての言及を踏まえると、これらがすべて統合された個人が想定されているというよりは、喚起／誘発に応じて可分的に発揮されるものとしての――を構成しようとする志向はおおむね共通しているといってよいように思われる。今述べた共通点・相違点と、学校から職場へというライフコースにおける一般的順序を考えるならば、自発的なアクティビティを喚起する学校建築は、相似するアクティビティの誘発を通して知的創造性を実現しようとするオフィスデザインへの準備・適応を促すものといえるかもしれない。

4月の重版

教育思想双書Ⅱ-1
教育思想のポストモダン
戦後教育学を超えて
下司 晶

ポストモダン思想は現代教育学に何をもたらしたのか。教育哲学・教育思想史・教育実践の3点から、教育学の新たな展開を描き出す。

四六判上製 336 頁　定価 3080 円
ISBN978-4-326-29913-3　1 版 2 刷

公共知識人 ダニエル・ベル
新保守主義とアメリカ社会学
清水晋作

世紀の知の巨人、ダニエル・ベル。彼の思想的営為を追い、新たなベル像を描出しながら、改めて新保守主義とは何かを問う。

A5 判上製 336 頁　定価 4400 円
ISBN978-4-326-30197-3　1 版 2 刷

侵食される民主主義　上
内部からの崩壊と専制国家の攻撃
ラリー・ダイアモンド 著
市原麻衣子 監訳

民主主義国は中国とロシアの「見えない侵略」にさらされ、ポピュリズムで自壊している。デモクラシー研究の第一人者が警鐘を鳴らす！

四六判上製 256 頁　定価 3190 円
ISBN978-4-326-35183-1　1 版 2 刷

侵食される民主主義　下
内部からの崩壊と専制国家の攻撃
ラリー・ダイアモンド 著
市原麻衣子 監訳

専制政治の脅威に立ち向かい、民主主義を再生させるためには何が必要なのか？　デモクラシー研究の第一人者が処方箋を提示する！

四六判上製 256 頁　定価 3190 円
ISBN978-4-326-35184-8　1 版 2 刷

個人情報保護法コンメンタール
石井夏生利・曽我部真裕・森 亮二 編著

最新の理論水準と

服飾の表情
小池三枝

人はなぜ衣服を着

グリーンバーグ批評選集
C. グリーンバーグ 著
藤枝晃雄 編訳

20 世紀最高の美術

ISBN978-4-326-10304-1

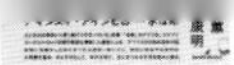

四六判上製 256 頁　定価 2640 円
ISBN978-4-326-24852-0

教育機会保障の国際比較
早期離学防止政策とセカンドチャンス教育

横井敏郎 編著

学校からドロップアウトする若者に対し、いかに教育を保障するのか。主要国での課題を整理し、教育機会保障の政策の実際を分析する。

A5 判上製 288 頁　定価 4400 円
ISBN978-4-326-25162-9

政治家のレトリック
言葉と表情が示す心理

木下 健・
オフェル・フェルドマン 著

政治家が有権者を惹きつけるために用いるテクニックとは。話術だけでなく笑顔やしかめっ面にどのような意図が隠されているかを探る。

四六判上製 292 頁　定価 3520 円
ISBN978-4-326-35185-5

4月の重版

心の哲学入門
金杉武司

心って、いったい何？　心の哲学の概念や考え方を解説し、哲学的に考えるとはどういうことかを道案内する初心者向け入門書！

四六判上製 240 頁　定価 2200 円
ISBN978-4-326-15392-3　1 版 12 刷

食農倫理学の長い旅
〈食べる〉のどこに倫理はあるのか
ポール・B・トンプソン 著
太田和彦 訳

皆が食べ続けることができる食べ方とはどのようなものか。生産の効率性に重きを置く市場原理主義的なフードシステムのあり方を問う。

四六判上製 416 頁　定価 3520 円
ISBN978-4-326-15468-5　1 版 2 刷

陶磁考古学入門
やきもののグローバル・ヒストリー
野上建紀

陶磁器のライフヒストリーは海を越える。生産・流通・消費の痕跡を考古学的に調査し、やきものが紡いだ東西文化交流を浮び上らせる。

A5 判並製 288 頁　定価 3520 円
ISBN978-4-326-20061-0　1 版 2 刷

伝えるための心理統計
効果量・信頼区間・検定力
大久保街亜・岡田謙介 著

論文やレポートに書くべき必須の情報とは何か。p 値だけでは見過ごされてしまう成果を、はっきりと読者に伝えるために必要なテクニック。

A5 判並製 228 頁　定価 3080 円
ISBN978-4-326-25072-1　1 版 9 刷

（3）場所を選択する主体性をめぐる棲み分け

前章では『近代建築』誌における公立校・私立校の登場率をもとに、各種アクティビティの喚起を要点とする工夫された学校空間の経験可能性に社会的な偏りがある可能性を述べた。では本章でみてきたオフィスデザインについてはどうだろうか。知的創造性が求められる職種について、「企画やデザインといった『創造的な仕事』の領域だけでのことではなくなっている。かつてはあらかじめ決められたことを決められた方法で効率よく処理することが重視された領域においても、今日では独創的な発想によってそうしたプロセス自体を覆すような変革が求められる」[32]というような言及はあるものの、少なくとも各種の空間的仕掛けを備えた開放的なオフィスに意義を見出し、またそれを実現できる企業は限られており、また職種における偏りはやはりあるように思われる。特に新型コロナウイルスの感染拡大以降では、上述した島津（2020: 89-92 など）が事務作業などの「オペレーションワーク」は在宅で、雑談・ブレインストーミング・企画会議などが有用である「クリエイティブワーク」はリアルなオフィスでという棲み分けを進める企業が現れていることを紹介しており、このことを考えても、やはり知的創造性を誘発されるターゲットの偏りを想定できる[33]。学校建築における経験可能性の違いについては「結果として」そうなっているという解釈を示したが、オフィスデザインの場合は、こうした特定の企業や職種との結びつきをより明確に解釈できるように思われる。

こうした偏りについて、ジョン・アーリとアンソニー・エリオット（Urry 2007＝2015: 291-294; Elliott and Urry 2010＝2016: 4-16, 26, 80）による「ネットワーク資本」の指摘を参照すると、社会学の立場からは次のように考えることもできる。アーリらはピエール・ブルデューの議論を応用して、移動の手段、移動に関する能力、移動を行うための資源などによって構成される「ネットワーク資本」、つまり「感情面や金銭面の利得や実益を生み出す、必ずしも近くには居ない人々との社会諸関係を生み出し維持する力」の今日における意義浮上を指摘していた。彼らの議論の主眼はグローバルな規模で広がる、またメディア・コミュニケーションの利用と不可分である絶え間ない移動が、人々の自己や生のあり方を大きく変容させているとするところにあるが、そうした議論のなかでアーリらは、移動をめぐる主体性（これはその手段や資源から構成されるハイブリッドなものである）の多寡による不平等ないしは差異化・卓越化が発生する可能性を指摘していたといえる。具体的には、各地を自由に移動しながら現代の生を謳歌し、さまざまな人々と出会ってさらなる資本を生み出せる「特権的な」人々、そうした人々の移動のためにある場所に留め置かれる「非モバイル化」状況に置かれる人々、あるいは政治・経済的な事情によって移動を強制される人々などが事例として挙げられつつ、そのなかでもフレキシブルに移動するライフスタイルが「善き生」として卓越性の源泉になっていると述べている。

こうした見解を本章（および前章）の知見に即して展開すれば、一定の社会的な偏りを伴って誘発的な仕掛けが広がることは、自ら場所を選択し、意味づけし、活用する主体性に対するリアリティもまた一定の社会的な偏りをもってこの社会に散らばることを意味するのではないだろうか[34]。松下慶太（2021: 222-230）は、コロナ後における「集まる／離れる」「移動する／留まる」という二軸で分類できる働き方のモードについて言及し、個々人が「働きたいように働ける」ワークスタイルの実現は、個々人と企業それぞれが自らデザインしていくものであるべきだという展望を示しているが、一方でコロナ禍におけるギグ・エコノミーの広がりは、移動・無移動を選択できる人々とできない人々の格差を助長するものとして機能しうるとも指摘している（2021: 77-78）。場所をめぐる主体性が単にスタイルの並列的な棲み分けになるのか、そこに何らかの差異化・卓越化が伴われるのか（二〇一〇年代における「ノマド」ワーカーがそうであったように）、また社会的な偏り・格差をどの程度伴うことになるのか。これらを精査することは本書の先にある課題ということになるが、各種の主体性をめぐる差異化がこれまで多く行われてきたことを踏まえ（牧野 2012, 2015）、今後探索されるべき論点として示しておきたい。

(4) オフィスと都市をめぐって

4で「都市のオフィス化」、5（1）で「オフィスアーバニズム」という表現を紹介したように、新しいオフィスデザインは「都市」と関連づけてしばしば語られ、また実現されている。例を追加すれば、ＡＳ／ＡＢＷの考え方は「都市化するオフィス」と表現されることもある。つまり、オフィスで求められる仕事の専門化が進むなかで、働く人々が必要とする環境も多様化するため、集中度・密度・作業スペースといった点を考慮して、人々が都市のなかで必要に応じて場所を選択するようにオフィス環境の多様性を整える必要が出てくるのだ、というように（仲 1996: 39-60 など）。空間設計でいえば、5（3）で紹介した知識創造空間マップ（これ自体が多様な空間からなる「都市化するオフィス」の象徴といえるが）における、一人で無心になれる「フラッシュポイント」はまさに「人がほとんどこない場所」で瞑想する、「都会の雑踏のような、あえて人通りが多い場所」で外の刺激を受けながら思考をめぐらす、自然に触れて非日常的な感覚を得る、一つの場所にとどまらず歩き回る、というように都市あるいはそこにある広場・公園におけるアクティビティを想定させる提案になっている（鯨井 2005: 58–59）。実際の例としても、三菱地所が二〇一八年に移転した新本社オフィスの名称は端的に「MEC PARK」であり、四フロア全体を大きな公園に見立て、5（4）でも紹介したような各種アクティビティに応じたスペースが設けられている。

ただ、こう語られ、実際にそのようなオフィスが手がけられている一方で、当の都市や公園、およびそこでのふるまいは一体どのように設計・デザインされているのだろうか。オフィスデザインにみられる志向は、都市においても同様にみることができるものなのだろうか。もしそうであれば、学校・オフィス・都市という、私たちが社会生活を営む主要な空間においておおむね同様の「ふるまいの導き」、主体性の構成への志向が見出せるということになるだろう。そこで、次章以降では都市開発の「要所」といえる公共空間に注目することとしたい。

注

（1）本章で以降に示していくような「能率」「快適性」「知識創造性」といった各時期のオフィス環境をめぐる具体的争点は、オフィスデザインに関するレビューや雑誌記事のなかに既にみられるものであり（たとえば阿部 2013, 2014; 大倉 2014; 仲 2020 など）、その整理枠自体は目新しいものではない。本章で示すことのできる認識利得は、述べてきたような異種混交的技術に注目するとき何がみえてくるのか、何が考察できるのかという点にあると思われる。また、「知的創造性」が何を意味するのかという点については、オフィスデザインの変遷のなかでそれぞれ別様に（そしてハイブリッドに）定められていると考えるため、その内実について本書の筆者の側からあらかじめ定義することは行わない。

（2）ほぼオンライン接続の方法が語られているのみであるため、オフィスのIT化マニュアルについては除外している。

（3）ただしその際、言葉による解説がまったくない設計図面集も除外している。このような除外は、物理的環境、モノそれ自体の検討という側面を弱めてしまい、結局のところ本章の分析を言説の分析に近づけてしまっているかもしれない。設計図面から異種混交的な布置連関を読み解いていくという分析の視点はありえるもので、今後の課題としたいものの、本章では上述したような問題意識にしたがって、より端的にオフィスデザインの効果について言及している資料群を選定したことが除外の最たる理由である。

（4）これらの書籍のうち、タイトルに「オフィス」を含むものが九五件であったのに対して「ワークプレイス」は九件、「職場」は六件、「仕事場」は五件であった。後述するように一九九〇年代以降「ワークプレイス」という言葉が注目を集めているものの、一般的には「オフィス」という言葉がより多く用いられていると考えるため、本章では「オフィス」の語を主に用いて記述を行っている。

（5）本章で扱う資料がオフィスデザインに関するすべての資料というわけではもちろんない。データベース検索には引っかからないがオフィスデザインを扱うもの、章や節にオフィス等の言葉を用いていないが内容としては扱っているものももちろんある。だが今日における出版情報データベースの整備状況を考えると、また以降で述べていくようにオフィスデザインの主導者はある程度絞り込むことができるのだが、さまざまな書籍・雑誌記事においてそうした顔触れが重複して登場し、ある程度似通った言及を繰り返していることを考えると、すべてを網羅することはできていないかもしれないが、意識的にオフィスに関する言及を行っているもの、および主要な登場人物と言及内容はあらかた押さえることができている、いわば「主なものをほとんど全部読んだことになる」（牧野 2016: 181）ように資料を準備することができたと筆者は考えている。これはふりかえっていえば第二章についても、またこの後の第四・五章についてもそのようになるべく、資料の選定を行っている。

（6）このため、本章ではオフィスビルの構造や素材といったまさに物理的な根本条件をあまり扱いきれていない。だがこれは、本章の問題意識にしたがって異種混交的な関係性を再構成しようとする場合、各資料におけるヒト・モノ・コトの配置に関する言及とそうした構造的側面が切り離されている、つまり構造とレイアウトが異なるセクションで扱われているか、構造は与件とされて専らレイアウトとその意義について論じるものがほとんどであることによる。これは自社ビルを建てるような企業もある一方で、賃貸で入居している企業がかなり多い実情によるものと考えられるが（そうした場合でもフロアレイアウトならば変更できる）、いずれにせよ、本章の問題意識にしたがって資料を整理していくにあたって、関連性の低いものまでを記述しきれないと判断されたために構造的な側面の記述が少なくなっている。

（7）このような「旧来的なオフィス」に対して「新しいオフィス」の設計が提案されるという構図は、どの時代においても「旧来的なオフィス」が圧倒的な多数を占め続ける（という想定のもとに議論がなされる）ため、今日に至るまで繰り返されている。こうした新規性・希少性を賭金とする構図は第二章でみた学校建築においても、また第四・五章でみる公共空間においてもほぼ同様といえる。

（8）以降に示す展開は、「近年では過去の要求性能のすべてが加算」（大倉 2014: 4）されているという言及にもあるように、各時期において新たに積み重なった要求といえるもので、前節でみたような能率・効率への志向は必ずしも放棄されているわけではない。

（9）林は、軸となる「生活の場」としてのオフィスという見解は同様であるものの、それをより精緻化したかたちで一九八六年に『オフィスルネサンス――インテリジェントビルを超えて』という編著を刊行している。

（10）「新世代オフィスへの挑戦」『GA JAPAN』2（1993）。

（11）「特集　オフィス・プレジャー――感性に訴えるオフィス・インテリア」『建築と社会』72(2)（1991）。

（12）とはいえ、林（1995: 94）がニューオフィス賞の創設などを「景気過熱の追い風を受けた八〇年代末ならではの出来事ではありました」と述べているように、このような配置は莫大な費用をかけて多様な空間を備えたオフィスビルを建築できる、この時期の好況という条件に支えられた側面もある。

（13）サテライトオフィス、リゾートオフィスの今日的展開としてワーケーションを位置づけることもできるだろう。本章の趣旨とややずれるのでこれらについてはとりあげないが、その詳細については松下慶太（2019, 2021）を参照。

(14) 『フレキシブル・ワークプレイス』1 (1993)。

(15) 同上。

(16) 「都市のオフィス化」もまた、翻って「現実の執務空間(リアル・ワークプレイス)」上で支援できること(『コーポレートデザイン』30 (1996))、「人びとがリアルにオフィス空間に集まる意味」(森島 1999: 216)の再検討をもたらし、これが次節でのインフォーマル・コミュニケーションを重視するクリエイティブ・オフィス論につながっていくことになる。

(17) 安田洋平「『ECIFFO』と、新しい時代の働き方をデザインしてくれる本」(二〇一一年五月九日更新、http://office.tatemono.com/parkoffice/plus/design/index02.html)。

(18) 「特集 オフィス・プレジャー――感性に訴えるオフィス・インテリア」『建築と社会』72(2) (1991)。

(19) こうしたアイデアのなかには今日まで継続的に発展しているものも少なくない。たとえば「あしあとフロア」のアイデアは、今日ではカード型/ウェアラブル型端末から吸い上げたビッグデータの解析(ピープルアナリティクス)などへと進んでいる。ただ本章ではそうしたアイデアを逐一追い、その最新型までを紹介するというよりは、その原型がいつ頃登場してきたか、またその着想の根底にあるヒト・モノ・コトをめぐる関係性が一体どのようなものであるのかを考察しようとしている。

(20) このような前のめりともいえるスタンスはつまり、アクティビティを誘発する小さな仕掛けに対する認識が過渡期にあるなかで、そのアイデア自体の意義を押し出そうとしているためだと看取できるが、こうした仕掛けがある程度定着して以降もこのようなスタンスはある部分変わらないところがある。これは個々のオフィスが「個別解」(徳本 2012: 17)にならざるをえず、工夫を凝らした空間と仕掛けが「全くなくなれば、人々の行動範囲は自ずと限られる」ことはいえるとしても(岸本 2011: 8)、オフィスデザインを刷新した後で計測されるコミュニケーション頻度や社員満足度は知的創造性そのものとはいえず、それが向上したのかどうかは実際のところ「なかなか解けない」(仲 2012: 5)性質をもつことによると思われる。

(21) これらはすべて上述したSECIモデルと連動したものであるが、これを置かねばならない、これを置けば間違いないという絶対的な正解があるわけではないとされている。また、こうした場を設けるだけで単純に知識創造が実現できるわけでもない。鯨井は、環境を変えることによって、そこで働く人々に対して『自分たち自身が変わらなければならない』ということをメッセージとして伝え」、人々にその場で行うべき業務を意識化させていくことが重要なのだと指摘し、そのようなヒト・モノ・コトの連動が知識創造の実現にとっては重要だと述べている（鯨井 2005: 65）。

(22) 三菱ＵＦＪ信託銀行不動産コンサルティング部による『ワークプレイスが創る会社の未来』は二〇二〇年六月、つまり感染拡大の第一波と第二波の間でオフィスをめぐる見通しがまだあまりつかないなかで刊行されたものだが、同書でもその時点において、「新しいアイデアのためには、人と人との偶発的な出会い、何気ない会話が行われる直接対面の場が必要」であり、オフィスの本質的な意義はコロナ禍以前と変わることがない、むしろＡＢＷを促進することになるのではないかという企業の意見を紹介している（2020: 8）。

(23) 「大特集　オフィス&働き方」『商店建築』64（10）（2019）。この一〇種の活動は、オランダのコンサルティング企業ヴェルデホーエンの研究にもとづくものだとされている。

(24) 『新建築　２０１２年9月臨時増刊　TAKENAKA WORKPLACE PRODUCE』（p. 95）をもとに作成。

(25) 設計は藤本壮介建築設計事務所である。

(26) 「『緊張』と『リラックス』の共存が集中状態を生み出すコワーキング空間　Think Lab」『商店建築12月号増刊　Creative Office Design』（2019）。

(27) 上述したニューオフィス推進協議会は二〇一二年に一般社団法人ニューオフィス推進協会へと移行しているが、同協会が開催している「日経ニューオフィス賞」受賞企業への公開見学会にいくつか応募・参加した。また、オフィスの施工上のディテールについては、『商店建築』が一八年以降に年二回ほど組んでいるオフィス特集も参照している。

(28) コワーキングスペースやシェアオフィスも空間デザインの方向性はほぼ同様だが、面積の関係からコミュニケーションスペースや集中スペースなど、一部に特化した構成をとることが多い。

(29) 本章で扱いきれなかった動向として、支配的といえる潮流ではないが、クリエイターによるオフィス、フォトジェニックであることが前面に打ち出されたオフィスへの注目がある。こうしたオフィスは本章で示した論者からはしばしば「デザインをカッコよくすればよしといった単純な話ではない」（紺野 2008: 9）などと批判的に捉えられることがある。実際こうしたオフィスの紹介は、有名な人物の「人称性」（加島 2010）、クリエイターという職業のイメージ、あるいは写真写りのよさから逆算したオフィス賛美になることが多く、「クリエイティブ」であることの捉え方についても、本章で主に見てきた「このようなオフィス環境を整えていくことで知的創造性が高まる可能性がある」といういわば「因果」ベースの考え方ではなく、「知的創造性の高い人々はこのようなオフィスで仕事をしている」といういわば「コンピテンシー」（高業績者の行動特性）ベースをとっており、相反するものだといえる。だがこのような方向性の違いが燃料にされることで、理論武装はより進展しているともいえる。

(30) この章についても、一九九〇年代後半以降を一まとまりのものとして記述しており、今日的な状況を描くには区分として粗すぎると思う方がやはりいるかもしれない。だが第二章と同様に、資料をみるかぎりではこれ以上の区分は難しいように思われる。おそらくはもう少し時間が経ち、コロナ禍を経たテレワークの動向を評価できるようになったとき、異なった区切り方が可能になるだろう。

(31) また、小嶋らは子どもたちの「パーソナルなアクティビティの集合」を増幅させるようなスタンスをとり、そうして用意された開放的・回遊的な空間や多様な仕掛けが特定の用途と明確な対応関係をとることはできる限り避けようとしていたが、オフィスデザインはこの点がかなり明確、あからさまだともいえる。

(32) 「組織の創造性とオフィス空間」『ECIFFO』43(2)（2003）。

(33) そもそも、アクティビティの誘発によって知的創造が促進されるという見立て自体、そこで働く人々に一定以上の能力を想定しているように思われる。

(34) アーリとエリオットがモビリティの加速状況のもとで再形成されると考える自己のあり方も、移動に適応し、短期間に自分自身や他者との関係性を柔軟に、ＤＩＹ（Do It Yourself）的につくり直していく方向へと向かっているとしており、本章の知見と重なるものがあるように思われる（Elliott and Urry 2010 = 2016: 4–10 など）。

第四章　公共性の触媒を創り出す——公共空間のハイブリッドデザイン（一）

1　都市開発の要所としての公共空間

コンパクトシティ、サスティナブルシティ、スマートシティ、ウォーカブルシティ、スローシティ、リバブルシティ、クリエイティブシティ等々、今日の都市はこうしたさまざまな標語のもと、さらなる開発ないしは再生が目論まれている（服部 2007; 松永・漆原 2015: 214-215 など）。かつてロバート・E・パークは「社会的実験室としての都市」という論文のなかで「人間は、都市をつくる作業を通じて自らを改造してきた」（Park 1929＝1986: 12）と述べ、デヴィッド・ハーヴェイもそれを受けて「われわれがどんな都市を望むのかという問いは、われわれがどんな人間になりたいのか」を表していると述べていた（Harvey 2012＝2013: 26）。これらの言及を踏まえるならば、都市をめぐる諸標語は、私たちが今日どのような人間になろうとしているのか、その希望のありかを大まかに示しているといえるだろう。(1)

こうした「○○シティ」のほぼいずれにおいても共通する、都市（再）開発における要所がある。広場・街路・公園等を主とする公共空間である。こうした公共空間の質を改善することは都市イメージの改善、人々の精神的健康の上昇、犯罪や反社会的行動の発生の抑止、都市の持続可能性の向上、周辺エリアの不動産価値の上昇といったさまざまな可能性をもつとされ、世界的に注目が高まっている（Farrell and Haas 2018＝2019: 178–179; Carmona et al. 2008＝2020: 19–20 など）。世界的な注目の背景には、観光客や投資を呼び込み、「クリエイティブ・クラス」（Florida 2002＝2008）をひきつけるための都市間競争という側面があるといわれるが、日本国内においては地方都市を主とする中心市街地活性化の一つの要所として公共空間が注目されている側面もある（Gehl and Svarre 2013＝2016: 13; 平賀 2020: 3 など）。また、これまでの整備によって一定の公共空間ストックがある現状や人口減少に伴う自治体財源難を受けたストック利活用への注目、トップダウン型の「ハコモノ行政」批判を受けた資源有効活用への意識の高まりなども、公共空間への注目を支える文脈となっている（柴田 2017: 10–12 など）。

これらを踏まえて、また本書のここまでの内容を踏まえて本章と次章では、都市開発の要所たる公共空間がどのような「人間」のあり方を実現しようとしているのかということについて考えていきたい。もう少し具体的にいえば、人々がそこでどのようにふるまうことを企図して設計されているのか、そのことを通して人々へのどのような効果が想定されているのか、またそれらはどのような法制・社会的背景などの諸条件によって下支えないしは促進されているのかをそれぞれ考えたい。ただ、公共空間をめぐっては上述したような利活用への注目が近年強まっており、その利活用にかかわる人々に特定の性質の体得や能力の発揮を期待する傾向がかなり明確にみられるため、公共空間における「人間」のあり方を考察するにあたっては、建築空間に加え利活用の動向もみていくべきであるように思われた。一つの章で一挙に分析することもできないわけではないのだが、議論が冗長・複雑になってしまうことを避け、本章では建築空間のあり方について、次章では利活用のあり方についてそれぞれ考えていくことにしたい。(2) まず本章では以下、2において本章・次章における公共空間の定義、筆者のとるアプローチの意義、分析対象資料について説明する。3では今日の公共空間が実現しようとする「人間」のあり方に関して明確なルーツになっている二人、ジェーン・ジェイコブズとヤン・ゲールの議論を整理する。4ではそれらを踏まえ、今日の日本における公共空間の事例について紹介する。5では3と4を踏まえて考察を行う。

2 公共空間デザインの分析に向けて――本書における研究のスタンス

(1) 「公共的空間」にも注目する――本書における考察対象

本節では、本章と次章双方にまたがる公共空間の分析に向けて、その考察対象となる公共空間の定義、筆者のスタンスの意義、分析対象資料についてそれぞれ示していくこととしたい。

公共空間を考察の対象にするとして、どのような空間が該当するといえるだろうか。前節では広場・街路・公園等を主とするとのみ述べたが、公共空間の定義はそう容易ではない。本書で考察したい対象は都市のなかに実在する公共空間であるため、仮想空間などは除外するとしても、実際の物理的空間のなかでも広く定義しすぎると公有地・私有地の別なく、ショッピングセンターから緑地までありとあらゆる空間が含まれてしまい収拾がつかなくなってしまう（Carmona et al. 2008 = 2020: 13–15など参照）。だが、広場・街路・公園等といった特定の空間タイプのみに限定してしまうと、以下で述べるような近年の「新しい公共空間」を創出しようとする試みをつかみ損ねてしまう。

二〇一〇年代の日本における公共空間をめぐる議論では、かなり多くの論者が揃って政治学者・齋藤純一の議論を参照して公共空間の定義を行っている。齋藤（2000: xii–xi）は公共性という言葉が一般に用いられる際の主要な意味合いを、国家に関係する公的なもの（オフィシャル）、特定の誰かにではなくすべての人々に関係する共通のもの（コモン）、誰に対しても開かれているもの（オープン）という三つの観点に大別できるとしたが、近年の公共空間の創出にかかわる人々は、「オフィシャル」については場合によるとしながら、特に「コモン」「オープン」であることの意義を重視しているといえる（馬場・Open A 2013: 14–15; 今村ほか 2013: 8–9; リパブリック・イニシアティブ 2017: 178; 小篠・小松 2018: 9 など）。つまり、日本において公共空間は広場・街路・公園などがまずイメージされてそれらは「オフィシャル」に管理されるものという意識が根強く、実際に制度上そうなっていることが大多数なのだが、近年の実践では「コモン」「オープン」の視点をより重視してそのような特性をもつ空間を自分たちで新たに創出し、公共空間の可能性を拡張しようとするものが多くみられる。建築家（オンデザイン）の西田司（2018: 5）は、その管理が民間によるものであっても「建築物を社会的な存在へと開き」、「新しい人々の集まる環境をつくっている」ことを「公共的な振る舞いを起こしている場」とし、そのような空間を公的に管理されている空間と合わせて「公共的空間」と表現している。

本章と次章で検討される対象のうち少なくないものが広場・街路・公園といった特定の空間タイプに収まり、さらに公的な管理に属するものであるのだが（特に本章の場合はそう）、近年のこうした議論を考慮し、「コモン」「オープン」になることを企図して新たにつくり出された空間を含め、それらを公共空間と定位して以下の検討対象としていきたい。(3) 本章ではこれまでの章と同様に、その物理的空間のあり方に注目していくが、今述べた拡張的定位に応じて次章では新しい公共空間を創出しようとする手法を検討の対象にしたい。詳しくは次章で述べることになるが、そうした手法自体が新しい公共空間の利活用の要点になっていることが多く、またそこにおいて筆者が注目したい、公共空間をめぐる人々の「ふるまいの導き」を明確に観察できるためである。

(2) 一般的な公共空間に注目する――社会学における先行研究との対比

筆者のアプローチは、先行する公共空間研究に対してどのような点で意義をもつものといえるだろうか。まず社会学領域についてみていくと、物理的空間としての公共空間に注目した研究としては日本的広場の考察を行った南後由和（2016）の研究がある。ここでいう日本的広場とは、日本には伝統的に「都市のコア（核）に位置し、建物に囲まれた独立したオープン・スペースとしての広場」（2016: 71）は創出されてこなかったものの、寺院・神社境内や参道・路地、橋のたもとや河原、四つ角の辻といった空間が、「集まる人間の主体的な欲求や行動によって『広場化する』ことを通じて」日本における広場は存在してきたとする、伊藤ていじら（都市デザイン研究体［1971］2009）に端を発して指摘されてきた広場のあり方を指している（南後 2016: 71-73）。このような「広場化」の象徴的事例として南後は、一九六九年の新宿西口地下広場、七〇年大阪万博のお祭り広場、七〇年代から八〇年代にかけての渋谷パルコ、二〇〇〇年代以降の渋谷スクランブル交差点などを事例にして、その展開と現在形について考察している。

南後は考察にあたって、社会学の立場から広場が論じられるとき、それは町内会・自治会、住民参加やコミュニティ研究のなかに「透明な器」として登場するに過ぎず、広場自体は考察されない傾向にあったこと、また物理的な空間の有無やあり方とは関係なく、多くの人々によってコミュニケーションが行われる場を比喩的に広場として表現する傾向があったことなどを論じている(4)。またその一方で、建築・都市計画学の分野では空間形態に偏って議論がなされる傾向があるとも指摘し、空間形態だけでもなく、それを利用する人々に注目するだけでもない、双方を考慮した議論が必要であるとして議論を展開している（2016: 74–76）。

公共空間をめぐる空間設計と利活用の双方に注目したい筆者のスタンスからしても、「広場化」に注目することによって前項で述べたような公共空間の拡張実践を射程に入れられるという意味でも、本書の筆者は南後のスタンスに賛同するものである。だが、各時代を象徴する日本的広場の考察を行った南後の研究に意義をもちろん認める一方で、私たちが日々暮らす街のなかにある、より日常的に利用するものとしての広場の設計、「広場化」の実践もまた考察される必要があるように思われる。本書は南後とスタンスをある程度共有しながらもより日常的な公共空間に着目し、そのことによって私たちの日々の暮らしにも通じるかたちで「われわれがどんな人間になりたいのか」を考えようとするものだといえる。

（3）「人間」をめぐる技術としてみる――建築学における先行研究との対比

建築学や都市計画の領域では、広場をはじめとして公共空間に関するレビューが相当数存在する（Sitte［1889］1901＝1983; Zucker 1959＝1975; 陣内ほか 1994; 登坂 2000; Carmona et al. 2008＝2020; 今村ほか 2013; Gehl and Svarre 2013＝2016; 園田 2019; 小野 2020 など多数）。その内容も広場論の端緒となったカミロ・ジッテ『広場の造形』（Sitte［1889］1901＝1983）のような造形の歴史的変遷を扱うものから、上述した日本における「広場化」のバリエーションを考察するもの（都市デザイン研究体［1971］2009; 鳴海 1982）、公共的空間のグローバルな展開を概括するもの（Gehl and Svarre 2013＝2016）、ごく近年の実験的な取り組みまでをフォローするものなどさまざまである。

既に厚く積み重ねられてきた公共空間をめぐる建築学的研究および実践に対して、本書が新たに提出できる点は何だろうか。それはこれまで述べてきた「われわれがどんな人間になりたいのか」という問い、つまり公共空間をめぐってその利用者（ときにはその担い手）である人々がどのように位置づけられてきたのかという観点から筋道を新たに通そうとする点にあると考える。公共空間をめぐる議論のなかではしばしば、広場は「人間を相互に関係づける装置」である（三浦 1993: 23）、「集団への帰属感を得る」機能をもつものである（都市デザイン研究体［1971］2009: 22）、公園などをつくるプロセスにおける「場所への働きかけを通して、場所との個人的な関わりが形成される」（小野 1997: 14）、そのプロセスに参加するなかで「参加者の生きることの自覚」が促され「新しい公共の担い手」が育っていく（延藤 2003: 26–27）、公共空間を新たに創出しようとするならばまちの問題を「自分ごと」にすることが必要だ（園田 2019: 48 など）、といったようにさまざまなかたちで公共空間をめぐって実現されるべき、望ましい人々のあり方が言及されている。ただ言及されるというだけではなく、それらは望ましいあり方が可能になるような空間設計の手法として、またそのような空間の創出・利活用にかかわるプロセス（およびかかわりを促進していく手法）として、技術的に実装されている[(5)]。このように、ときに意図的に言及されるかたちで、ときに直接的には言及されなくとも空間設計やそのプロセスに示されるかたちで、公共空間をつくり出そうとする営みはその利用者や担い手についていて何らかのあるべき姿を描き、またそれらを実現しようとするところがあるが、そのこと自体がこれまで自覚的にふりかえられることは（以下で述べる資料を通覧する限りでは）なかったように思われる。

このような、公共空間をつくり出そうとする営み——それはハード面に留まらず、利活用というソフト面をも含むものなので「デザイン」という言葉でしばしば表現されることがある——を通してどのような利用者や担い手が創出されようとしているのかを描き出すべく、異種混交的な技術としての公共空間とそれを可能にする諸条件について分析しようとする点において、本書は建築学や都市計画の分野における研究蓄積に新たな知見を書き加えることができると考える。

（4） 本書における分析の素材

ここまで述べてきたような研究を遂行するために本章と次章では、これまでの章と同じように、公共空間に関する資料の分析を中心として記述を進めていく。検討の素材とする資料は、まず主要なものとして公共空間に関連する書籍三〇〇冊を用いる（偶然、ちょうど三〇〇冊になった）。資料選定の手続きは以下のようである。まず、オンライン書店「Honya Club」を用いて「公共空間」「公共施設」「公共建築」「パブリックスペース」「広場」についてのキーワード検索を行った(6)。本書は物理的空間としての公共空間に結びつく諸要素を扱おうとしているため、検索にかかった書籍のなかから、公共施設・公共建築そのものについて扱っている、もしくは公共空間の物理的なデザインあるいはそのモノとしての活用を扱っていると書誌情報から判断された書籍（書誌情報から判断できない書籍は、公共図書館等で直接内容を確認した）をピックアップした。そのため、公共施設の財源や更新試算、地方自治政策、公共部門の管理評価など、建築物そのものの設計や利活用についてまったく言及されない書籍や、ある地域の公共施設一覧、公共施設利用ガイド、オンライン空間を対象とした書籍は除外している。こうして絞り込まれた書籍をリスト化し、書籍を読むなかで紹介されている関連書籍を適宜リストに加えていったものが本書で主要な検討素材とする三〇〇冊の公共空間論である。ピックアップされた資料数は一九七〇年代以前が一三冊、八〇年代が二一冊、九〇年代が四八冊、二〇〇〇年代が七一冊、一〇年代以降が一四七冊（うち二〇年代が二三冊）である。解釈を伴う選定基準ではあるが、近年になるほど、物理的空間としての公共空間に対する関心が高まっているということはいってよいように思われる。また、資料の著者は述べ四四〇名になるが、その著者属性を集計したものが**表4-1**である。

第二章で扱った学校建築と同様に、建築関係者（組織・団体含む。都市計画・まちづくりを主な専門とする者が多い）が総計六四・三％と過半数を占めている。ここから、物理的空間としての公共空間の設計・利活用に関しては、学校建築と同様に建築関係者がその言論の基調を形成していると包括的に

表 4-1　公共空間に関する資料の著者属性(7)

属　性	著者数	割　合
建築学者（建築関連学会によるもの含む）	156	35.5%
建築家（ランドスケープアーキテクト７名を含む）	58	13.2%
建築・まちづくり関連の組織・団体	53	12.0%
その他建築関係者	16	3.6%
政治学者	20	4.5%
経済学・経営学・商学者	12	2.7%
社会学者	11	2.5%
法学者	8	1.8%
その他学術研究者（教育、芸術、福祉など）	20	4.5%
出版社	13	3.0%
官公庁・自治体およびその関連機関・職員	11	2.5%
その他	62	14.1%

はいえるだろう。ただその内容は、学校建築に関する技術的あるいは教育的見立てとそれに対する提案が主なものだった第二章に対して、今回の資料における建築関係者の著述内容にはより大きな幅がある。つまり、（3）の冒頭で述べたような公共空間の歴史研究のほか、公共空間の事例紹介（単に事例を紹介するものから、自らがかかわった事例の紹介、自らの「建築作品」の一例として解説されるものまで）、公共空間デザインの手法や近年の展開を整理したもの、より実験的なアイデアを提案するもの、都市政策や都市計画を論じるなかで公共空間の位置づけについて書くもの、ランドスケープデザインや風景論の観点から公共空間について論じるもの、公共空間や公共施設をめぐる社会・経済・法的な動向を踏まえてその再編と利活用のあり方を検討するもの、公共空間のあり方から建築一般や日本社会のあり方を考えようとするもの、というように。これは「建築学者」や「建築家」という包括的なカテゴリーのみしか設けなかったことに大きくは起因しているのだが、それぞれの専門分野によって著

述内容が明確に棲み分けられているわけではない（同じ著者でも著作ごとに違った専門分野が示されていることもある）。そのため本書ではより細かい専門分野による棲み分けに注目するよりも、建築関係者が主に牽引する公共空間デザインが向かう総体的な方向性に注目し、新しく提案されようとしている公共空間デザインが従来的なそれと比べてどのような特徴をもつものなのか、人々に対しどのような影響を与えようとするものなのか、またそれはどのような状況のなかで台頭してきたものなのかといったことについて、資料の性質は一様ではないものの、それぞれにおける関連部分および繰り返しみることのできる言及に注目しながら考えていきたい。

また、「政治学者」「経済学・経営学・商学者」「社会学者」「法学者」といった社会科学の専門家は、一九九〇年代以前には合わせて六名（この時期の著者全体の六・〇％）みられるのみだが、二〇〇〇年代以後は合わせて四五名（この時期の著者全体の一三・二％）と大きく増加している。こうした社会科学の専門家の割合上昇は、本章冒頭から述べている公共空間の再編や利活用への関心が高まり、再編・利活用推進の根拠となる統計データの紹介、政策や法制の変化、変化のポイントであるＰＦＩ（Private Finance Initiative）やＰＰＰ（Public Private Partnership）などの用語解説や国内外の事例紹介、公共施設マネジメントの手法などが公共空間論の一角を占めるようになったことによる（これらについては次章でもう少し詳しく紹介する）。

以下、本章と次章での分析は基本的にはこの公共空間に関する資料を主資料とするが、その展開に応じて適宜、まちづくりの手法に関する書籍（ワークショップ、コミュニティデザイン、リノベーションなども含む）も参照しながら記述を行っていく。また、本章の４における事例の紹介部分については、筆者が現地を訪れた際のフィールドノートの抜粋も補足資料として追記していきたい。

3　現代的公共空間デザインの源流――ジェイコブズとゲールに注目して

（1）都市の多様性に向けて――ジェーン・ジェイコブズの告発

上述したジッテやポール・ズッカー『都市と広場』（Zucker 1959＝1975）などの広場史が示すように、「都市のコア（核）に位置し、建物に囲まれた独立したオープン・スペースとしての広場」としての西洋的広場は非常に長い歴史をもっている。しかしこうした伝統が連綿と引き継がれて今日の公共空間への注目に至っているわけではない。この伝統は一旦ほぼ断絶しかけたという認識を経て、伝統的な広場のもつ性質や、街路・公園のデザインのあり方に関心が払われるようになったのは比較的最近、具体的には一九六〇年代以降とみるのが公共空間論においてはほぼ定説になっている（三谷 1994: 32; 今村ほか 2013: 30–32; Gehl and Svarre 2013＝2016: 55–73 など）[8]。

そのような「潮流の起点」（Gehl and Svarre 2013＝2016: 191）の一つとして、やはり定説的に位置づけられているのが、都市についての作家・評論家ジェーン・ジェイコブズによる一九六一年の著作『アメリカ大都市の死と生』である[9]。ジェイコブズは同書の第一章で二つの地区を対比させて議論を始めている（Jacobs 1961＝2010: 21–28）。一つはニューヨークのモーニングサイド・ハイツで、豊富な公園をもち、住宅地と街路は明確にゾーニングされ、眺めもよく立派な教育機関などを備えた、「計画理論によれば、この場所は一切問題がない」ような場所である。もう一つはボストンのノースエンドで、重工業地帯に隣接し、職場と商業と住宅が複雑に混じり合い、公園はなく子どもたちは道で遊び、建物も古く、「考えられるすべてのものがまちがって」いるような場所である。しかし前者は「すさまじい勢いでスラム化」し、都市計画理論にもとづいた介入はその凋落を止めるどころかさらに加速させてしまったという。それに対してノースエンドを歩いたジェイコブズは、都市計画の担当者が「町で最悪のスラムだよ！」と言いつつも「すばらしい活気ある街路生活」が味わえるとも述べたこの場所に、生き生きとした魅力を感じていた。こうしたエピソードを皮切りに、「いまの都市計画と再建に対する攻撃」とその「新しい原理」の導入を行おうとしたのが同書であった（1961＝2010: 19）。

モーニングサイド・ハイツは「正統な都市計画理論」（1961＝2010: 33）に忠実であったはずなのに、なぜスラム化してしまったのか。逆に、計画理論からすればどこにも良い点のないノースエンドはなぜ生き生きとしてみえるのか。ジェイコブズはその違いを、彼女が新しい原理として掲げる「多様性」という観点に収斂していくように記述を積み重ねていく。エベネザー・ハワードの田園都市構想を経てル・コルビュジエの「輝く都市」に結晶化されるような近代的都市計画の原理は、多様性を排除していく志向をもっているとジェイコブズは述べる。つまり、居住や商業といった都市機能の純化と分離（ゾーニング）を基本原理とし、歩行者道路と自動車道路は後者を重視してこれらも分離され、その結果ヒューマンスケールの街路は削減されて自動車の交通を念頭に置いたスーパーブロックが目指されるべき単位になり、計画はプロジェクトとして一斉に実行される（1961＝2010: 35-40）(10)。こうした街区は、理論的にも見た目にも美しいものとなるが、実際に暮らす場所としては大きな問題を抱えることになる(11)。

たとえば、商業地と分離された閑静な住宅地の街路は、一日のうちかなりの時間、そこを誰も歩かないところになる。このような場所で暴力事件が発生しても、誰も見ていないし誰も助けに来ない。このような事件の噂が広まれば皆が怖がって近づかないようになり、その街路の安全性がもっと下がるというスパイラルに入り込んでしまう。しかしノースエンドのような街区であれば、商店主やその客、通行人がつねにそのあたりにおり、彼らはもちろんそれぞれの仕事や用事のためにそこにいるのだが、何かがあれば気づき、トラブルに対処し、何も起きていなくても彼らがそこに存在することによってトラブルを抑止する目として機能することができる（1961＝2010: 44–57）[12]。子どもたちにとっても、遊びという機能を分離することによって大人の目が届かなくなった公園は危険な場所になりかねないが、逆に街路の歩道で遊び続けている場合、周辺の大人たちの目にさらされながら遊ぶことで安全が保たれ、また自分とは何の関係もない人が「自分に対して多少なりとも公共的な責任を果たしてくれたという体験から学ぶ」ところがあるのだという（1961＝2010: 94–102）。

このようなことを可能にするのが、ジェイコブズが述べるところの多様性である。ある場所に複数の機能が混在し、ヒューマンスケールの街区があり、さまざまな経済活動が行える程度に建物の新旧のバリエーションがあり、人々相互のネットワークが形成可能になるような一定の密度があることによってそれは保たれるという（1961＝2010: 174–175）。正統的な都市計画は広場や街路が伝統的にもっていた、そして今ももちうるはずのこうした可能性を潰してしまう[13]。都市計画からすれば逸脱的なこうした諸条件をむしろ残すことで、「公共的な監視の網の目をおりなして、それ自身だけでなく見知らぬ人々をも守る機能、小規模で日常的な公共生活のネットワークを育てて、結果として信頼と社会的コントロールのネットワークをつくるという機能、そして子供たちをそれなりに責任ある寛容な都市生活へと順応させるのを支援する機能」（1961＝2010: 141–142）が都市に備わり、活気のある街並みもまた生まれてくるというわけである。

ジェイコブズは都市計画を実際に手がける専門家ではないため、たとえば公園についてはモノの配置や高低差レベルで場所に起伏をもたせること、その要点としての中心づくり、太陽光の確保、ここは余りものの土地ではなく公園だと分かるように囲い込むことといったポイントを示しているものの（1961＝2010: 124–133）、これは確たる観察や検証にもとづく設えのディテールというよりは、活気があると判断された事例の直観的な称賛におおむね留まるものだともいわれ、「観察を体系化する方法」や、「実践のための手法の開発」は、後続する他の人々に委ねられることになる（Gehl and Svarre 2013＝2016: 60–61）。しかし同書はその生き生きとした筆致によって「すさまじい反響」（山形 2010: 484–485）を呼び、以後の公共空間をめぐる議論の基礎的なアイデアを提供し続けることになる（Gehl 2010＝2014: 11; Gehl and Svarre 2013＝2016: 191 など）(14)。

（2）公共空間におけるアクティビティの誘発――ヤン・ゲールとパブリックライフ研究

ヤン・ゲールについて

ジェイコブズの主張を引き継いで、あるいは直接的な影響はなくとも近代的な都市計画に対する批判的意識を共有して、一九六〇年代以降に公共空間の調査研究およびオルタナティブな実践が活発化していくようになる。公共空間における相互作用を調査し、ジャーナリズムに乗せて広く公表したウィリアム・ホリングスワース・ホワイト（Whyte 1980）[15]、歩車を分離した公共空間（ニコレットモール）を六〇年代に実現させ実作面で大きな影響を与えたローレンス・ハルプリンをはじめ多くの人物がそこには連なっているが（鳴海 1982: 31–32; Gehl and Svarre 2013＝2016: 61–73 など参照）、最も継続的・体系的に公共空間の調査研究および実践にかかわってきたのはヤン・ゲールといってよいだろう[16]。

ゲールはデンマークを中心に一九六〇年代から公共空間の調査研究にかかわり続けてきた。彼もまた近代的な都市計画によって、歴史的に蓄積されてきた公共空間の「伝統に代わって、理論と観念的思想が開発の基礎」となり、空間は機能別に分離され、自動車交通が歩行者にとってかわり、その結果多くの問題を生んでいると考えていた（Gehl 2010＝2014: 7, 11, 17）。だが、七一年に「当時支配的だった機能主義の建築と都市計画に異議申し立て」（2006＝2011: 10）を行おうとした『Life Between Buildings』を刊行した際、彼の主張に対する社会の関心は「まだ薄く、その努力は孤立したものだった」（2006＝2011: 8）という。しかしその先進的なアイデアは八七年の英訳版の出版を一つの発端として世界各地へ波及したといわれる（2010＝2014: 269; Matan and Newman 2016＝2020: 76–77）。実際その頃からゲールは世界各国の都市に招かれて調査に従事するようになり、オスロ・ストックホルム・パース・メルボルン・ロンドン・ニューヨークといった大都市の調査に携わって、彼が目指そうとする都市空間の整備に貢献してその名声を高めていった（Matan and Newman 2016＝2020: 104–147）[17]。『Life Between Buildings』は二〇一三年の時点で二二の言語に翻訳されるに至っており（Gehl and Svarre 2013＝2016: 70）、冒頭で述べたような公共空間への関心が世界的に高まっているなかで、以下で紹介するような「モダニズムに対する『歩ける都市』という観点からの強力な批判者としてのゲールの評価はすでに固まっている」（鈴木ほか 2016: 191）とまで言われるようになっている。

公共空間におけるアクティビティ

『Life Between Buildings』が日本で一九九〇年に訳出された当初の邦題は『屋外空間の生活とデザイン』だったが、二〇一一年の改訳版（〇六年の新版にもとづく）では同書の要点に即して『建物のあいだのアクティビティ』に邦題が改められている。ジェイコブズが掲げていた「多様性」という、曖昧で捉えづらいところがある目標を（山形 2010: 485）、ゲールは「アクティビティ」という調査・分析・活性化が可能な対象に置き換え、体系的かつ具体的な処方箋として提供したのである(18)。

ゲールが重要視するアクティビティとは何だろうか。ゲールは屋外活動を三つの型に分類する。必要活動・任意活動・社会活動である。必要活動は学校へ行く、バスを待つなど「必要に迫られたもの」で、「その発生の度合いは物的背景にほとんど影響されない」。任意活動は、新鮮な空気を求めて散歩する、にぎわいを楽しむために立ち止まる、腰かけて日光浴するなど、「そうした気持があり、そして時間と場所が許すとき」に行われるものであり、「屋外の物的条件に大きく左右される」。ここでいう条件とは、天候だけでなく、座り、食べ、遊びたいという気持ちを充たす場所の環境も含まれている。そのような物的条件が揃わなければ人々は家路を急ぐだけであり、必要活動のみしかそこでは起こらない（Gehl 2006 = 2011: 16–17）。もう一つの型は社会活動である。これは「公共空間に他の人びとが存在することを前提にした活動」で、子どもたちの遊び、あいさつと会話、各種のコミュニティ活動から、他の人々をただ眺め、耳を傾けるという受け身のふれあいまでが含まれる。これらは

「人びとが動きまわり、同じ場所にいることの直接の結果として、自然に生まれてくる」もので、「公共空間で必要活動と任意活動によりよい条件が与えられれば」盛り立てられるものだとされている。また、受け身のふれあいのような「低い濃度」の社会活動であっても、それが行われることは立ち話、子どもの遊び、レクリエーション、大道芸までに至る「他のもっと複雑な交流の前提条件」となる。物的条件は、こうした活動の「質、内容、濃度を直接に左右することはない」が、「人びとが出会い、眺め、耳を傾ける可能性を左右すること」によって影響を与えることができるという（2006＝2011: 17–23）。

こうしたアクティビティの連鎖を誘発していくことがゲールの基本的なスタンスである。このスタンスにもとづけば、よりよい公共空間とは、またそのような公共空間を有する活気のある都市とは、こうしたアクティビティが多く発生しているところである。ゲールはよく「人は人のいるところに集まる」（2006＝2011: 35 など）、あるいは「何も起こらないから何も起こらない」（2006＝2011: 108 など）という表現を用いるが、人々が起こす上述したようなアクティビティがさらなるアクティビティを呼び込み、その結果として街の賑わいが創出されることになる。ジェイコブズが「多様性」の産物として述べたような治安の維持、人々の多様性をまさに眼前で体感することによる社会的信頼の醸成なども、このような状況が創出されれば自然に育まれるものということになる（2010＝2014: 37, 105–111 など）。そしてこうした連鎖は、述べてきたように物的に条件づけられるものである。

アクティビティ誘発の要点

ではどのような物的条件によって、人々のアクティビティが喚起されるのだろうか。ここでは長年の調査研究およびプロジェクトの成果がまとめられた『人間の街――公共空間のデザイン』(2010＝2014) を主に参照してその要点を示したい。まず、都市はヒューマンスケールに応じて計画されねばならない。近代的都市計画が理想とするような無機質で広大なオープンスペースは人間味の乏しい、硬く冷たい空間をつくってしまうために「何も起こらない」。そうではなく、親しく触れ合える距離(一m前後)、情報交換を行えるような距離(一〜四m)、距離を置いて互いを見ることができるような距離(四m〜)、互いの表情を読み取ることができる限界(二五〜三五m)といった距離感を踏まえ、一人でいること、誰かと一緒にいること、車からではなく歩きながら街に関心がひかれることをそれぞれ可能にするスケールを用意することが必要だとされる(2010＝2014: 41–62; Hall 1966＝1970)。

また、次のような基本原理も示されている。「人は人のいるところに集まる」「何も起こらないから何も起こらない」というテーゼを踏まえ、アクティビティが発生する空間を同じ高さ(レベル)の、適切な大きさの、限られた空間に集中させること。利用する人の数に対して「ゆとりをつくりすぎない」スケールを設けて密度を保つこと。建物を高くしすぎると街路が薄暗く、移動も重荷に感じるために、低階層を中心として日差しを街路にとりいれること。そしてこれらを可能にするための根本的な条件として、歩行者や自転車を優先した交通計画と街路整備を行うこと、等々(2010＝2014: 59, 73–77, 99–102, 113–118, 127–141)。

より細かいポイントとしては「エッジ」の例が理解を促進するだろう。エッジは文字通り端部・境界のことを意味する。街路におけるエッジは街と建物の境界部になるが、大きな店舗の壁が無機質に並ぶよりも、小さな間口で入口が開かれている、ないしはガラス越しに中の様子を窺い知ることのできる店舗（カフェでも、商店でもレクリエーションを行う空間でも）が多数ある方が、そのアクティビティが街に染み出し、見たり、寄ったりしようという気持ちが生まれる。もしここにベンチがあれば、背後に建物を得て通りゆく人々を安心して眺めることができる。ベンチがなくとも少し腰がかけられるような窪みがあれば同様のことが可能になる。逆に歩行者が建物と接するグランドレベル（一階部分）に腰掛けたり、寄りかかったりする手がかりがなければ、あるいは中で何が起きているか分からないようなファサードになっていれば、歩いていても何も感じられず、その結果「何も起こらない」。この「エッジ効果」は、カフェや公園のベンチでも「へり」の方がより好まれる傾向があることにもみられるが、そのようなエッジを街路に積極的に用意していこうというわけである（2010＝2014: 83-90）。また、滞留者が多くとも滞留時間が短ければアクティビティは連鎖しない。エッジに座り、快適に身を落ち着かせるディテールを用意し、「ここに立ち止まり、くつろいでください」という合図が積極的に発信されれば、つまり滞留をアフォードすることができれば、滞留とそれに連なるアクティビティはより誘発されやすくなる（2010＝2014: 147, 155）。

滞留を確実に長くさせたいならばカフェ等の飲食店と座る場所を用意し、ストリートファニチャーは一人でいたい人々を尊重するならば可動式のものを、その場所で親密に話す人々の「会話景観」を尊重したいならば直線配置ではなく向き合うようなストリートファニチャーを、そしてこうした滞留をより良好なものにするためには先のスケールを踏まえた眺めのよい景観や視覚的デザインへの配慮を（2010＝2014: 153-163, 184-189）。逆に、近年の地下鉄の駅などにみられるような太い金属パイプを設けるようでは長い滞留は到底見込めない（2010＝2014: 150）。ゲールの示すポイントはこのようにさまざまだが、いずれにしても彼は「アクティビティ、空間、建築」という順序で計画を行っていくことを主張した（2010＝2014: 206-220）。従来の都市計画がその逆であったのに対し、「まず開発地区におけるアクティビティを予測」し、歩行者と自転車での移動をベースにして空間と建築を計画することを主張しているのである。

このようなゲールの主張に対する世界的評価が確固たるものであることは既に述べたが、日本の公共空間デザインにおいては、二〇一四年のゲールの来日による「ゲール・インパクト」（泉山 2021a: 136）の前後でゲールへの注目、また居心地よく過ごすことのできる公共空間を求める動きが強まっているとされる。ゲールらが公共空間調査の系譜と手法についてまとめた『パブリックライフ学入門』（Gehl and Svarre 2013＝2016）の訳出を行った鈴木俊治らはその背景について、人口減少や地域活性化が論じられ、また公共事業全般も減少するなかで、必要な公共施設をつくるというだけでなく、実際に使われ、賑わいを生み出す公共空間のマネジメントに関心が移ったためだと指摘している（鈴木ほか 2016: 194）。こうした動きのなかで、近年の日本においてどのような空間が具体的に設けられているのかは、次節で論じることにしたい。

4 公共空間におけるアクティビティ誘発のディテール

2（2）で言及したような「広場化」の伝統をもつ日本において、「コモン」で「オープン」な空間が歴史的に存在しなかったわけではない。だが、ジェイコブズやゲールが問題視した近代都市計画以後の状況、つまり都市が自動車中心の空間へと変容して「広場化」の伝統が失われたとされた後、「名ばかりの市民広場をつくるのに精を出すよりも、広場の主人公である人間の、自由な行動を許容する空間を都市のなかに見つけだすことこそが先決なのである」（上田ほか 1970: 112）といった主張よりも進んで、そうしたコンセプトを具現化した公共空間が実際に設けられる動きは海外に比べて相対的に遅かったといわれることがしばしばある。たとえば、ゲールの著作の訳出を多く手がけてきた北原理雄（Kitahara 2016＝2020: 148）は、一九八〇年代好況下の日本では都市公共空間の物的整備が進んだが、そうした空間には「公共アクティビティがほとんど存在して」おらず、その解決を模索してゲールの本に出合ったと述べていた[19]。また、広場の歴史的系譜を通覧したスペース・デザイン・シリーズ第七巻『広場』（陣内ほか 1994）では、自動車中心の都市が形成されて以降の現代的広場・街路として紹介される三九の事例のうち、日本国内の事例は代官山ヒルサイドテラス（1969-、槇文彦）、つくばセンター広場（1983、磯崎新）、用賀プロムナード（1985、象設計集団）の三事例のみであった[20]。同シリーズの第二巻『学校』（船越編 1995）では海外の事例一〇に対して日本の事例が一二と拮抗していること、二〇一五年の隈研吾・陣内秀信監修による『広場』では「日本の広場」のみが紹介される構成になっており、伝統的な事例を除いた三三事例のうち二一事例が〇〇年代以後に設けられたものであることをそれぞれ考えると、海外の事例に比肩しうるような広場が一定数揃ってくるのは比較的近年とみてよいように思われる。広場に留まらない公共空間のデザインを多く手がけてきた小野寺康（2015: 157）も、「日本の都市はこれまで広場という文化を持たなかった」が、駅前広場などを主として「これからはさまざまな様相で広場的なオープンスペースが都市ごとに散りばめられる状況が期待される」として、近年の状況変化について述べていた。

資料を時系列的に通覧すると、こうした変化の間、つまり一九九〇年代から二〇〇〇年代にかけて、新しい公共空間デザインの実現可能性を感じさせるような海外の手法・事例の紹介が進んできたことをみてとれる。ゲールの『屋外空間の生活とデザイン』が邦訳されたのは九〇年だったが、訳者の北原は九三年に公共空間デザインを要点の一つに含むシリル・ポーマイアの『街のデザイン――活気ある街づくりのシナリオ』（Paumier 1988＝1993）を訳出している。この頃から、ゲールと同時期から公共空間デザインの研究に携わってきたクレア・クーパー・マーカスらの『人間のための屋外環境デザイン――オープンスペース設計のためのデザイン・ガイドライン』（Marcus and Francis 1990＝1993）[21]、アクセシビリティの操作などによる住宅・オフィスから街路までの空間構成手法を説いたヘルマン・ヘルツベルハー『都市と建築のパブリックスペース――ヘルツベルハーの建築講義録』（Hertzberger 1991＝1995）などが九〇年代に、「どのようなコミュニティにも適用できる」公共空間デザインのポイントを論じたプロジェクト・フォー・パブリックスペース『オープンスペースを魅力的にする――親しまれる公共空間のためのハンドブック』（Project for Public Space 2000＝2005）[22]や、ポーマイアの次著『活気ある都市センター（中心市街地）を創る――都市設計と再生の原則』（Paumier 2004＝2006）などが〇〇年代にそれぞれ翻訳され、海外における公共空間デザイン手法の紹介が蓄積されていった。また、公共空間の活性化を通して地方の中小都市が再生したという事例の紹介も〇〇年代以降しばしばみられるようになっている（服部 2007 など）[23]。

今紹介した著作が論じる公共空間デザインの対比構造や要点は、もちろんすべてが重なるわけではないのだが、おおむねジェイコブズやゲールが主張した方向性に沿って「人間の街」を実現する空間のあり方について知見を書き加えていったものといえる。こうした翻訳書を端的な例としながら、従来的な公共空間と新たに創出すべき公共空間という対比が繰り返されるなかで、創出されるべき公共空間への機運とその具現化の要点がそれぞれより確かなものになっていった側面があると解釈できるのではないだろうか（もちろんこうした訳出・紹介は、これまでにない公共空間を創出しようとする実践と著述が国内で積み重なり始めていたことと相関する動きでもあるだろう[24]）。こうした時期を経て、上述したように日本においてもよくデザインされた公共空間が一定数みられるようになってきたといえるが、では今日の日本における公共空間は具体的にどうデザインされているのだろうか。以下では、資料内に挙げられている実際の事例のなかで、そのデザインの意図、特に利用者のアクティビティの誘発について多くの言葉を費やして説明がなされている事例を三つとりあげたい。

（1）　福岡市・警固公園

一つめは、福岡市の警固公園である（柴田 2017: 38–57）。繁華街・天神の中心部に位置し、イベント開催時は多くの来訪者で賑わうこともある一〇〇m四方はあろうかという大きな都市公園だが、下からは見えない高低差のあるゾーン、鬱蒼とした木々、老朽化したトイレなどに多くの死角や暗がりが存在するため、性犯罪被害や恐喝事件、迷惑行為などの温床にもなっていたという。警察によるパトロールや防犯ボランティアでは根本的な問題解決に至らないとして市はハード面の対策に着手し、役所・警察・住民・研究者からなる「警固公園対策会議」では次の五点が再整備の方針となった。見通しの確保、公園内外の開放された動線の確保、迷惑行為の抑制、前面歩道の拡張、死角となっていたトイレの移設である。利用者へのヒアリング調査、公園の滞留状況調査などを経て公園は次のような工夫を備えて二〇一三年に再整備された。

再整備のディテールは次のようなものである。まず、犯罪の温床だった高い部分を削って平らにし、植栽や高木も撤去することで、隣接するショッピングビルや通りとの間の見通しが改善された。公衆トイレも公園の奥の突き当たりに置くのではなく、見通しと人通りが得られる場所に移設している。これらはジェイコブズが述べたような街路の安全性を、内外の視認性の向上によって高めようとするものであり、実際に再整備後の利用者調査による体感治安は劇的に向上しているという。また高低差や植栽などの物理的な参入障壁を取り除き、かつ公園からは隣接するショッピングビルのカフェのアクティビティ、カフェからは公園のアクティビティが相互視認できるようにすることで、相互の利用・来店の促進が図られている(25)。つまり、何かやっているということを見て人を呼び込む、「人は人のいるところに集まる」という傾向の利用である(26)。さらに、中央広場を円弧状に取り囲むかたちで、やはり円弧状になっている石のベンチ、二、三人で腰かけられそうな大きい石、座ることができる

写真 4-1　警固公園

2020 年のハロウィンの時期には、新型コロナウイルス感染拡大下にもかかわらず 6000 人もの人々が集まったということで、21 年の感染第 5 波が去った後も 11 月初めまで公園は封鎖されていたのだが、筆者が訪れた 11 月下旬の日曜日は、ごった返すほどではないものの午後になるとそれなりに多くの人々が訪れていた。訪れた人々はそれぞれ思い思いのところに座って、広場、人々の姿、広場の向こうに見えるビル、そして空を視界に入れながら、一人で、あるいは同伴者やグループの仲間とのんびり過ごしているようだった。訪れた当日は広場で朗読、歌、踊りなどが混じったイベントが行われていたのだが、滞在している人々はそれに食いついて見ているわけではないものの、何となくそれを目に入れながら、同伴者と話したり、イベントに対してツッコミを入れたり、まばらに拍手をしたりしておおむねそこに居続けていた。これはこの公園のみがそうというわけでも、またここのデザインによってのみ可能になるというわけでもないだろうが、後述する姫路駅北駅前広場と比べるとかなり広い、多数の人々がそれぞれ居心地よく過ごしている空間のなかで、さまざまな人々のアクティビティを受け入れる経験を各滞在者がしているという意味で、後述する緩やかな社会性・市民性の涵養の一場面として解釈できるのかもしれない。訪問日は 2021 年 11 月 21 日。

ちょっとした段差が全体に配置されている。これらは完全な「へり」ではないが、周辺から中心を眺める「エッジ効果」を狙い、滞留を促すような設えといえる（一方で、円弧上の石のベンチ、大きな石、小さな石が積まれた段差はそれぞれ、スケートボードなどの「迷惑行為」を物理的に抑制してもいる）。また園内すべての着座スペースは、座っている人々同士の視線が交錯せずに中央広場へ向かうよう配置されており、広場を挟んだ両サイドのベンチ間の距離は表情を読み取ることのできる距離をやや超える程度に設定され、その意味でも滞留を居心地よくさせるデザインになっている。以上のように、警固公園はそのことごとくが公共空間デザインのセオリーから解釈できるように設えられており、実際高い評価を得て多くの賞を獲得している。だがそれは逆にいえば、アクティビティに注目するゲールらの一九六〇年代以来の主張のうえに、今でも公共空間デザインの指針はあるということでもある(27)。

（2）姫路駅北駅前広場

広場・公園・街路がそれぞれ明確なコンセプトのもとにデザインされたのが、姫路駅北駅前広場である（小林 2015）。構想から施工完了まで七年を要した、姫路駅前の総合的な再開発といえる大プロジェクトの中心に駅前広場の整備が位置づけられている。次章でも言及する官民連携、ワークショップの活用など、そのプロセスもまた注目すべき点が多いが、ここではその空間のあり方についてみていきたい。

JR姫路駅中央口から出てすぐのところに設けられているのがサンクンガーデン（利用開始後は一般的にはキャッスルガーデンと呼ばれている）である。駅ビルと並行するかたちで約一七〇〇㎡の横長の空間が周囲よりも掘り下げられて設置され、最低部にはせせらぎ、水際には石垣が配置されている。水辺を上がると二～五段の階段によってガーデンは三層のゾーンに分けられ、それぞれにおいて階段や石垣に腰を下ろしつつせせらぎを眺められるような構図になっており、それをガーデンの外からさらに眺められるようになっている。駅中央口を出て駅ビル前の地上階通路を歩く人々や、ガーデンの北側にある芝生広場を歩く人々にとっては（こちらからガーデンを眺めながら歩く人はあまりいないが）、自らが歩くことでガーデンのなかにいる人々の姿がパノラマとしてスライドし、自らも姫路の街景を構成している意識が喚起される設えになっているという。ガーデン内についても、ファニチャーとしてのベンチ自体は設けられておらず、階段や石垣のみが設けられている。「ここに座れ」というメッセージを発するのではなく、「主体はあくまでも人間でなければならない」という意図にもとづき、「自らの居場所を思い思いに見つけ出す喜び」を感じられるような仕掛けになっており、その結果発生する滞留が今度は風景の一部を構成することになる（小野寺 2015）。

ガーデンがさまざまな高低差やせせらぎ、石垣などの設えによってつくりこまれた空間であるのに対し、その北側にある駅前芝生広場は対照的に「極力空間を分節せず」、「大らかな空間として、『つくりこまない』こと」が目指されたという。スケール自体は南北辺がより短く二五mになっているが、これは上述した表情識別の限界が想定されており、さらに北側の飲食店ビル（地上階と最上階にそれぞれテラス席がある）、東側のアーケード商店街（みゆき通り）へと続く道、西側の姫路城へと通じる大手前通りがそれぞれ取り囲むなかで、人々のさまざまなアクティビティが相互視認できるような空間になっている。各種アクティビティを許容する芝生を中心に、ガーデンとの境界部にあるデッキス

写真 4-2　姫路駅前・サンクンガーデン

新型コロナウイルスの感染第５波が過ぎ去り、緊急事態宣言が解除されて人が少しずつ動き始めた日曜日から月曜日にかけて訪れた。そのため、日曜日であっても人の数はそこまで多くはなかったが、姫路駅周辺に来た人々が石垣の低いところや高いところ、階段、水辺、隣接するショッピングゾーンの窓枠として掘り抜かれているところなどに１～４人ずつ程度で適度に距離をとり、腰かけたり寄りかかったりしながら、買ってきたコーヒーやクレープ等を飲食しながら、話し込んだりスマートフォンをお互いに覗き込んだり、写真を撮ったりしていた。飛び石のところでは子どもたちや中高生が飛び跳ねてわたり、せせらぎに手や足をつけて騒ぎ、子どもたちはウッドデッキで走り回るなど、このような状況下であっても期待されたアクティビティが発生しているといえるように思われた。筆者がこの写真を撮影した駅ビル前地上階通路の下にはガラス張りの飲食店が入っているのだが、ガーデンからは店の様子が、店からはガーデンの様子が、気になりすぎない距離感でそれぞれ見え、街の賑わいを感じながら過ごすことができる。翌月曜になるとガーデンにはテーブルと椅子が置かれ、昼になって若者グループがテーブルを囲んでファストフードを食べたり、会社員が駅近くで買った弁当を一人で食べたり、学校帰りの中高生たちがスマートフォンをそれぞれ覗き込みながら談笑する姿がみられた。人々は数分から１時間程度滞在し、少しずつ入れ替わりながら、姫路駅前の街景を構成している。訪問日は 2021 年 10 月 17・18 日。

テージでは子どもたちが遊び、芝生との境界部には段差が設けられて自然に腰が下ろせるようになっており、ここからは芝生、その奥にみえる街並み、その上に広がる空を眺めて過ごすことができる。ベンチの素材は姫路城と同じ御影石や杉材を使ったものが設けられて街の歴史を感じさせるようになっており、夜は石の表情を美しく照らすような照明が灯り、昼間に子どもや家族連れで賑わっていた同じ場所がデートスポットになる（大藪・八木 2015）[28]。

ガーデンや広場の西端を走り、北方面八〇〇m先に姫路城を臨む大手前通りは「『姫路城と私が向かい合うという体験』を演出するデザイン」が根底にあったとされている。そのような体験を可能にする「眺望軸」を実現するため、駅に最も近い交差点から南をバス・タクシーのみ進入可能なトランジットモールとし、さらに車線を六から二に減らして一六mの歩道を確保することで、歩行者中心の空間が整備されている。この軸には空間だけでなく時間的な意味合いも込められており、広場やガーデンがそうであったように歩道部・車道部に御影石、滞留部分の舗装は姫路城瓦をモチーフにしたイブシ煉河原、植栽は黒田家ゆかりのメグスリの木といったように、やはり街の歴史を体感できるようになっている（八木・大藪 2015）。

姫路駅前駅北広場の事例は、警固公園よりもデザインに関する多くの観点が入り込んでいる。ガーデンが人々の滞留を自然に促し、芝生広場が多様な人々の多様な活動を許容・喚起するといった点はジェイコブズやゲールに通じるといえるが、ガーデンを眺める人々が歩くことで風景がパノラマ的にスライドしていくというアイデアは日本の回遊式庭園の手法だとされ（小野寺 2015: 64）、眺望を含む景観や歴史的な素材を活用する手法はランドスケープデザインにおいて早くからとりいれられてきたものだといえる（佐々木 2000: 24, 31-32 など）。さらに古城に連なる街路を活性化しようとするコンセプトは「日本の伝統的な空間の使い方をリスペクトするもの」、つまり「みち」を公共空間にしていく「広場化」の伝統も想定されていると考えられる（八木・大藪 2015: 81-82）。とりいれられているアイデアはこのようにさまざまだが、自然で多様な滞留、さまざまなアクティビティの喚起と許容、それらを通した街並み形成への参画、街の歴史への緩やかなつながりや気づきといった「『人間の体験』を重視したデザイン」（八木 2019: 145-148）が施され、そこを通り利用する人々を緩やかにその空間に巻き込もうとするこの事例は、近年の公共空間デザインにおける要点が集約されているということができるように思われる。

（3）武蔵野プレイス

最後に紹介するのは武蔵野プレイス（2011、kw+hg アーキテクツ）である。図書館を基軸とした公共施設で、これまで主に紹介してきた街路や公園、広場とはまた異なる系譜（図書館、社会教育施設）とも関連のあるものだが[29]、これまでにみてきた公共空間デザインのあるべき姿を建築としてよく具現化しているといえるように思われる。これについては設計者による説明と筆者によるフィールドワークの報告を本文中で混ぜつつ、以下記述していきたい[30]。

JR中央線・武蔵境駅南口を出るとすぐに、合わせて設計された境南ふれあい広場公園の向こうに四階建ての白い建物が見える。楕円形の窓がいくつも並ぶその建物に入ってまず見えるのは図書の貸出・返却カウンター、それと背中合わせになっているカフェである。カフェには図書館の本を持ち込

写真 4-3　武蔵野プレイス(31)

撮影：小川重雄

むこともできる。カフェの席に座るとよりよく実感できるが、建物に入って驚くのはその空間の柔らかい質感である。約四mとられた高い天井、場所によって違うが一階中央部の場合は小さい星のような形をした暖色系の照明、そして部屋の隅の角を可能な限り排して卵の殻のように丸みを帯びた白い空間が「人を柔らかく包み込み」、「その『天蓋』のような内包感が、人をリラックスさせ、見知らぬ他者と快適に場を共有するような寛容な雰囲気」が生まれるよう企図されている(比嘉・川原田 2016: 55)。

建物内に入ってもう一つ実感できるのは、その開放性である。カフェの席に座るとそこからは雑誌を閲覧する他の部屋の様子がみえ、建物内をめぐるところどころに吹き抜けやらせん階段が目に入る。武蔵野プレイスの空間構成の特徴は、地上四階地下二階（地下三階は駐車場）に配置された大小四八の「ルーム」がすべて空間としてつながっているところにある。カフェのあるエントランスホールとマガジンラウンジ、ギャラリーなど他のルームは壁で隔てられているのではなく、天井約四mに対して二・三mとやや閉じた（しかし閉じすぎ

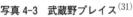

ていない）開口部によって、視覚的につながりつつ緩やかに区切られている。上下階は吹き抜けやらせん階段によって、やはり視覚的・空間的につながりつつ区切られている。

この施設は図書館を基軸として、生涯学習、市民活動、青少年支援の機能を複合させた施設だが、三・四階に設けられている生涯学習や市民活動のためのスタディコーナー、地下二階に設けられている青少年のみが利用できるクラフトスタジオ、パフォーマンススタジオなどはガラス壁で隔てられ、透過性が保たれている。各ルームはサイズ、採光や色彩などが少しずつ異なりながらも卵殻上の空間、半ば囲われ半ば開かれた開口部という点においてほぼ統一されており、利用者は「移動するたびに次々と空間に『包み込まれ続ける』ことになり」、そうした「独自のリズム、反復性の強い形式」、「多中心的で並列的」な構成によって、「建物全体がルームの集合体として感じられる」ような安心感もまた得ることができる（川原田・比嘉 2011a: 33, 2011b: 47; 比嘉・川原田 2016: 55）。こうした空間は静寂とはいえないかもしれないが、「施設のどこにいても各フロアで行われている活動の息吹や滞在者の体温」（山下 2017: 48）を感じることができ（従来的な公共施設のように、部屋がそれぞれ閉じられていて各部屋のなかでは何が行われているか相互にはまったく分からない、ということではなく）、その結果「接触可能性に向けて絶えず開かれていることが人を活性化し、他者の振る舞いがインスピレーションを与える」ことや、また多様な年代や属性の人々が同じ空間にそれぞれ集まって何かしていることを身体的に感じられることで「ゆったりとした公共性や創発性」、「何かしら共同性のようなものが生まれ、人を生き生きとさせる」ことにつながるのではないかとも期待されている（川原田・比嘉 2011c: 141）。

武蔵野プレイスは、ジェイコブズやゲールが主に論じてきた空間タイプではない。だが、建物内に用途を混在させてさまざまな人々を誘い、安心感のある空間においてさまざまなアクティビティが許容されながらともに滞留するなかで、緩やかにではあるがそこを利用する人々の間に公共的な感覚を育もうという企図は、ジェイコブズらが主張してきた都市アクティビティの望ましいあり方によく合致するものだといえる(32)。利用状況も目覚ましく、当初七〇万人を見込んでいた年間利用者数は初年度一四〇万人、二〇一六年度には一九五万人にまで増え続けるほどに人々をひきつけ(33)、一六年には「新しい公共の場の表現」、「建築そのものが公共性に対する本質的な解を提示した」、「市民から愛される公共建築のあり方を提案した」、「人びとの活動が自然に混じり合い新たな発見とアクティビティの創出を目論んだ」として日本建築学会賞（作品）を受賞している(34)。このように、街路や広場、公園にとどまらず公共施設においても、多様なアクティビティを許容し、人々を都市において緩やかにつなげていくような配置のあり方は、そのあるべき姿の一つになっているといえるように思われる。

(4)　公共空間のアクティビティを誘発する「道具」

ここまでみてきたのは、公園、広場、公共施設といった公共空間全体のデザインに関する事例だが、より小さな水準でアクティビティを誘発しようとするアプローチもあり、それにも近年注目が集まっている（もちろん、ゲールがファニチャーの話をしているように、そのアイデア自体は以前から示されている）。

このアプローチのポイントは、道具に注目するがゆえの仮設性にある（Open A・公共R不動産編

2020も参照)。これは次章での議論にもかかわることなのだが、空間そのものに手を入れるというよりも可動性の高い「道具」を利活用することで、公共空間における一時的なイベント(公共空間とはいえないところをオープンでコモンなものにしようとするイベントを含む)、中長期的な公共空間改変を目指す途上での社会実験の実施をそれぞれ可能にし、望ましいアクティビティやシーンを仕掛けることがよりフレキシブルに行えると考えられている。

日建設計総合研究所の西尾京介らは『PPR the GEARs 公共空間利活用のための道具考』(2020)のなかで、タイトル通り公共空間における「道具」の利活用を論じている。「座る」というアクティビティについてはゲールも論じていたことだが、他にも「潤いをつくる」ために芝・鉢植え・壁面緑化・街路樹などをどう活用するか、「かこみ、まもる」ためにパラソル・タープ・テントなどによってアクティビティを区切るゾーンや日陰をどうつくるか、人々をもっともよく集められる「飲食」のポップアップストアを仮設できる屋台・リヤカー・フードトラックなどをどう活用するか、といったことがそれぞれ紹介されている(35)。

同書において、近年よく見かけるようになったものとして紹介されているのが「モクタンカン」である。これは仮設足場などで用いられている単管パイプの規格サイズで削り出された木製の建材で、仮設展示・壁面棚・店舗ブース・屋台・ベンチといったさまざまな用途に活用できるものだが、その木の質感によって柔らかくスタイリッシュな印象をその場にもたらすこともできるといわれている。次章で紹介する「タクティカル・アーバニズム」の一つの象徴には「出荷用パレット」があるといわれるが、これも積み重ねて使うことでテーブル・椅子・ステージ・壁・プランターなどさまざまに利

写真 4-4　道路開放イベントにおける「道具」利用の例

神奈川県川崎市中原区の武蔵小杉駅近くで 2020 年 11 月 7 日・8 日に行われた歩行者天国化の社会実験の様子（撮影日は 11 月 8 日）。展示ブース、イベント参加者が思い思いのポストイットを貼るメッセージボード、イベント自体の告知看板、セクション区切りなど、モクタンカンがさまざまに用いられている。一番下の写真では出荷用パレット、人工芝、可動テーブルと椅子、こたつが用いられているのだが、子どもたちについてはパレットに登ったり飛び降りたり、芝生を駆け回ったり、大人たちについてはパレットや椅子に腰を下ろしたり、靴を脱いで芝生やこたつでくつろいだりといったアクティビティをそれぞれ多く観察できた。普段は「あまり通らない場所」か、通っても「歩いて通り抜ける場所」としか認識しないところなのだが、道具の利活用を通してその場所は確かに「公共的な振る舞い」を起こしているといえるように思われた。こうした事例は今日（コロナウイルス禍のもとであっても）そう珍しいものではないように思われる。

用することができ（かつ誰でも持ち運べ、すぐに組み立てられ、解体できる）、それがDIY（Do-It-Yourself）の感覚を空間の設営側と利用側の双方にもたらすとされている（Lydon and Garcia 2015: 13）。近年の公共空間デザインにおいては、こうした諸道具の利活用もまた、それが創出するアクティビティと合わせて考慮のポイントになっているといえる。

こうしたアプローチがもう少し大がかりになった例として、使われていない駐車スペースを公共空間に変えようとする「パークメイキング」（パークレットなどを含む）、車道に社会実験として椅子を置いて中長期的に広場に変えていこうとする「椅子爆弾」「車道の広場化」といった試みがあるのだが、それらを提唱する手法については次章で改めて論じることにしたい。

5　公共性の触媒を創り出す

（1）　市民性を間接的に生成する

ここまでを整理しよう。ジェイコブズやゲールは、空間の機能・用途を純化・分離し、ヒューマンスケールを超える整然とした街並みを一律に備えようとする近代的都市計画を批判し、機能・用途を混在させ、人々のさまざまなアクティビティが誘発されるような物理的環境を対置して推奨した。こうした誘発を通して都市空間に活気をもたらし、またそのことによって治安や社会的信頼も育まれていくとする公共空間デザインは今日の日本においても具現化が進み、近年では道具の活用といったディテールも詰められるようになっている。二〇二〇年初頭以来の新型コロナウイルス禍は公共空間から物理的に人々を遠ざけることになったものの、ここまでみてきたようなトレンドが根本的に見直されるというよりは、今まで私たちが「人間らしい[36]」生活を営むにあたっていかにリアルな公共空間がその助けになっていたかを改めて見直す機会になったとして（村上 2021: 175）、オフィスデザインと同様にトレンド自体は揺らいでいないように思われる。

本章を読み進めてきて、またアクティビティかと思った方がいるかもしれない。本書ではここまで学校・オフィス・公共空間という対象を筆者のストーリーラインに沿って選定・分析してきたが、それらがいずれも従来的な（「近代的」と表現することもできる）建築計画に対抗してより開放的な空間構成をとり、そこで過ごす人々のアクティビティを誘発しやすいディテールを備えようとしてきたことは共通しているといえるだろう。ここまでの三章におけるアクターにほぼ重複がないことも合わせ、アクティビティを誘発するトレンドは今日の建築界において、特定のビルディングタイプに留まらない一つのトレンドになっていると（建築を専門とする方からみればこれは自明のことなのかもしれないが、建築を専門的に学んできたわけではない筆者からみても）考えてよいのではないだろうか。

ただ、誘発されるふるまいや主体性については、学校建築とオフィスデザインに重なる部分と、それらほどの相似性をみてとれない部分とがあるように思われる。第二章から共通するアクティビティ誘発の傾向としては、自らが居場所を選択できるようにする、リラックスした状態を生み出す[37]、アクティビティの相互視認・相互増幅を活性化する、コミュニケーションを促進するといった点を挙げることができ、導こうとするふるまいについては相似性をみてとってもよいように思われる。ただ最後の点に関しては、学校建築とオフィスデザインが学校や組織などの所属を同じとする人々か、所属は違えど知的刺激をお互いに与えられるような人々同士による、主には直接的・継続的なコミュニケーションを想定しているように思われるのに対し、公共空間の場合はお互いが何者であるかはほぼ関係なく、[38]「人びとが動きまわり、同じ場所にいること」がその都度もたらす間接的効果にかなり大きな意義が付与されており、ややずれるところがある。また、公共空間は学校やオフィスほどに定まった用途や利用者を想定していないためか（空間のサイズの問題もあるかもしれない）、誘発されるアクティビティは二つのビルディングタイプに比して歩く、座る、集まる、出会う、眺める、感じるといったプリミティブなもの以上に焦点を絞る向きがほとんどない。

おそらくはこうした違いにもとづいて、誘発がもたらす中長期的効果の見立ても公共空間の場合は街の賑わいという側面が主となり、人々がこうなってほしいという（本書の関心である主体性喚起への）期待がジェイコブズ以降、学校建築やオフィスデザインほどに繰り返してはっきり語られる傾向はみられなかったように思われる。だが、二〇二一年の秋になって翻訳されたデヴィッド・シム『ソフトシティ——人間の街をつくる』（Sim 2019＝2021）のなかでようやく、集約的といえる言及に出合うことができた。学生時代にゲールの講義を聞いて感銘を受け、やがてゲール・アーキテクツに参加して世界各地での都市デザインにかかわったシムは、同書の主張は「密度×多様性＝近接性」という方程式にまとめられると述べる。都市空間のなかに密度と多様性を備えることで、利便性や商業活動が促進されるだけでなく、人々同士の近接性が高まって出会いや集まりの機会が発生する可能性も増し、そのことによってさまざまな効果がもたらされるという（2019＝2021: 11–12）。

もう少し具体的に紹介すると、歩いて回れる小さなスケールの街区で過ごすことによって、さまざまな人々を見る、知る、出会う、結びつく可能性が高まり、そこで起きていることを「受け入れること」もより可能になり、その結果人々の「社会性」が促進されるとシムは述べる。また、街路や広場のような公共領域は人々を呼び寄せ、屋外の公共的アクティビティ（これは大げさなものではなく、3（2）でみたようなものといってよいだろう）に参加することで、あるいはその前段階として公共空間が皆に過ごしやすいところとして認知され、そこでの過ごし方をそれぞれが経験的に知ることができるような状況のなかで「市民性」が育まれるとも述べる（2019＝2021: 96–97, 103, 115）。より端的で総合的な言及としては、次のようなものがある。

「建物のあいだで過ごす時間は、ほかの人びととの日常的な出会いをもたらす。ほかの人びとを眺め、どのように振る舞うのか気づき、バスで見知らぬ人の隣に座り、なじみのない話題を耳にし、同じ人を何度も見かけ、会釈をして『こんにちは』と言い、少しずつ知り合いが増える。こうした無数の体験と予期せぬ交流の機会、異質なものとの頻繁な遭遇、自然発生的な出来事は日々の生活をより興味深いものにする。さらに重要なことに、この経験は人びとのあいだの理解と寛容を育て、社会のまとまりを強化する」（2019＝2021: 138–139）

こうした理想的状況は「包容力に富んだ都市的共生」と表現されることもある（2019＝2021: 6）。公共空間の場合、学校建築やオフィスデザインのように、誘発されるアクティビティが個々人に直接的な効果をもたらす向きは弱いかもしれない。だがシムの言及を踏まえると、誘発されるアクティビティが相互に重なり合うなかで、間接的に、その継続的な効果として上述したような主体性の生成が目指されている側面があると捉えられるのではないだろうか。

(2) 触媒としての主体性

こう考えるとき、本書における「主体性」の当初の見立ては、実情に比して狭いものだったとして拡張的に修正される必要があるだろう。ここでは第三章で登場した「触媒」という言葉を手がかりに考え直してみたい。第三章における触媒という言葉は、オフィス内の物理的仕掛けそれ自体に関して用いられていたが、公共空間におけるアクティビティの触媒となっているのは、空間それ自体であるとともにそこにいる人々のアクティビティでもある。シムの言及においてそれは明確だが、本章をふりかえってみれば、ジェイコブズは自分以外の誰かが街路や公園にいてくれることの効果を論じ、ゲールはまさに「公共空間に他の人びとが存在することを前提にした活動」としての社会活動を「人は人のいるところに集まる」「何も起こらないから何も起こらない」という言葉を用いながら述べて、人々のアクティビティが相互視認され、それぞれに誘発しあうような空間デザインを目指していた。4でみた日本の事例においてもこうした志向は繰り返し確認することができたといえるだろう。

学校建築とオフィスデザインにおいてもそうした側面はあったといえるのだが、ここまで筆者は権力の技術の再帰的・継続的な効果として、第一章での言葉を用いれば個々人に「固着」するようなものとして主体性を想定していたため、そうした側面を見落としていたように思われる。だが、公共空間において誘発されようとしているアクティビティ、そして人々に期待されていることとして、権力の技術が創出しようとする規範・感覚の再帰的適用としてフーコーが述べた意味での「権力の中継項」よりももっと直接的なかたちで中継項になること、つまり誘発されたアクティビティが他の人々のアクティビティの触媒になることがまずあるのではないだろうか[39]。そのようにして、相互視認的な公共空間の風景に収まるとき、またその風景に支えられて何らかのアクティビティを起こしたとき、それらはどんなにプリミティブなふるまいであったとしても、他の人々の触媒になりうるという意味で、またやがてそのことが人々相互のつながりやその場の賑わいに貢献していく可能性があるという点において、それは「公共的な振る舞いを起こしている」とみなすことができる。公共空間デザインにおいてまず人々に期待されているのは、そのような触媒として相互に公共性を担うことといえるのではないだろうか[40]。そしてそのようにお互いが触媒となるなかで、人々に固着していくものとしての市民性や社会性もまた実現可能になるのではないだろうか。

さて、本書における建築空間そのものについての分析はここまでだが、残された論点、つまり今日の公共空間をめぐるもう一つの注目点である利活用に注目すると、また異なった「ふるまいの導き」、主体性の構成の志向を観察することができる。ここまでの分析は建築空間それ自体を通した主体性の構成を検討するものだったが、次章では建築空間を利活用するプロセスを通したその構成について考えてみたい。

注

（1）このことに関して、「まちづくり」についての話ではあるが、饗庭伸のようにその「最大のゴール」は「人々の日常の動作を変えてしまう」ことだと端的に述べる者もいる（青木ほか 2020: 298-299）。

（2）公共空間をめぐる動向としても、空間というハードのあり方に注目するばかりではなく、その利活用というソフトのあり方にも注目する必要があるとして近年の公共空間をめぐる展開がなされているため、議論の順序としても建築空間、ついで利活用を扱うのがよいように思われた。

（3）広場や公園などはいわゆる「建築空間」「ビルディングタイプ」ではないと思われるかもしれない。だが、これについて風景計画などを専門とする小野良平（2020: 212）は、広場や公園は確かに「非建築的空間」かもしれないが、近代以降に法制度や都市計画の対象として「その機能を特化させながら装置化されてきた」という意味でビルディングタイプの一つとみなすことができると述べている。

（4）近年の研究では、人類学者の早川公はまちづくりを「一つの総体的な文化現象」（早川 2018: 28）として捉えようとする点で、空間設計とは違う視点をまちづくりに持ち込んでいるといえるが、記述される主たる内容は「資源、情報、科学技術、言説、制度、集団といったさまざまな要素の配置」（2018: 52）をめぐる相互行為であり、空間それ自体を扱う視点は依然として弱いようにみえる。社会学者の田所承己（2017: 4）はまちづくりと場所の関係について「リアルな場所を〝媒介〟に何らかの社会関係や相互作用が生成される」ことを「場所でつながる」、「居住者や旅行者が〝ある場所との関係〟を形成する」ことを「場所とつながる」とする整理枠を示し、リノベーションまちづくりなどを事例にとりあげているが、議論の内容はそれが推進される背景やアートイベントの活用、地域ブランディングといった手法が主で、やはり空間それ自体に注目する視点は乏しい。これらから、南後が指摘したように物理的な空間を含めて記述すること自体に、現時点では一定の人文・社会科学的認識利得があるといえるように思われる。ただ田所の整理枠自体は興味深いもので、それに寄せていえば、本書のスタンスはそうした場所をめぐるつながりがどのように技術的に実装されているのかを明らかにしようとするものだといえる。

（5）饗庭（2020: 3）は、空間設計のみならずワークショップ等の手法も「初めての人と出会い、打ち解け、コミュニケーションを重ね、アイデアをまとめ、人のつながりをまとめ、いろいろな実験をして、多くの人たちを巻き込んでいく技術」であると述べている。本書全体のスタンスは、諸個人にはたらきかける異種混交的な技術という観点から、建築空間と私たちの関係性について考察しようとするというものであったが、その意味でも建築空間をめぐるプロセスを通して人々を関係づけていく技術の考察は、本書の考察範囲に含みうるものだといえる。

(6) 最終検索日は二〇二一年一〇月一九日。

(7) 建築学者かつ建築家という者も少なくないが、どちらを主とするかは一概に判断しがたいため、建築実践に携わっているものの、書籍の刊行時点で大学の常勤職に就いていたものを機械的に「建築学者」とし、そうでない場合を「建築家」としている。建築実践に携わっていた者がやがて大学に職を得ること、あるいは大学を退職して建築家としての活動を主とする者などがそれぞれかなり存在するため、ここでの「建築学者」と「建築家」は境界が一部不分明なカテゴリーといえる。

(8) ズッカーもまた、一九五九年に著された『都市と広場』のなかで、「単にばらばらなものの集合体ではなく、真にコミュニティーたらしめる」中心的構成要素としての広場に対して関心が払われるようになったのは「やっと今日になってから」(Zucker 1959 = 1975: 2) だと述べていた。

(9) 既に解説も多くなされている有名な著作だが、以下での本書の議論にとっても重要な著作であるため、本書のストーリーに即して概要を紹介したい。

(10) 無駄な街路を設けない、幅広の道路で囲われた大きな街区の単位。

(11) 従来的都市計画とそのオルタナティブの二項対立的対置は以降でも繰り返されることになるが、その対置のポイントは西村幸夫 (2005: 20) によって包括的に整理されている。

(12) 犯罪を抑止する地域のデザインはいわゆる環境犯罪学にも通じるところがあるが、この問題に特化した研究についてはイアン・カフーン (Colquhoun 2004 = 2007) などを参照してほしい。

(13) ジェイコブズの述べたような都市計画が貫徹されなくとも、歩車の分離によってヨーロッパにおいては広場の道路化・駐車場化が進み (Zucker 1959 = 1975: 404-405)、日本においては道路の広場的利用の衰退が進行したという認識が一九六〇年代前後から分け持たれるようになったことも（上田ほか 1970: 23）、失われた伝統を踏まえて公共空間を再生していく必要があるという気運の形成に寄与しているといえる。

（14）とはいえ、こうした議論はジェイコブズのみが行っていたわけではない。上述のズッカーもまた同時期に、広場のもつ「心理的機能」として「人々の集いの場所をつくり、互いの接触によって人々を人間らしくし」、交通から身を護る「シェルター」を用意し、人々を雑踏の緊張感から解放してくれる、「交通」よりもはるかに多くの意味をもつ場所だと論じていた（Zucker 1959＝1975: 2–3）。また、都市の多様性が「クリエイティブ・クラス」をひきつけ、都市経済の活性化につながるとするリチャード・フロリダの有名な議論も、ジェイコブズの議論を一部参照している（Florida 2002＝2008: 51–52; 矢作 2020: 27–29）。

（15）「オーガニゼーション・マン」で知られている方のホワイトで、『ストリート・コーナー・ソサエティ』のウィリアム・フート・ホワイトではない。

（16）ゲールとジェイコブズ、ホワイト、あるいはクリストファー・アレグザンダーらとの関係についてはゲールの評伝ともいえる『人間の街をめざして――ヤン・ゲールの軌跡』（Matan and Newman 2016＝2020）などを参照。

（17）ただ、当然のことではあるが、ゲールがかかわりさえすれば決定的に都市のあり方が変わるわけではない。ニューヨーク市の交通局長であったジャネット・サディク＝カーンは「歩ける都市」を実際に実現していくプロセスを半ば自伝的に綴っているが、そのなかではゲールの仕事がプロセス全体においてどの程度の役割を担うものなのかを推し量ることができるように思われる（Sadik-Khan and Solomonow 2016=2020: 100–101, 175）。また、このニューヨークにおけるタイムズスクエアの歩行者空間化は、次章で言及するタクティカル・アーバニズムの着想の源にもなっており（Lydon and Garcia 2021a: 23–25）、歩行者空間化を含む交通局のスタッフにはやはり次章で言及するプロジェクト・フォー・パブリックスペースのメンバーが参加している（Sadik-Khan and Solomonow 2016 =2020: 60）。こうした点からも、本章と次章の動向は関連したものだといえる。

（18）アクティビティという用語自体は、国内でも早い時期から広場におけるアクティビティの分析などとしてその使用例をみることができるが（都市デザイン研究体［1971］2009 など）、ゲールのような一般化・具現化の志向をもって活動の解析、誘発のデザインまでが論じられてはいなかったようにみえる。

(19) 建築学者の三浦金作（1993: 192–219）は早い時期から広場におけるアクティビティの分析を行い、それを行うことを目的として人々が集まる「一次的アクティビティ」と、それによる人々の集まりから派生する「二次的アクティビティ」が生み出されるパターンを分析し、それらが生まれやすい場の提供・確保、許容体制、配置計画の重要性を説いていた。だがそのような広場の創出手法はインセンティブ・ゾーニングや地区計画制度などの政策的アプローチや、広場のプロポーションといった、ゲールらに比してややマクロなアプローチに留まっていたように思われる。ただ、こうしたアプローチ自体はもちろん重要で、三浦の提言は次章でみていくように二〇〇〇年代に法制やマネジメントの変容を伴って実現されていくことになる。また、早い時期からアクティビティに注目したものとしては、注(40)で紹介する建築学者・鈴木毅の「居方」論もある。

(20) 都市空間の歩行者空間化は一九六九年の旭川・買物公園や七〇年からの東京・銀座の歩行者天国などの試みがある。こうした、従来オープンなものとはいえなかった空間を使い方によって「広場化」していくという経路ではなく、都市空間のデザインそのものを歩行者中心・ヒューマンスケールのものにしようとした事例としては、都市プランナー・田村明らのもとで進められた七〇年代以降の横浜市のアーバンデザインなどがある（田村 1983 など）。そのため、近年突如として画期が訪れたわけではないのだが、公共空間の形態デザインよりも微細な水準で、ゲールが述べたようなアクティビティの誘発自体が明確に企図され、また拡散していくのはより近年にピークがあるといってよいのではないかと考えられる。また、当時の歩行者天国は週末のみの実施、仮設テーブル・椅子による設えが「経年のマンネリ化」によって縮退していったとされているが（中野 2012: 52）、これは以下で述べるような「道具」の工夫や、次章で紹介する「戦術的」アプローチの不足によるものだったとみることができるかもしれない。

(21) ゲール（Gehl 2019＝2021: xi–xii）は後述する『ソフトシティ』の序文で、マーカスを「人間重視の建築と都市計画」に関する研究をアメリカ西海岸を拠点として行ってきた人物の一人として、クリストファー・アレグザンダー、ドナルド・アップルヤード、アラン・ジェイコブズ、ピーター・ボッセルマンらとともに言及している。

(22) プロジェクト・フォー・パブリックスペースの活動は次章で述べる参加のデザイン、公共空間の創出技法とも大きく関連している。

(23) もちろん、国内においても公共空間デザインの手法について論じた著述は当時からあったのだが、それらはまちづくりの手法を扱う書籍の一章として広場や街路のデザインを扱う、というような位置づけであることが多く、書籍のテーマそれ自体として公共空間を扱うものについては、翻訳書が先行していたようにみえる。

(24) こうした変化については公共空間をめぐる法制・社会的背景との関係もあると考えるべきだが、それらは利活用への注目とより密接な関係にあるため、次章で述べることとしたい。

(25) 筆者が滞在した限りでは、ショッピングビルでのアクティビティは、日中外が明るいときは公園からはあまりよく見えなかったのだが、日がかげってくると少し見えるようになってきた。日中は、ビルの一・二階の一部から公園を眺めたときの方が、何かやっているという感覚を抱きやすいように思われた。だが、夜になると今度は公園からビルの様子がよりはっきり見えるようになる。公園の着座スペースからの距離が視認限界を超えているため、ビル内の人々の様子がはっきり見えるわけではないのだが、夜の繁華街の公園からショッピングビルの明かりが煌々として見えること自体に雰囲気があり、ライトアップされた石のベンチと合わせ、都会の夜を過ごしているという感覚を抱かせるのかもしれない。このように、アクティビティの視認については時間によってそのあり方が変わってくる可能性がある。

(26) これは「浸透性 permiability」の向上と表現されることもある（Coleman 1985; 松永 2005: 192-196）。

(27) 「人が人を呼ぶ」といった表現のとりいれは他の著作でもしばしばみることができる（公園のユニバーサルデザイン研究チーム 2018: 23 など）。三井不動産S&E総合研究所（2020: 124-139）ではこうした仕掛けを「誘い水」と表現し、行動経済学における「ナッジ」の概念に近いものとして説明を加えている。

(28) ガーデンの奥にある広場についても二日間観察を行った。芝生は養生中のため入ることができなかったが、周辺にある石垣やウッドデッキやベンチに若者から中高年までさまざまな人々が思い思いに座り、休日の午後を過ごしていた。それぞれ芝生の方を向きながら座ることが多いが、実際座ってみると、芝生・座る人々・その後ろにある建物・その上に広がる空が視界に入り、人がいることが分かるがお互いに気にならない程度の視認距離で、緑と空を見ながらゆったりと過ごすことができる。夜の広場では恋人同士や友人同士、あるいは若者から中高年までが一人でそれぞれ腰を下ろし、コーヒーや缶ビールを飲みながら、穏やかにライトアップされたウッドデッキとガーデン・周辺ビルの明かりのもとでやはり思い思いに過ごしていた。

(29) 従来の図書館、社会教育施設に対する設計者の意図については比嘉武彦・川原田康子（2017）を参照。

(30) 訪問日は二〇二〇年二月五日。

(31) 『日事連』54-9（2016）、pp. 4-5。撮影は小川重雄氏による（写真利用については当人許諾済）。

(32) 2（1）で紹介した西田ら（2018: 8-9, 27-31）は「公共的空間」の事例の一つに武蔵野プレイスを選んでいるが、それを含む七つの事例におけるキーワードの一つを「ごちゃまぜ」、つまり用途混在に置いている。小篠隆生と小松尚（2018: 7）もまた、武蔵野プレイスとぎふメディアコスモス（2015、伊東豊雄建築設計事務所）を挙げながら、機能を混在させた公共空間をつくることが今日の公共建築のポイントだと述べている。

(33) 「武蔵野プレイス　脱ハコモノ目指す白い箱」『日経アーキテクチュア』962（2011）、山下里加（2017）を参照。

(34) 「二〇一六年日本建築学会賞（作品）武蔵野プレイス　選定理由」『建築雑誌』1687（2016）。

(35) たとえば芝一つとっても天然芝と人工芝があり、仮設ならば人工芝、常設ならば双方が選択肢になるが、それぞれ長さ・色合い・質感・機能・形態などさまざまなバリエーションがあり、予算の範囲内でどのようなシーンを目指すかによって何が最適であるかは異なるという（西尾ほか 2020: 14-17）。

(36) 『新建築　2020年10月別冊　58　Public Spaces in Tokyo: Cooperative Design for New Urban Infrastructures』、p. 6。

(37) ただ、これら二点はそもそも公共空間一般がそう過ごしてもらうことを想定しているといえ、近年のよくデザインされた公共空間のみがそれを企図しているわけではないだろう。

(38) ただ、次章でも触れるが、よく修景された公共空間が特定のライフスタイル・階層の人々をひきつけのターゲットとし、そうでない人々を排除しているという指摘もあり（Zukin 2010＝2013: 179-202 など）、公共空間が一概に包摂的とはいいきれないかもしれない。

(39) そういう意味では、異種混交的な布置連関のなかでその都度生成される「エージェンシー」という表現をした方が、本章で述べていることに関してはよりあてはまるかもしれない。

(40) 建築学者の鈴木毅(1993: 205, 1997: 92)は、「ある場所に人が居るときの様子、そのときに周囲の環境や他者ととっている関係」を「居方」と表現し、公共空間ではそうした居方の「相互認知ネットワーク」が形成されていると述べていたが、公共空間において人々が相互の触媒となることを期待されているとき、それはつまりそのような関係性・ネットワークがデザインされているということになるのだろう。

第五章　編集・自分ごと・戦術——公共空間のハイブリッドデザイン（二）

1　公共空間をめぐる規制緩和

前章で紹介したような公共空間のデザインは、アクティビティを誘発しようとするトレンドが今日の日本において具現化されたものとして位置づけうる一方で、そうしたアイデアが支持される諸条件に支えられて実現した側面があることも考慮する必要がある。根底的な条件としてはまず、法制上の変化がある。まちづくり三法（中心市街地活性化法、改正都市計画法、大規模小売店舗立地法）が一九九八年から二〇〇〇年にかけて施行されたが、中心市街地の衰退を食い止めることができなかったとして〇六年に中心市街地活性化法が改正され、そこでは「様々な機能がコンパクトに集積した、歩いて暮らせるまちづくり」(1)を目標とし、「にぎわい」の創出につながる市街地の面的な整備、広場の設置、公共公益施設の整備あるいは改修・コンバージョンといった、都市機能を集約しようとする活動に対して支援が拡充されることになった。つまり、支援措置を伴う法制として、歩く人々が集まり賑わうまちづくり――そこには当然、街路や広場、公共施設といった公共空間の整備ないしは利活用が関係してくる――が推進されるようになったのである(2)。

また、既に一九九〇年代にはＮＰＯの活動が活発化していたが、二〇〇六年の中心市街地活性化法改正ではさらに「多様な民間主体の参画」がその要点の一つに掲げられ、一四年の再改正では民間投資を喚起する重点支援制度が創設されるなど、公共空間における民間活力導入も進められている。こうした展開は欧米諸国の動向に影響を受けてのものだといえる。都市・地域経営を専門とする保井美樹（2017: 224-227）によれば、九〇年代のアメリカでは自治体の財源不足を背景に、公共空間の「民営化」「市場化」が進行したという。その象徴的な事例としては、容積率の緩和と引き換えに民間事業者にパブリックスペースの提供を求めることや、エリア内の事業主や不動産所有者から義務的に拠出させることのできる負担金を財源として、エリアの利害関係者自身が事業計画のもとに美化・治安維持などの公共空間改善をはじめとする事業を行っていくことができるＢＩＤ（Business Improvement District）制度を挙げることができる。日本においてＢＩＤは一五年になって初めて制度運用されることになるが（大阪市・うめきた先行開発地域）、ＢＩＤはエリアの利害関係者が自発的・継続的にエリアの価値を維持・向上させる取り組みとして近年注目されている「エリアマネジメント」の一手法として位置づけられることが多く（2017: 240-250など）、実際大阪の事例はエリアマネジメント組織「一般社団法人グランフロント大阪ＴＭＯ」がエリアの維持管理を行っている。エリアマネジメント自体は上述した法改正と並行するように〇〇年代に入って議論が積み重ねられ始め、また東京都・大丸有エリアや神田淡路町、札幌駅前通り、横浜駅周辺、名古屋駅周辺、福岡市の博多と天神など大都市部を中心に事例も増え、近年では地方都市へも展開しつつある状況だといえる（小林 2005; 小林ほか 2018; 上野 2018 など）。

エリアマネジメントにおいては、歩行者空間拡充や植栽などの空間整備、オープンカフェの設置やマルシェ／マーケットなどのイベント開催によるオープンスペースの利活用、レンタサイクルや巡回バスなどの運用によって、歩行者を中心とした公共空間アクティビティの活性化が「賑わいづくり」「賑わいの創出」等の表現を伴って企図されている（小林ほか 2018: 46-63 など）[3]。こうして、ジェーン・ジェイコブズやヤン・ゲールが目指した都市のあり方は今日、ときに彼女らが直接参照されながら行政や民間事業者の手によっても取り組まれるようになっている[4]。

公共事業を民間の手に委ねていこうとするこうした動向は、民間企業の経営ノウハウを公共サービスに活用しようとする、一九八〇年代以降の世界的潮流としてのニュー・パブリック・マネジメント（NPM）の観点から解釈されることもある。具体的には、エリアマネジメントにおいてそれぞれ多く活用されている、公共サービスを行政のみならず民間企業や住民等と連携しながら提供するPPP（Public Private Partnership）、公共施設の建設・維持管理・運営等を民間の資金やノウハウを活用して行うPFI（Private Finance Initiative）、民間事業者を含め地方公共団体の指定を受けた者が公共施設の管理を行う指定管理者制度（二〇〇三—）などがそうした解釈の素材になっている（川口 2009など）[5]。二〇一七年には都市公園法が改正されて、公園内に設置したカフェ・レストランの収益を活用して公園の整備・改修を一体的に行う民間事業者を公募する公募設置管理制度（Park-PFI）が、設置管理許可期間の延長（一〇年から二〇年へ）、建蔽率の大幅緩和といったインセンティブを伴って新たに設けられ、公共空間をめぐる民間活力の導入は今なお進み続けている（公園のユニバーサルデザイン研究チーム 2018: 196–197; 平塚 2020: 160–164）。

公共空間の整備を一つの要点として、歩く人々で賑わうまちづくりが支援措置を伴う法改正によってより促進されるようになっていること（これに関連して、次節で触れる社会実験・一時占用許可などの利活用をめぐる選択肢が出てきたこと）。エリアレベルから特定の公園や公共施設まで、より機動性の高い民間事業者がそのマネジメントにかかわれるようになっていること。また前章で述べた、一定の公共空間ストックが既にあること、人口減少に伴って市民のニーズが変化してきたこと、トップダウン型の「ハコモノ行政」批判を受けて自治体財源の有効活用への意識が高まっていることなどが、こうした展開を推進すべき理由としてさらに織り込まれ、近年ではこれからの公園や公共施設はマネジメントの時代だという主張が異口同音に発せられるようになっている（公園のユニバーサルデザイン研究チーム 2018; 小松ほか 2019; 平塚 2020 など）。このような状況のなかで、近年における公共空間へのアプローチでは空間そのものを物理的に設計することに加え、公共空間の利活用にかかわるさまざまなアクターのあり方についても言及がなされ、ときにはそのあり方が中核的といえる位置を占めることさえある。そこで本章では第四章と同じ資料を参照しながら、複数の関連書籍が刊行され、また他の書籍においても参照されることの多い代表的なアプローチを中心に、公共空間を利活用しようとする試みに伴われる主体性の理念型を描いていきたい(6)。

以下、まず2では広場・街路・公園に留まらないかたちで公共空間の新しいあり方を理論・実践双方から開拓した馬場正尊らの主張についてみていく。3では一旦公共空間から離れて、山崎亮によって広く知られることになった「コミュニティデザイン」の発想と、彼にも一部関連してやはり知られるようになった「デザイン思考」についてその要点を整理する。やや長めの寄り道になるのだが、その理由は、二〇一〇年代後半に展開される公共空間利活用のアプローチを理解するにあたってこれらを踏まえておくことが必須だと考えられるためである。4では一〇年代後半において相次いでみられるようになった、専門的知識・技術を必ずしももたずとも公共空間の創出にかかわることができるとする諸提案を紹介する。5では、やはり一〇年代後半になって注目を集めている、公共空間の創出をめぐる実践を中長期的な成果へと結びつけていこうとするアプローチについて、「タクティカル・アーバニズム」と「プレイスメイキング」を事例に議論を進める。6ではこれらを踏まえて、公共空間の利活用をめぐるアプローチが求める主体性のあり方について考察を行う。

2　公共空間を編集する——リノベーションとマネジメントをめぐる挑発的提案

公共空間のリノベーションへ

今日における公共空間へのアプローチについて「理論と実践の両面から業界を牽引してきた」（影山 2018: 9–10）といわれるのが馬場正尊と、彼が代表を務める建築設計事務所 Open A、ディレクターを務める公共R不動産による著述と実践である。馬場はタイトルも端的な二〇一三年の『RePUBLIC 公共空間のリノベーション』の冒頭で次のように述べる。

「今、公共空間が本当に『公共』として機能しているだろうか、そもそも公共とは何なのか、公共空間とは何処なのか……公共空間は『公共』という概念を包み込むしっかりとした器になっているか。それは個々人が心地よく、何らかの共同体に向かって自らを開いていける機会を与えているか」（馬場・Open A 2013: 10）

馬場は自らが体験した、規制ばかりで自由に利用することのできない公園や、イベント時に広場に仮設カフェを設けようとした際の困難（行政との折衝）を事例に、「公共空間へのスタンス」の「硬直化」をみてとり、長い時間をかけて凝り固まった空間利用のルールは、「社会の冗長性」「コミュニケーションの冗長性」を失わせることにもつながっているという危惧を示す(7)。それに対して馬場はこうした状況を変えるべく、抽象的に公共空間を問い直すのではなく、「空間を変えることによって、それに連動するようにマネジメントやルールが変わっていかないだろうか。空間や環境の変化は、きっと人々の意識の変化を促すだろう。公共空間の在り方を提示することで、新しい公共の概念を問い直したい」というスタンスを表明する（2013: 10–17）。

ここで馬場が推し出すのが「リノベーション」という手法ないしは発想である。リノベーションはシンプルには用途・機能変更（コンバージョン）を含む既存建築物の大規模改修を意味するが、その営みの意義については、一九九〇年代末あたりから思弁的に検討がなされるようになっていた(8)。その起点になったのは『ＳＤ』九九年一〇月号の特集「東京リノベーション」だとされるが（五十嵐 2003: 5–6）、その編集を手がけた松口龍はガソリンスタンド再生計画の事例について触れながら、リノベーションの意義を次のように述べていた。

「既に都市の中に織り込まれているたくさんのストック建物に積極的に目を向けて、そのポテンシャルを見出し、リノベーション的な思考や態度によって、少し機能を付加したり、用途を転用したりすれば、新たなニーズが発生したり、単体の建築デザインの領域を越えて、ネットワークや面的な連動によって新しい社会インフラとして再生していく可能性が大きいのではと思うんです」(松口 2003: 17)

「『ハコのリノベーション』だけではなく、『コンテンツのリノベーション』も重要だと思います。さらに『もとガソリンスタンド』のリノベーションにとどまらず、『これからのガソリンスタンド』というガソリンスタンド全体の状況自体をもリノベーションしていくんだといった気持ちもあります」(2003: 22)

既存の建築物の可能性について当初の機能や用途にとらわれず検討し、創造的な発想と実践によってその建築物に新たな意義をもたらすとともに、その建築物(松口の表現では「ビルディングタイプ」)をめぐる可能性や状況自体を連動的に変えていこうとすること。松口の対談が収録されている『リノベーション・スタディーズ』(五十嵐ほか 2003)には第二章でも登場した建築家・青木淳による、より根源的ともいえるリノベーション論も収録されている。青木(2003: 291–292, 300–301)は、「僕がリノベーションと呼ぶのは、そこに備わっている意味が無視された地平での改変に限る」と述べる。つまり、既存の意味作用を転換しないような単なる「改装」であれば「リノベーション」という言葉を用いる必要はなく、「すでにそこにあるものを前提にすること。その存在から意味を消去してそれを形式として見ること。その形式に新しい意味を発見すること」がリノベーションなのだという。松口と合わせ、こうしたより早期の言及を引き継ぐようなかたちで、馬場はリノベーションの営みを「都市全体に対しても援用」し、「すでにある公共空間を少しだけリノベーションすることによって、その使い方、さらには概念までを自然に変えて」いこうとする（馬場 2011: 6; 馬場・Open A 2013: 12-13）。

公共空間を編集する

公共空間の変革については、「新しい機能の組み合わせ」「用途変更」「使えなかった空間の活用」という三つの方向性があるという（公共R不動産 2018: 4-5）。具体的には路上をオープンカフェにする（新宿・モア四番街）、団地の空き店舗をカフェにする（取手・伊野団地）、川辺に飲食店を設置する（大阪・北浜テラス）、道路を占有してアトラクションを設ける（スライドザシティ）、河川で映画鑑賞会を開く（ねぶくろシネマ）、使途の決まっていない不整形地を屋台村に変える（港区・COMMUNE 2nd）、駐車場をイベントスペースに変える（BETTARA STAND 日本橋）、オープンスペースでピクニックをする（東京ピクニッククラブ）、公園を泊まれるようにする（沼津・INN THE PARK、横浜・パークキャラバン）といった例が紹介されているが、これらの実現プロセスのなかで、公共空間において何をどこまですることができるのか、ハードとソフトの何をどう変えればやりたいことができるようになるのかがそれぞれ反省的に検討され、「公共」の意味合いとともにその可能性が拡張・更新されていくことになるという（馬場 2011: 239–243; 馬場・Open A 2013: 22–61, 84–113）。

建築物のリノベーションについてもう少しみていくと、電気系統・給排水系統・構造などの基本条件、壁や梁の素材やスケールなどから読み取れる空間の性格、立地条件や採算に見合う投資と賃料収入のバランスといった「さまざまに散在する要素」を「発見し、組み合わせて、再配置する」という「編集的」行為のなかで、駐車場や倉庫をオフィスやアトリエ、ショールーム、飲食店に、オフィスを集合住宅に、工場を多目的スペースにといった個別解が生み出されていく（馬場 2011: 104–106）。こうした営みを通して前章2（1）で述べた「公共的空間」、つまり空間が広く開かれて人々が集まり、公共的なふるまいを起こす場所を新たにつくり出すことが目指されている(9)。

馬場はこうした新たな公共空間の創出を「デザイン」の営みとして捉えている。ただそれは、従来デザインという言葉が意味してきた「モノをつくること」を必ずしも中心におかない、モノの機能や用途を問い直し、ヒトやコトとの結びつき方を再編集するという「拡張」された営みとしてのデザインを意味している(10)。具体的には、ありそうでなかった機能を既にある空間において新たに組み合わせ、これまで使うことを考えもしなかった空間を活用し、それらがうまく収益を上げるような仕組みも同時に考えていくような営みへの拡張が必要であり、またそうした「小さなワンアクションを起こすことで、物事や状況にアフォーダンスを与える」ことまでをデザインの営みとして考える必要があるという（馬場 2011: 8–17, 82; 公共R不動産 2018: 4–5）。そのため、述べてきたようなリノベーションの可能性を論じ、その可能性を実現しているリノベーションの事例を集め、また自ら実践していくことは、「都市更新のためのOSをつくること」や「公共空間のOSを開放する」ことにつながるともされる。「多様性の提示と、ノウハウの確立や制度的な背景、着地点を見出しておくこと。そしてリノベーションという行為がより一般化し、定着する道筋をつけておくこと」。こうした着地点や道筋の確保によって、小さな変化のうち「アクティブな点は相互に共鳴し、ネットワークし、面展開を始める。それがいつしか増幅し、エリア全体の空気を変えていく」（馬場・Open A 2016: 2）。こうして「リノベーションの積層による都市の更新」は「いつしか大きな変化へと」転じていくという（馬場 2011: 11, 313-314; 馬場・Open A 2015: 11, 2016: 2）[11]。

公共空間をマネジメントする

これまでの整理から分かるように、公共空間自体の意味転換を企図する営みは、空間だけに手を入れればよいということにはならない。馬場は今日の公共空間の動向には、ここまで述べてきたような「空間の改革」に加えて「制度の改革」という側面もあると述べる（公共R不動産 2018: 4-7）。たとえば水辺というこれまで使えなかった空間を活用しようとする場合、二〇〇五年から河川敷地の占用が社会実験という形で許可され（上述した北浜テラスなどがその一例）、一一年には占用規則の多くが地方自治体裁量となった動向を踏まえ（一八年に開業した渋谷ストリームから続く渋谷リバーストリートなどがその一例）、行政上の手続き・交渉・実績づくりを含めて公共空間の創出を進めていかねばならない（馬場・Open A 2013: 84-113）。公園において、カフェの設置など従来行われてこなかった新しい機能の組み合わせを実現しようとする場合も、やはり社会実験・一時占用許可・指定管理者制度などを考慮に入れた中長期的な視野をもって空間の変革を進めていく必要がある。また、馬場は建物のリノベーションを進める際、立地条件や採算に見合う投資・賃料収入のバランスを考慮していることに触れたが、「マネタイズ／収益化」（2015: 5-6）もまた新しい公共空間の創出においては重要視されている。公園を例にすれば、上述したＢＩＤの導入、公園におけるネーミングライツの採用、公開空地の使用料がとれるようになる「まちづくり団体」への登録（オープンカフェなどの設置も可能になる）、収益の管理運営費への還元などがマネタイズの例とされている（2013: 22-45）[12]。

公共空間の創出が中長期的な収益、つまり継続性とともに考えられるということは、当然「マネジメント／経営」もまた重要視されることになる（2015: 5-6）。公共空間の動向において空間、制度と合わせてもう一つ馬場が言及していたのは「組織の改革」で、公共空間を担う新しい民間組織や、その交渉ないしは協働の相手となる行政の体制、契約のあり方が言及されている。先に紹介した事例の多くは行政主導ではなく、民間事業者や官民連携の組織によって機動的に進められているものだが、そうした組織による継続的なマネジメントもまた、今日の公共空間デザインにおいては必要だとされている[13]。

このように、前節で示したような法制やマネジメントをめぐる動向に向き合う営みとして、あるいは意義付与と事例紹介によってその流れを加速させるような営みとして馬場らの主張と実践はあるといえる。空間特性を読み取り、既成概念にとらわれず機能を組み合わせ、使われてこなかった空間の意味を転換させ、必要に応じて行政と交渉し、社会実験や暫定利用などを通して実績を意識的につくり、収益化やマネジメントなどのあり方も考えていく[14]。建築学者の松村秀一（2013: 7-17）は二〇一三年の時点で、こうした馬場らの主張・活動について「場の産業」としての建築という新動向として位置づけていたが[15]、その後馬場（2016: 67）は、当初はこうした新しい空間のつくり方を社会に対して「挑発」するつもりで活動していたところ、それがやがて大企業から求められるようになったと述べ、こうした空間のあり方が「定着」に向かいつつあると述べている。分析対象資料をみても、こうした複合的な観点から公共空間にアプローチすべきだという態度は、一〇年代後半以降の公共空間論においては一般的といえるようなものになっているように思われる（前節での公園・公共施設マネジメントを推奨する著作に加え、三井不動産 S&E 総合研究所 2020: 2 など）。

馬場らの主張は総体として、これまでと同じようにしていては公共空間の変革は見込めないとして、公共空間へのアプローチを設計以外の側面へと、また意味づけの転換や空間のマネジメントにかかわりうるさまざまなアクターへと開き、その活動の一つ一つが都市の更新というより大きな変化へとつながりうるという意義を付与して、公共空間にかかわろうとする人々をエンパワメントしようとしたものと解釈できるように思われる。とはいえ、馬場らの主張はアクターのあり方に関してはやや控えめで、馬場らの主張を汲み取ったと思われるこれ以後の公共空間へのアプローチにおいて、アクターのあり方はより踏み込んで、ときに中核的なものとして論じられることになる。ただその前に、次節では少し長めの寄り道をしたい。二〇一〇年代後半に提案された公共空間へのアプローチ、特にそのアクターのあり方を解釈するにあたって、それに影響を与えた可能性があると思われる手法を確認しておきたいためである[16]。

3 「自分ごと」と「織り込み」のデザイン――まちづくりワークショップの派生的展開

「参加」への注目と懸念

都市計画・まちづくりの分野には住民参加をとりいれるいくつかの手法があるが、特に能動的な参加を促す手法としては「ワークショップ」が注目を集め続けてきた。この分野におけるワークショップは、一九六〇年代のアメリカで都市開発における住民参加への関心が高まるなか、ローレンス・ハルプリンの「テイクパート・プロセス」(Halprin and Burns 1974＝1989)、ヘンリー・サノフの「デザインゲーム」(Sanoff 1979＝1993)などがそれぞれ住民の能動的参加を可能にする手法として提案され、日本では概して八〇年代以降に導入が進んだといわれる(木下 2007: 41–49, 184–188)。住民参加型のまちづくりに積極的に取り組んだ自治体の一つに東京都世田谷区があり、公園や街路などの公共空間を中心にして参加型まちづくりの実例を積み重ねていくとともに、『参加のデザイン道具箱』シリーズ(1993–2002)などを通して、ワークショップの意義とその手法についても言語化が進められてきた。事例の増加、関心の高まりと合わせて、九〇年代後半から二〇〇〇年代中頃にかけては建築学者によって「参加」をめぐる意義が積極的に論じられ、参加型のまちづくりは一つの選択肢として定着傾向に向かったといえる(牧野 2019 も参照)。

まちづくりにおけるワークショップの導入は、空間デザインに定型的な影響を及ぼすものというよりは、デザインをめぐる住民の合意形成、デザインプロセスにかかわることを通した地域への愛着の形成、住民への自己表現機会の提供、住民個々人の創造性・協働性の啓発、住民同士の相互理解の促進、コミュニティの問題解決能力の向上など、参加プロセスを通して人々が変化していくことを期待の主眼としているように思われる（Halprin and Burns 1974 = 1989: 19–24, 89; Sanoff 1979 = 1993: 17–20; 小野 1997: 7–15; 延藤 2003: 14; 卯月 2004: 6–7; 佐藤 2005: 17–19, 89–90, 378 など）[17]。

だがこうした期待の一方で、（まちづくりの分野に留まらない話だが）ワークショップをめぐってはその「形骸化」がつねに懸念されてきた。つまり、ワークショップをやりさえすれば合意形成ができると誤解されているケースが多くあるのではないか、ワークショップが住民参加を実施したことの「免罪符」として自己目的化しているのではないか、逆にワークショップをよく準備しすぎて参加者の主体性を引き出し損ねているのではないか、等々（浅海 1991: 10; 木下 2007: 49–54 など）。こうした懸念に対しては当然、まちづくりプロセスにおけるワークショップの位置づけ、ワークショップのプログラムの検討、その場の運営（ファシリテーション）のあり方などが検討されてきたが（浅海・伊藤・狩野 1993: 10–17; 浅海・大戸・中里 1996: 8–13 など）、ワークショップをめぐるまた別様の懸念を踏まえて示されたあるアプローチに関連して語られた言葉のいくつか——その多くはアクターのあり方にかかわるものである——は、近年の公共空間利活用におけるキーワードにもなっている。以下ではそれらについて確認していきたい。

（1）かかわり続ける仕組みのデザイン――山崎亮によるコミュニティデザイン

「コミュニティデザイン」について

そのアプローチとは、山崎亮が掲げ実践する「コミュニティデザイン」である。コミュニティデザインという言葉自体は以前から、さまざまな論者がそれぞれの文脈において用いてきたものだが、この言葉が使われ始めた一九七〇年代前後における「コミュニティデザイン」とは、ニュータウンをはじめとする新興住宅地にいかにして人々のつながりをもたらすか、それをハード面から整備しようとする取り組みを意味するものとして登場したと山崎は述べる。その象徴的な例として山崎も紹介している『建築文化』七六年五月号の特集「コミュニティ・デザイン」の副題は「既成市街地の居住環境をいかにして整備するか」であり、そのなかで示される定義は「一定の地理的範囲を対象とした主としたフィジカルな対応[18]」、特集内で扱われる内容は住宅・街路・歩行者空間・コミュニティ施設といった地区の構成、街路整備・交通規制・緑化・街並み保全といった整備の手法、住宅・交通・街路・駐車スペース・オープンスペースのエレメントデザインなどであった。山崎はこうしたハード面中心の良質な居住環境（コミュニティ）整備が目指された時期の取り組みを「コミュニティデザイン1・0」とする（山崎 2011: 19, 2012: 115–118[19]）。

上述した参加型まちづくりは、山崎においては「コミュニティデザイン2・0」として位置づけられている（2012: 118–121）。「1・0」における環境整備の主体はあくまで専門家であり、その地域に住む人々の意見は反映されない場合も多かった。そのため、よくデザインされた公園であっても、住民のニーズが汲み取られていないために開園後閑散としている公園もしばしばみられたという。それに対して、ハルプリン等の源流を汲み、上述したような人々の変化を合わせ目指して参加型の公園づくりなどが行われてきたのだが、こうした活動に山崎が実際にかかわるなかで、彼はあることを考え始める。幾度か住民参加のワークショップを行い、住民の意見が反映された公園のデザインが示され、そのプロセスのなかで参加者が仲良くなって打ち上げへ行くほどになったとしても、デザインが決まってワークショップを開催する理由がなくなると彼らは集まる理由を失ってしまう。参加型まちづくりのなかには既にそのことをフォローしているものもあったが、山崎はこの良質な人のつながり（コミュニティ）が「そのまま公園の維持管理やマネジメントに関わることはできないものか」としてデザイン以後のかかわりの継続や、「さらには、公園づくりというハード整備がなくても、きっかけさえあれば地域の人たちに集まってもらうことができるのではないか」ということを考えていくようになる。「かつてはまちの屋外空間で行われてきたことが、いずれもその目的に応じて建物の内部に閉じ込められ」、まちの空間は移動経路でしかなくなってしまったこと、「自分たちが担ってきたまちの活動を他者の手に渡してきた」結果として空間の「使いこなし」方を忘れてしまったことが、人々のあいだのつながりを希薄にしてしまったという状況認識も踏まえて（山崎 2012: 6-14; 山崎・NHK「東北発☆未来塾」制作班 2012: 12）、必ずしも「ものをつくることを前提としない」かたちで、「集まるきっかけは何であれ、そこに人のつながりが生まれ、コミュニティが誕生し、地域の課題を乗り越えること」を可能にするための手法として山崎が掲げるのが新しいコミュニティデザイン、つまり「コミュニティデザイン３・０」である（山崎 2011: 19-20, 2012: 10-11, 121-129; 乾・山崎 2012: 19）。

チームビルディング・自分ごと・楽しさ

こうしたスタンスをとる山崎の活動は、自然体験やものづくり等さまざまな活動団体のプログラム実施を支援できる仕組みを整えた公園マネジメントの取り組み、離島の総合振興計画、地方都市におけるデパートのリノベーションプロジェクト、路地や街角のちょっとしたスペースなどを人々が思い思いに「使いこなし」ている事例の観察から「パブリック」のあり方を捉え直すことなど、非常に多岐にわたっている（Landscape Explorer 2006; 山崎 2011: 73-79 など）。そのため、彼の主張の含意をすべて紹介することは難しいが、空間にかかわるアクターのあり方という筆者の関心に即して、重要と思われるその新奇性を抜き出してみたい。

まず、コミュニティデザインの三タイプの切り分けからみてとれるのは、「ハードをデザインするだけでなく、ソフトをマネジメントするという視点を組み合わせる」（山崎 2011: 39）ことの新奇性への自覚である。つまり、ハードと合わせてそれを運営するソフト（プログラム）とその担い手を育てる、場合によってはハードを新たにつくらずともソフトと担い手次第で大きく状況が変えられるというスタンスなのだが（2011: 46）、山崎ら専門家がソフトと担い手を直接計画・指導する構図ではその継続性は見込めないという。山崎はこの点に関して次のように述べている。

「僕たち自身がまちに入って主体的に活動するのも可能だが、よそ者である僕たちはいつかその場所からいなくなる身である。むしろそのまちに僕たちと同じような感覚を持った人たちを見つけ、その人たちと活動の醍醐味を共有し、持続的に活動する主体を新たに形成することが大切で

ある」（山崎 2011: 71-72）
「重要なのは与えられた設計図ではなく、住む人たちが望んでいる未来だ」（山崎・NHK「東北発☆未来塾」制作班 2012:123）

そこで山崎が重視するのはソフトを自己創出し、担い手が自らかかわり続けるような「つながり」「関係性」「仕組み」のデザインである（山崎 2011: 20, 58, 110, 2012: 15-16; 山崎・NHK「東北発☆未来塾」制作班 2012: 16; 乾・山崎 2012: 181-182 など）[20]。では、そのような仕組みのデザインとはどのようなものだろうか。まず、有馬富士公園における公園マネジメントの取り組み[21]や、鹿児島のマルヤガーデンズ再生のプロジェクトでは、その空間でプログラムを実施し、情報発信をしてくれるさまざまな参加者を支援するべく、参加可能性のある団体へのヒアリング、コーディネーターの配置、団体ではなく個人でもプログラム実施ができる枠の導入など、参加を促進する仕組みが整えられてきた。また、プロジェクトの参加者に対しては認識の共有や課題の発見、提案の創出やそのまとめ、合意形成などを目的としてワークショップが活用されている。山崎は意見を出し合うプロセスのなかで、参加者自身が効果的な活動のあり方を考えていく「主体形成ワークショップ」を最初に行い、当初は「参加者の主体性」を育むための誘導の道筋を「巧妙に練り込ん」で準備を行うと述べているが、その手法自体は先輩たちから教わったことで特段新しいものではないという[22]。ただ、それを人々自身が継続的かつ自主的に行えるように、ワークショップから派生的に展開した（ビジネス）ファシリテーションにおける一手法[23]である「チームビルディング」——日本におけるビジネス・ファシリテーションの第一人者である堀公俊ら（2007: 15）によれば「集まったメンバー同士で枠組みを共有し、関係性を築いて協働意欲を高め、コミュニケーションしやすい環境を整えて」いくための一連のプロセスおよびそれに関する手法――を活用して、住民自身がそれぞれのチームで自ら問題解決にあたれるようにしていることは、従来の参加型まちづくりよりも先進的だったといえるように思われる（山崎 2011: 33-39, 61-62, 181, 197-204, 2012: 190-192; 山崎・NHK「東北発☆未来塾」制作班 2012: 23-24, 145-146; 山崎・長谷川 2012: 67-68; 乾・山崎 2012: 33-35）(24)。

これに関して、「それぞれのチームが自分たちでワークショップを進められるようにファシリテーションの技術を何度も伝え」、途中からは各チームが独自にワークショップや非公式な会合を運営組織するようになった島根県海士町の事例がよく紹介されるのだが（山崎 2011: 126-132）、専門家の手を離れても持続的に参加し続ける仕組みづくりの要点の一つに、参加者それぞれが自らの問題意識をもつことがある。たとえば、海士町の総合振興計画策定にあたっては「別冊」がつくられているが、その目次は大きく「一人でできること」「一〇人でできること」「一〇〇人でできること」「一〇〇〇人でできること」と分けられ、今すぐ自分でできることは何か、「自分たち」ならできることは何か、行政などに頼らねばならないことは何かといったことが考えられるようなつくりになっている（2011: 8-11, 124-136）。管見の限り山崎自身は著作上で使ってはいない言葉だと思われるが、彼を取材したライターの渡辺直子（2013: 136-137, 145）はこうした山崎の取り組みを、地域の問題を「自分ごと」(25)にしようとするものだと表現している。「他人ごと」という意識をもったままでは、目の前にある地域の問題をしっかり考えることも、何か意見を言うことも、そして自分自身で取り組んでみようとする気持ちをもつことも難しい。そこで上述した「できること」の細分化や、ワークショップにおいて「あなたは何をしたいですか?」という個人ベースの問いかけを行うこと、やはりワークショップにおいて参加者の声を出しやすくする場とタイミングを整えつつそれを何度も行うことなどによって、「自分ごと」としてまちづくりに取り組み、意思決定し、継続的にことにあたっていく担い手が育つというのである。

また、参加者は「楽しさ」をベースにして集まるべきだという点も山崎がよく述べる点である。山崎が述べるところのコミュニティは、「地縁型」よりも「テーマ型」がより重視されている。地縁型コミュニティの衰退は多く議論されているものの、その活動は今日多くの人々にとって楽しいことばかりではなく、その復活を単純に目指すべきではないという（地縁型のコミュニティ自体が否定されているわけではなく、彼が主に論じるテーマ型コミュニティの活動によって活性化される対象として位置づけられている）。それに対して、今日より多くの人々に受け入れられ、また多くの人々を持続的に集められるのはテーマ型のコミュニティで、その原動力は「楽しい」や「やりたい」という人々の「気持ち」にあるとされる。参加者自身が楽しんで空間を使いこなし[26]、活動を進めていくことによって、そこに自然と人がポジティブな気持ちを抱いて集まり、感謝されることも増え、さらに楽しく活動が進められて新しいつながりも生まれていくと山崎は考えており、（そううまくいくことばかりではないことも自覚されつつ）山崎自身が実際そのようなフィードバックループのなかで仕事を行っているといえる（山崎 2011: 36–39, 58, 71–72, 140, 2012: 14–17, 77–78; 乾・山崎 2012: 44–46, 56, 181–182 など[27]）。

デザインの対象としてコミュニティを扱った著述・実践のレビューを行った小泉秀樹（2017: 17）

によれば、山崎はテレビ番組『情熱大陸』（TBS）への出演などを通して「コミュニティデザインの爆発的なブームを生み出した」ものの、その主張は理論的には既に二〇〇〇年代前半までに指摘されており、手法的にも類似のものは既に各地で行われていたという。確かに、参加のプロセスを通して目指されるべき人々のあり方自体は従来のまちづくりワークショップ論と大きくは同じ方向を向いている。ワークショップの手法についても先輩たちに学んだものが多いと山崎自身が述べており、チームビルディングの手法自体も独自に開発したものではないという。だが、ハードだけでなくソフトを同等かそれ以上に重視すること、ソフトを担いうるつながり（コミュニティ）や仕組みそれ自体をデザインすること、住民自身が自らチームとして動けるようにすること、地域の問題を「自分ごと」として受け止めるための仕掛けを用意すること、「楽しさ」をベースにすることといったここまで紹介してきたような要点は、それ単体では先行する事例がやはりあるかもしれないが、それぞれ一定の新奇性を有する主張・手法を一まとまりのものとして提示した点は、やはり他に類するものがないように思われる(28)。コミュニティマネジメントを専門とする坂倉杏介（2020: 26）は、コミュニティデザインを「その地域にふさわしい新たな『関係性の場』を構築し、そこで創造的なコミュニティを育て、継続させるための『技術』」としての「ソーシャルテクノロジー」の一つとしてのちに位置づけているが、こうした「技術」のまとまりが、山崎亮という人格とともに「爆発的」に消費されたということの意義はやはり大きなものがあるように思われ、彼の主張それ自体に加え、「コミュニティ」やそこでの「関係性」「仕組み」などをデザインの対象とする着想・実践を加速ないしは拡張させることにも貢献したと考えられる(29)。

（2） 前進し続けるプロセスのデザイン――ソーシャルデザインとデザイン思考

山崎の活動は「ソーシャルデザイン」と表現されることもある。これは「課題の本質を掴み、それを美しく解決する」（山崎 2011: 235）営みとしてのデザインが、子育てから高齢化まで、地域の産業振興から発展途上国の貧困問題まで、社会におけるさまざまな問題に適用可能だという考えにもとづく表現だが、このソーシャルデザインという言葉はコミュニティデザインへの注目とほぼ並行して一時期盛んに用いられていた。このソーシャルデザインの対象が公共空間になることはあまりなく、公共空間デザインとの直接的な関連性は強いわけではない。だが、二〇一〇年代前半のソーシャルデザイン論においていち早くとりいれられた「ある考え方」については、一〇年代後半の公共空間へのアプローチにも共通してみることができる、というよりそうしたアプローチの中核をなす考え方の一つだとみられるため、以下ではその考え方「デザイン思考」についてその要点を整理していきたい。

デザインを問題解決の手法とみなし、その手法を解析しようとする試みは一九六〇年代頃からの蓄積があるが、固有名詞としての「デザイン思考」とは、二〇〇〇年代に入ってアメリカのデザインファームIDEOがそれらをデザイン以外の領域でのイノベーションに応用しようとするなかで提案された手法のパッケージである。その手法が論じられ始めた当初、デザイン思考をいくつのステップからなるものとするかは紹介者ごとにバリエーションがあったが（奥出 2007; 棚橋 2009; Brown 2009 = 2010 など）、今日では五つのステップからなるものとして示されることが多い（Roth 2015 = 2016; ウ 2019 など）。すなわち共感・定義・アイデア・プロトタイプ・テストである。

共感のステップでは、イノベーションの対象となるモノ・コトについてユーザーが体験していることとを深いレベルで理解できるようにフィールドワークを行う。定義のステップでは、得られた情報をもとに誰の、どのような問題を、どのようにすれば解決することができるのかを「ペルソナ」(出来るだけ具体的な人物設定)の「シナリオ」(問題解決の物語)として描く。アイデアのプロセスではブレインストーミングの環境を整えてアイデアを可能な限り多く出したうえで、何を実行するのか意思決定していく。第四・第五のステップであるプロトタイプとテストがデザイン思考の際立った特徴といえるもので、具体的にはアイデアを実際にプロトタイプにして使ってみることを意味するのだが、それは「やっつけ仕事」(Brown 2009 = 2010: 118)のレベルで構わないという。プロトタイプの完成度を上げ、資金・資源を注いでしまうと欠陥があっても修正しづらくなるため、ラフで、安上がりで、むしろ早い段階で失敗することこそが望まれている。ユーザーの体験を捉えきれていないのではないか、ユーザーの問題と解決を誤解しているのではないか、違うアイデアを実現させるべきではないか、違う試作品をつくるべきではないか等々、失敗や批判は問題解決の手がかりとして織り込まれ、プロセスは再び共感・定義・アイデア・プロトタイプのいずれかに戻っていくことになる。

山崎のコミュニティデザインにおいてもその影響を幾分かはみてとれるが、山崎以外によるソーシャルデザイン論において、こうした思考のパッケージはより自覚的にとりいれられている。最も明示的なのは筧裕介『ソーシャルデザイン実践ガイド――地域の課題を解決する7つのステップ』で、IDEOが参照されながら(筧 2013: 127)、社会問題の解決プロセスのなかに共感(フィールドワーク)・アイデア(ブレインストーミング)・プロトタイプのステップがとりこまれている。(30) それ以外のソーシャルデザイン論においても共感(フィールドワーク)・定義(シナリオ設定)・アイデア・プロトタイプといったステップがとりいれられていることを確認できるが（グリーンズ 2012; ソーシャルデザイン会議実行委員会 2013）、これらソーシャルデザイン論のそれぞれにおいて追記されているのは、社会問題を「自分ごと」にしようという、アクターのあり方に関する言及である。これはステップとしては共感あるいは定義に該当するもので、フィールドワークのなかで人と出会い、話を聞いて関係性ができるなかで、その人が抱えている問題を自分にも関係があること、つまり「自分ごと」にしていくことが重要なのだと説明されることがある（筧 2013: 56-57）。あるいは、より素朴に「その人しか気づくことのできなかった問題意識」としての「自分ごと」をきっかけにすることで問題解決に積極的になれるのだから、「本当の自分の声に耳を傾け」て「自分ごと」の種をみつけてみよう（グリーンズ 2012: 43-44, 2013: 45-46）、「等身大の自分から」「自分らしい気持ちやアイデアを軸に」行動を起こしてみようと語られることもある（ソーシャルデザイン会議実行委員会 2013: 2-3）。このように多少バリエーションがあるものの、ソーシャルデザイン論においてはデザイン思考と「自分ごと」論の接続がその主張・方法における独自性の一つになっている。

一節を費やして寄り道を行ったが、本論に戻ろう。前章と本章では、実在する公共空間のデザインに関する書籍を網羅的にみてきたつもりだが、二〇一〇年代前半にコミュニティデザインとソーシャルデザイン（デザイン思考）へ注目が集まった後、一〇年代後半における公共空間に関する書籍のなかに、本節でみてきたような表現や考え方がおおむね初めて、また相次いでみられるようになる。

4　自分で公共空間を創り出す

前章でみてきたジェイコブズとゲール、本章で紹介した馬場と山崎はそれぞれ、近代的都市計画がもたらした都市空間からの人々の疎外とその対案、と表現できるような構図をおおむね共有しているように思われる(31)。二〇一〇年代の後半に入るとこうした構図を共有しつつ、もっとささやかな、端的にいえば一人でもできるような公共空間をめぐる対案が複数提案されるようになっている。

「自分で作る公共」とまちの変化

建築に関するインタビュアーやライターであり、イベントの企画運営にも多く携わってきた田中元子の『マイパブリックとグランドレベル――今日からはじめるまちづくり』（2017）では、タイトルにある通り「マイパブリック」、つまり「自分で作る公共」が推奨されている。公共空間や公共施設の利用の仕方、あるいはその所在地すらも分からないことは今日珍しくなく、「公共的であるはずの『まち』とわたしたちとの関係は、どんどん希薄になってしまっているのではないだろうか」と田中は述べる。これは馬場や山崎にも共通する見解といえるが、馬場らがソフト面を含めた専門知の再定義を伴う、ある程度集合的な営みとしてその対案を示したのに対し、田中はよりシンプルにその対案を「自分で勝手に作ればいい」と言い放つ。「作り手本人がよかれと思うものを、やれる範囲でやる」、それがマイパブリックの実践だというのである（2017: 20–22）。

どういうことだろうか。田中が実践してきたのは事務所にノンアルコールバーを設ける、公園にコーヒーを無料でふるまうパーソナル屋台を出すという実にささやかな営みである。特に後者の場合は無料でふるまうものであるから、当然利益は出ない。だが利益ではなく、さらに「社会のため、まちのため、ひとのため」とも考えず、マイパブリックの実践においては「素の自分自身と向き合って」、「自分がやりたいこと」「自分が楽しめること」が重要だという。自分がやれる範囲で、自分が楽しめることを行うなかで、コーヒーを飲みに来たり、話しかけてくれる人との接点が生まれ、自分自身と社会とが直接につながる体験が得られること。また、そうしたプロセスのなかで「そこに存在することが許されているという、一種の安心感」のある居心地のよい、ひらかれた場所をつくりだすこと。まず自分のことから始めて、その結果として街や「公共」との関係のあり方を、少しでも自分の心地よい方向に進めていくこと。これがマイパブリックの実践だというのである（2017: 53-73, 91）。

全国でさまざまな地域プロジェクトにかかわる編集者の影山裕樹は『あたらしい路上のつくり方――実践者に聞く屋外公共空間の活用ノウハウ』（2018）において、「公共空間の利活用に対する一般市民のリテラシーを上げていく必要がある」とし、馬場のことを紹介したうえでさらに次のように述べている。「では、建築家でもなければ不動産や施設運営のプロフェッショナルでもない一介の市民にできることはなんだろうか」。これについて影山は、「ひとりの都市生活者として、どんな『風景』の中で暮らしていきたいか」を描くことは誰にでもできるとし、これまでの公共空間に足りなかった風景は「異なる階層に属する人たちが、偶然出会ってしまう場所」ではないかと論を進める。そして、多様な人々が「共通の関心ごとのもとに集う機会を編み出すこと」によってある場所にポテンシャルをもたらし、「緩やかな、多様性のあるコミュニティ、つまり公共性を体現した集団を形成すること」ならば、専門性がなくとも可能な営みなのではないかとして、自然のなかで映画上映を楽しむ、公園で結婚式を開催する、駅を酒場にする、野外音楽フェスティバルを開催する、水辺に飲食空間をつくる、路上バーやゲリラガーデニングを行うといった諸実践を紹介している（2018: 9–23）。

より強い主張とともに対案を示しているのが、水辺をはじめとする公共空間利用プロジェクトに多くかかわってきた笹尾和宏の『PUBLIC HACK——私的に自由にまちを使う』（2019）である。笹尾は次のように問題提起を行っている。今日の日本では、路上や公園などのオープンスペースではさまざまなことが取り締まられて街から自由さが失われており、居心地よく過ごすには金銭を払って時間と場所とサービスを買い求める、つまり「消費者としての役割」を果たさねばならなくなっている。そのなかで私たちは「自分で探し求める力」を失い、何を行うにしてもお金を払う「システム化されたライフスタイル」に違和感を抱くことすらなくなっている。公共空間の活用が行政の関心事となり、人々の「賑わい」の創出が目論まれているが、そこでもまた私たちはオープンカフェやイベントの「受動的な消費者」という位置づけから脱しておらず、「私たちはまちを楽しんでいるように見えて、実際はまちにいいように楽しまされているだけ」ではないか、「仕掛けられている私たち」から公共空間が実はますます遠ざかっているのではないか[32]。民間事業者の参入が可能になったとしても、それは高い「ハードルをクリアできる『力と熱意のある』民間事業者の参画を通じた『社会的意義の高い』取り組み」に偏っており、「そこまでの力と熱意を持ちあわせていない市民」が公共空間にかかわる余地は未だ少ない商業重視の傾向になっており、民間事業者がかかわることでむしろルールが厳格化されていくのではないか（2019: 2-24, 132-144）。

こうした状況に対して笹尾は、そのような不自由を自覚したうえで「私たち自身が公共空間を日常生活レベルで好きなように使う、つまり『私的に自由に使う（＝PUBLIC HACK：引用者注）』力を高める必要がある」と述べ、許可や免許を必要とせず今すぐにでも実行できる個人の「私的で自由な行為」に注目する。「公共空間を日常の生活行為の延長でささやかに使いたい」と思うような人々、「お金を使わない人や企業活動から距離を置く人」「目的を持たずにまちにいるだけの人」を受け入れるような場所に笹尾は注目し、アーバン・アウトドアを堪能する（夕日納め、水辺でのランチやディナー、チェアリング、流しのこたつ、ストリートのディスコやダンス）、常識から解き放たれる（外での朝ごはん、夜明かし、近所での野宿、芝生シアター、ピクニック演奏会、青空カラオケ）といった諸活動を紹介している。(33) こうした諸活動を行うにあたっては、許可などをとらねばならない場合が当然あるが、そのような高いハードルに直接向かう前に「やりたいことの純度」を高めることが重要だという。つまり、自分のやりたいことが「まちなかで気持ちのいい音楽に包まれて身を任せたい」のであれば、許可を取らずに可能な方法があるかもしれない。やりたいことがはっきりしていれば、「実現の敷居」が低いあり方を探していくことができるというのである（2019: 4-5, 24-26, 31-89, 99-101）。

こうした「私的で自由な行為」について笹尾は、地域活性化のような大きな目標に貢献できるかは定かでないと述べる。活動の成果は多くの場合「私たち自身の満足感」が得られることに留まるが、笹尾はそれでも構わないという。そうした満足が表出されることに意義があり、行為が波及するということではなくそのような行為ができること自体に、「市民が自ら『〜する』という自動詞型」に向かうこと自体に意義があるのだと述べ、次のように著述を締めくくっている。

「PUBLIC HACKでは、『楽しむ』という価値は与えられるのではなく、自らその力を高めることによって獲得されます。それは、自分の人生をより自分のものにするための鍛錬だとも言えます。自分が楽しめる時間を増やすことで、生活そのものが楽しくなるように、小さなアクションであっても継続していくことで、結果的にまちの姿が変わっていくのです。PUBLIC HACKを通じて、都市生活者たちは、都市というシステムに生かされる受動的消費者にとどまるのではなく、自ら能動的に都市を生きることができるようになります。そうした状況が多数集まり続いていくまちにこそ、私たちが望む都市像が体現されるのです」(2019: 202–203)

公共空間を創り出す「自分」のあり方

ここまで、いずれも二〇一〇年代後半になって刊行された三名の著作と実践についてみてきた。三名の公共空間をめぐる見立て自体は、公共空間から一般の人々が疎外されているとみなす点ではこれまでの議論と大枠を共有している。だが馬場らが、新しい公共空間をつくり出すこと(馬場)、人々を継続的に巻き込んでいくこと(山崎)を、建築やデザインの職能・専門性の再定義と合わせて行っていたのに対し(佐久間 2011: 160–162も参照)、田中らはそうした職能や専門性とはあまり関係なく、誰でもができる、ハードルのより低いささやかな公共空間の創出実践を提案している。これらは、日本においてかつてから行われていた「広場化」の今日的なリバイバルとみることができるかもしれない(34)。

本節で紹介した諸実践の特徴の一つとして、既に一部示してきたものだが、ささやかな実践を行う自分自身のあり方を求めるところがある。田中や笹尾はともに「やりたいこと」、「自分が楽しめる」ことについて述べていた。また田中（2017: 4）は「素の自分自身」と向き合うこと、笹尾（2019: 4）は「自然体で自分の好きなように過ごせる状態」がそれぞれ望ましいとしている。影山の著作にはこうした表現は見当たらないが、空間の使い方を「押し付ける力」に対抗する「僕たち一人ひとりの『生きる力』」「内から湧き上がる秘められた情動」（影山 2018: 11）に注目したいという言及がある。このような「自分」やその「情動」への注目は、二〇一〇年代以降の公共空間論およびまちづくり論において特に観察できる傾向であるように思われる。これは建築関係者においても把握されており、本章で紹介したようなまとまった著作が刊行される以前の一一年時点において、次世代の「都市をつくる仕事」研究会（日本都市計画学会関西支部）『いま、都市をつくる仕事――未来を拓くもうひとつの関わり方』（2011: 9, 21–30, 218）では、山崎ら都市にハード・ソフト双方からかかわろうとしている人々は「自分のやりたいことを都市の課題の解決につなげることで、それを仕事にしている」として紹介され、そうした新動向を担う人々が有するスキルの要点は「まちを面白がる」「楽しみながらやる」ところにあると言及されていた。こうした傾向は「やりたいこと」をやり、「とにかく楽しくやること」が大事だとする近年のリノベーションまちづくり論などにも引き継がれており（嶋田 2015: 16, 140）、今日においてまちについて何かを始めようとする場合（その要点に公共空間が置かれることが多い）、「自分」や「情動」に注目し、それを活かすことはその要点の一つになっているといえるように思われる。(35)

5　公共空間に戦術を仕掛ける――タクティカル・アーバニズムとプレイスメイキング

馬場らによってその可能性が示された新たな公共空間の創出、それをよりダウンサイズする動向として現れた前節での諸実践はともに、「小さなアクション」であってもそれらが積み重なることで相互に共鳴し、つながり、増幅して「大きな変化」へと展開していく可能性をもっているという展望ないし希望のもとに語られていたといえる。だが馬場らの著述の重心は新しい可能性を示す事例紹介とその意味づけ、活動の要点の可視化（組織のマネジメント、マネタイズ、行政とのパートナーシップなど）といったところに、田中らの重心はミクロな諸実践の紹介にあり（笹尾にはマネジメントの視点もあるものの）、小さなアクションが大きな変化につながっていくプロセスや手法そのものの定式化にまでは踏み込んでいなかったようにみえる(36)。

二〇一〇年代の後半は、公共空間の創出をダウンサイズしようとする提案とともに、そのような小さなアクションを大きな変化へと結実させるプロセスや手法への注目が高まった時期といってよいように思われる。そうした動向の一つの中心になっている手法が「タクティカル・アーバニズム」である。

（1）タクティカル・アーバニズム

「タクティカル・アーバニズム」について

マイアミでのオープンストリートイベントなどにかかわったマイク・ライドンとアントニー・ガルシア（ともにストリートプラン社の共同代表）は、そうしたイベント、つまり小規模なプロジェクトが長期的な都市の変化をもたらす可能性について、プロジェクトにかかわり続ける一方で調査研究を重ね、その成果を二〇一一年に「タクティカル・アーバニズム——長期的変化のための短期的アクション」という冊子にまとめた。この続刊は二一年の時点で六巻まで刊行されているが、それらの成果をまとめた同名の書籍（Lydon and Garcia 2015）が書かれた時点で、フリーアクセスであるこの冊子の閲覧回数は二七万五〇〇〇回にのぼっていたという。彼らのスタンスはアメリカのいくつかの都市に採用され、また世界各国で多くの追随する実践家を生み出し、一八年には都市計画などを扱うニュースサイト・プラネタイゼンが「最も影響のある都市計画家一〇〇人」の一人にライドンを選出するに至っている。日本では1でみたような諸背景のもと、一〇年代後半以降の都市計画・まちづくり分野の書籍においてタクティカル・アーバニズムは頻繁に言及されるようになり、次項で紹介するプレイスメイキングと合わせて、使い手となる人々自身の視点をとりいれて「身近な空間を実験的、暫定的に使いこなしながら」、「散在的・連鎖的に空間を再生」しようとするアプローチ（阿部 2018: 245）として、また1で紹介した公共空間の市場化の「次の段階」としての「社会化」（保井 2017: 232–233）への動きを示すものであるとして、期待を込めて紹介されることが増えている（他にも内田 2017: 47–48; 西田ほか 2018: 33; 三浦 2019: 122–123, 127–129; 武田 2019: 2; 泉山 2019; 泉山ほか 2021; 山崎 2021: 158 など多数)[37]。

『タクティカル・アーバニズム――長期的変化のための短期的アクション』という書名に示されている彼らのスタンスはどのようなものだろうか。同書冒頭で示される「タクティカル・アーバニズム」の説明は「短期的で、低コストで、拡張可能な介入方策を用いて近隣をつくりあげ、活性化するためのアプローチ」であり、それは個人だけでなく市民団体、企業、NPO、行政までもが活用できる、「開かれた」「反復可能」なプロセスを通して創造的な可能性を増していこうとするアプローチだとされる(Lydon and Garcia 2015: 2)。ただそれは、市民のDIY(Do-It-Yourself)精神に委ねればいいというものではないという。小規模で短期的な介入(戦術)は、彼らにとっては政策を含めた大きな、また永続的・長期的な変化(戦略)に結びつけられる必要があるとされ、市民の自己表現のレベルで終わるべきではないとされているためだ(2015: 8-11)。そのためには認可されていない活動をあえて行うという選択肢や、オンラインでのアピールを中心とした成果公表・支持者の拡大、それを根拠とした行政リーダーの支持のとりつけなどによって事態を変えていくといったプロセスがとられることもあるという。

彼らが創出しようとする場所の特性自体は、「よりコンパクトで、ウォーカブルで、平等で、ともに生きていくことができる共生的な場所」(2015: 210)というように、前章でみたような公共空間のトレンドに即したもので特段目新しいものとはいえない[38]。また彼らのみが短期的な介入を長期的な変化に結びつけていこうとするアプローチをとるわけではなく、その先駆者は歴史的にさかのぼっても多く存在するとされる(2015: 25-62)[39]。だが彼らは、よりコンパクトでウォーカブルな場所を新しい世代がますます求めるようになっていること、リーマン・ショック以後の状況において行政も市民も低コストで都市開発を進めねばならないこと、オンライン上の接続可能性の高まりによって都市にアプローチする資源が広く共有しうる状況になっていること、3で一部示したような参加型プロセスが導入されることでむしろまちづくりのプロセスが過重になってしまったことなどを念頭に置きつつ(2015: 63-86)、よりフットワークが軽く、安価で、小規模に誰でもが「ものごとを成し遂げる方法」(2015: 12)としてタクティカル・アーバニズムの今日的重要性を示している(40)。また彼らにおいて特筆すべきは、こうした主張が実際に「開かれた」「反復可能」なものとして実装できるように、その手法を細かく示していることである。

同書で示される事例は以下のようなものである。交差点をペインティングしたり、コーナー部分に安全のためのコーンを置いたり、セルフサービスのティースタンドなどを置く「交差点改良」。ウォーカビリティを高めるために名所への道案内を電話や街頭ポールに張りつける「ゲリラ道案内」。使われていない空きスペースにコーヒーショップなどのポップアップショップを設置したり、アートインスタレーションなどを行う「ブロックの改善」。路上駐車スペースをパブリックスペースに変えたり(パークレット)、植栽を伴うベンチをトレーラーで運搬して仮設的に据えつけること(パークモバイル)で公園を一時的に設置する「パークメイキング」。ニューヨークのタイムズスクエアが象徴的な例だが、道路に椅子やテーブルや植栽を置いて歩行者空間化し(「椅子爆弾」と呼ばれるバージョンもある)、やがて舗装などを伴ってその定常化を狙っていく「車道の広場化」(2015: 89-169)。こうしたアイデア自体がそれぞれ興味深く、また重要なものだが、本章ではこれらを実現するにあたって

表 5-1　タクティカル・アーバニズムのプロセス(41)

1. 共感する：あなたが行おうとしている計画ないしはデザインが、誰に対してのものなのかを理解する。
2. 定義する：オポチュニティ・サイトを定め、対処する必要のある問題の根本的な原因を明確にする。
3. アイデアを出す：定められた問題に対処するための方法を調査・開発する。
4. プロトタイプをつくる：迅速かつ大きな出費を伴わず実行できるプロジェクト型の対応を計画する。
5. テストする：つくる・測定する・学習するというプロセスを用いてプロジェクトを検証し、フィードバックを得る。

の定式化されたプロセスに注目したい。これについてライドンらは、「問題となる文脈への共感、洞察と解決策を生み出す創造性、問題となる文脈の分析と解決策のすり合わせに際しての合理性が結びついたもの」としての「デザイン思考」(2015: 172)、およびエリック・リース (Ries 2011 = 2012) がトヨタ生産方式（大野 1978 など）を参照して案出した「リーン・スタートアップ」の考えを中心的な教養としてとりいれ、タクティカル・アーバニズムのプロセスを五段階に分類している（これらは線形ではなく、ときに重なり合い、繰り返されるものだとされる）。これはほぼ「デザイン思考」そのものなのだが、それがどのように公共空間の創出につながるのか、以下で詳しくみていきたい。

「戦術」のデザイン

第一のステップは「共感」である。行おうとするプロジェクトは一体どのような人々を対象とするものなのか、プロジェクトを行う近隣住民の支持はとりつけられそうなのか、プロジェクトによって誰が恩恵を受け、誰かが不利益を被ることはないのか。これらをはっきりさせるために、対象として考えている場所に足を運び、周辺環境を歩いて回るだけでなく、その近隣の人々に話を聞く必要があるとされる。

その対象は若者・老人・障がい者・貧困層・マイノリティなどさまざまであり、「最も不利な状況にある者の立場」に身を置いて考える必要があるという。「他者に対する共感の欠如は、一部の人にとって便利な環境をつくることになってしまう」ためである（Lydon and Garcia 2015: 173-175, 205-206）。

プロジェクトの対象が定められたら、第二のステップは「場所を定める」ことである。プロジェクトの介入に適している場所をライドンらは「オポチュニティ・サイト」と呼んでいる。これは単純には、介入の機会・チャンスがある場所のことを意味するが、短期的な介入から長期的な変化を引き起こそうとするタクティカル・アーバニズムにおいては、そこへの介入がより大きな変化につながりうる場所である必要がある。そのため、場所を定めるにあたっては、その場所がうまく活かされていない（パフォーマンスが低い）ために介入のチャンスがあるということに加え、他のコミュニティにも似たような場所があり、プロジェクトが他のコミュニティに適用できる「互換性」もまた重視される。互換性とはすなわち「反復可能性」でもあるのだが、それを担保するために、介入の規模はできる限り小さく狭くすることも必要だとされる。また、その場所がなぜ活かされていないのかを考えるために、そこの歴史的な経緯を調べるとともに、トヨタ生産方式の一つである「五つのなぜ」の活用が推奨される。これは問題の根本原因を問うために、五回「なぜ」を尋ねて問題を掘り下げることを通して、行おうとするプロジェクトの焦点を明確にするものである（大野 1978: 33-35; Ries 2011 = 2012: 298-318; Lydon and Garcia 2015: 175-179, 206）。

第三ステップは「アイデア」を出すことである。ここでようやく、その場所で何を行うかが定められる。上述した田中らや、次項で述べるプレイスメイキングの日本における展開とは異なり、ライドンらはこの点に関して個々人の心情にはあまり踏み込まない。むしろインターネット上で先行事例について情報を集めることや、アイデア収集のためのツールについて学ぶことが選択肢としてまず示されている。アイデア出しのプロセスに人々を早く巻き込むほど当事者意識をもつのも早くなるとされているものの、ライドンらはイノベーション研究の古典であるエベレット・ロジャーズ『イノベーションの普及』（Rogers［1962］2003＝2007: 164–211）を参照して、プロジェクトが対象者に現状より有益なものをもたらすか（相対的優位性）、社会的・物理的コンテクスト双方に適合しうるものか（両立可能性）、多くの人々に容易に理解できるものか（単純性）、テストの実施と他の場所での複製がそれぞれ容易に行えるか（試行可能性）、多くの人々の目に触れ、利用や注目が期待できるか（観察可能性）といった観点にもとづいた、実行可能性を備えたアイデアの案出をより重視しているように思われる。またこうしたアイデア（仮説）は上述したリーン・スタートアップに依拠して「行動につながる評価基準」（Ries 2011＝2012: 108）にもとづく検証が繰り返されるものでもある（Lydon and Garcia 2015: 179–185, 206）(42)。

第四のステップは「プロトタイプ」である。定められた問題に対する長期的な応答（理想状態）につながる、より軽く、迅速に、安価に行うことのできるバージョンを考案するのだが、短期的で一時的な介入であっても計画的な要素がある程度必要だという。まず、長期的な変化につながるこの短期的な戦術の目的を明確にする必要がある。これについてライドンらは「四八×四八×四八」という手法を紹介している。つまり、四八時間による即時的な介入の効果が、四八週間（短期）と四八か月間（中期）における変化のプロセスにどう位置づけられるのかを考えて実装を進めるのである。これ以外にも計画すべきことはいくつもある。資金調達者、資材を手に入れる者、制作・建設を行う者、行政との交渉を行う者、広報を行う者など、プロジェクトを進める際の多様なパートナーを集め、それぞれ実行していくこと。場所の特性を即座に、また仮設的に変えるための手段として、ペイント素材、植栽、トラフィックテープ、出荷用パレット（椅子、テーブル、プランター、ステージ、壁、パークレットなど、さまざまに活用でき、タクティカル・アーバニズムの素材的な象徴ともいえる）といった資材を安価に入手し、人々の注目と利用を喚起するデザインと設営を考えること。そして反復可能性を重視するタクティカル・アーバニズムにおいてもう一つ重要なのは、資材や費用を記録し、少ない費用で変化をもたらした成功例を発信していくことである（2015: 185–198, 207, 2021a: 16）。

第五のステップは「テスト」である。ここでもまた、リーン・スタートアップにおける「構築—計測—学習」（Ries 2011＝2012: 19, 33-34）、つまりプロジェクトのプロトタイプを構築し、その反応・影響を測定し、その結果から計画を修正するか、方向転換するか、方向性を維持して長期的な投資に進むかといった判断を下す——そしてこれらの先に次なる構築がある——フィードバックループのなかで継続的な調整を行うことが推奨されている。プロトタイプを実行に移す「構築」のフェイズは、集合的に何かをすることで関係者の能力が育まれ、プロジェクトの支持者を増やす機会が得られるというプロセス上の意義と、プロジェクトの成果が観察・利用・調査・批評に開かれ、プロジェクトに学習の機会をもたらすという意義の双方を有しているとされる。「測定」で用いられるのは、ゲールらが『パブリックライフ学入門』（Gehl and Svarre 2013＝2016）で示しているものがより包括的だが、交通量・騒音・交通速度・小売店の売り上げなどについての定量的データや、タイムラプス写真・映画・インタビューなどによる定性的データである。これらを通して、短期的な介入の効果やさらなる改善点が「学習」され、次に行う一手が判断される。このようなステップを踏みながら、「終わりなきプロセス」としてのタクティカル・アーバニズムのプロセスは進んでいく（Lydon and Garcia 2015: 172, 199-204, 207, 2021a: 21-23）。

タクティカル・アーバニズムにおける主体性

ライドンらは、タクティカル・アーバニズムのアプローチは万能薬でも単一の定められたアプローチでもないと繰り返し述べ、それぞれが暮らす場所に無数に存在するオポチュニティ・サイトの位置づく文脈に応じて、効果的なアプローチが試行錯誤されるべきだとしている（2015: 3, 21-22, 210）。また、短期的な介入が必ずしもその後につながる変化を呼び込むとは限らないことも自覚されている。だが、誰かが行動を起こさない限り、変化が起こることは決してないのだと呼びかけて同書を終えている（2015: 211）。

先に述べたように、ある一地点への介入を長期的な変化の起点にしようとするアイデアは2で紹介した馬場、4で紹介した田中らにも分け持たれている。ライドンらと馬場らの活動が（地域は異なれど）時期的に並行していることを考えると、これはどちらかに起因するというよりも、1で述べたような日本国内の状況、ライドンらが述べたようなアメリカにおける背景はそれぞれ同一ではないものの、同時代的に分け持たれている都市や公共空間へのスタンスであり、それぞれの国内における問題意識に関連した表現の仕方の違いとみるのが妥当であるように思われる。

ただ、やはり先に触れたように、ライドンらのアプローチは短期的アクションを長期的変化につなげていくことへの意識がより強く、デザイン思考などにもとづくプロセスの可視化によってアプローチの理解可能性を高め、手法と必要資源のオープン化によって実行可能性・反復可能性を高めようとする志向がより明確であるように思われる。活動が市民の自己表現のレベルで終わるべきではないと述べていたことからも、3と4でみてきたような「自分」のあり方についてはそれほど重要視されていないように一見みえる。だが、行動を起こさねば変化は起きないとする上述の言及や、タクティカル・アーバニズムは専門家でなくとも誰でもがかかわれ、参加を通して「人々のシビック・プライドと主体性」を高め、「変化のための政治的意思」を形成することができるもので、実践においては「場をマネジメントしていくための能力」を磨くことが重要であるとする言及からは（2021a: 17, 41, 44）、タクティカル・アーバニズムの前提となる、あるいはその実践を通して身につけることのできる性質・能力が一定程度想定されているともいえる。本書の筆者以上に、タクティカル・アーバニズムを「自分」のあり方という観点から解釈しようとする姿勢は日本の建築関係者においてより強いかもしれない。たとえば参加型まちづくりを専門とする矢野拓洋（2021）は、タクティカル・アーバニズムにおける役割関係を「モチベーションの扱い方」という観点から解釈している。つまり、アクションを起こす者は「個人的なワクワク感やフラストレーション」といった「私のモチベーション」を活用し、専門組織はそうした「あなたのモチベーション」の再解釈と可視化を行ってまちを変化させていくプロセスに引き込み、行政はそうした「私たちのモチベーション」が長期的に持続する支援を行うのだ、というように。これらが相補的な関係をとることが理想だが、矢野は「私のモチベーション」が仮に長期的なまちの変化につながらなかったとしても、それは個人やコミュニティにとっての判断や合意形成の経験を提供することで、コミュニティにとっての意思決定をめぐる資源（意思決定資本）を育むものになり、タクティカル・アーバニズムはそれを育てるための「学習的な志向」であると述べている[43]。タクティカル・アーバニズムにいち早く注目してその紹介と導入に取り組んできた泉山塁威（2021a: 139, 2021b: 6）も簡潔ではあるが、その実施にあたっては人材育成が「欠かせない」もの、長期的変化を実現させるためには「主体形成」が必要であると述べていた。

プロセスに注目する手法と「自分」のあり方の接続に関しては、プロセスに言及するもう一つの代表的アプローチにおいて、よりはっきりしたかたちで言及がなされている。分析パートの最後にそれをみていこう。

（2）プレイスメイキング「プレイスメイキング」について

住民参加型の公共空間デザインを一九七〇年代からアメリカで行ってきたプロジェクト・フォー・パブリックスペース（PPS）が九〇年代以来提唱している「プレイスメイキング」にも、近年より注目が集まっている。PPSは社会学者ウィリアム・ホリングスワース・ホワイトによる七〇年代のストリートライフ調査に端を発して七五年に創設され、3で一部紹介したような参加型のプロセス、つまり都市開発のプロジェクトに空間利用者との対話やワークショップを活用する手法によって注目を集めたといわれる（Gehl and Svarre 2013=2016: 61, 76）。利用者の参加それ自体も重視されているが、参加はPPSのもう一つの重点である都市空間の観察のためにも重要で、ゲールとも共通する「アクセスとつながり」「快適性とイメージ」「使い方と利用」「社会性」といった空間の要点を、利用者のアクティビティ調査や利用者との対話を通して明らかにし、また実現していくことを活動の基本線にしているといえる（Project for Public Space 2000=2005: 14-17, 97-113; Walljasper 2007）。

ゲールら（Gehl and Svarre 2013=2016: 76）によれば、PPSの活動のなかでも、「広場や街路、近隣といったパブリックスペースの小さなスケールの改善を比較的素早く、安く行うことができる」プロセスがプレイスメイキングと呼ばれるという。PPSのホームページではプレイスメイキングとは「包括的なアイデアかつ実践的なアプローチ」とされ、以下で紹介するようにいくつかの特徴的な手法も存在し、タクティカル・アーバニズムとの相似性をさまざまにみてとることができるのだが、ライドンによればプレイスメイキングは「大きな概念」であり、タクティカル・アーバニズムは「それを実現するための手法」であるとして区分けされている（田村 2021: 56-58）。また上述した泉山（2019: 128）は、「ローコストで迅速な都市改善手法であり、短い実験から長期的な変化につなげるという点では共通している」ものの、対象コミュニティやステークホルダーが固まっておらず、行政のサポートが得られない状態であるプロジェクト初動期にはタクティカル・アーバニズムがより有効で、対象や利害関係者が固まり、行政も取り組むような場合はプレイスメイキングがより有効だと述べており、その活動経緯も含め、両者には相違点もまた存在する。

合流地点としてのプレイスメイキング

ただ、日本において初めてその語をタイトルに冠した、都市デザインを専門とする園田聡の『プレイスメイキング——アクティビティ・ファーストの都市デザイン』(2019)では、タクティカル・アーバニズムもおそらく念頭に置かれながら、前章と本章でこれまでみてきた各種の議論が総合されるようなかたちでプレイスメイキングの理念と手法が仕立て直されて紹介されている。以下、その要点を示していこう。

『プレイスメイキング』の冒頭では、ゲールらの知見を参照して、都市における「多様な活動の受け皿となる街なかの公共空間」、「多様な属性の人々やアクティビティを許容する」空間が「人々の居場所=プレイス」であるとして議論が始められている。そのようなプレイスは「都市において利用者がその場所の使い方や意味を自由に解釈できる『余白』的な機能を果たし、都市の多様性を受け入れながらも地域の個性を顕在化させる場となる」ため、これからの都市においてはその規模に関係なく、単なる空間としての「スペース」ではなく、人々の居場所である「プレイス」をいかにつくっていくのかが重要な課題になるという。次に、そのような場所をつくるプレイスメイキングの取り組みは「地域の人々が、地域の資源を用いて、地域のために活動するプロセス・デザイン」であり、場を生み出すための協働のプロセスに携わることによって、「運営者や利用者となる人々に場所への愛着が芽生え、豊かな公共空間というのは『与えられるもの』ではなく『自ら獲得し育むもの』だという意識の転換が起きる」とされている。そして、スペースをプレイスに変えていく際に重要となる人々の空間への愛着、つまり「センス・オブ・プレイス」は、移動しやすさやヒューマンスケールといった

「空間的枠組み（物理的要素）」、安全性や親しみやすさといった「表象的価値（心理的要素）」、さまざまなアクティビティを許容ないしは喚起する「活動（機能的要素）」という三つの要素からなり、それらをマクロな空間を一律のフォーマットで設けることでよしとする「これまでの近代都市計画」のようなトップダウンではなく、「アクティビティ・ファースト」の視点に立脚して「必要な要素をハード／ソフトの隔てなく挿入していく」プロセスを人々からのボトムアップで実現していくことが重要であるとされる（園田 2019: 8–11, 18–29, 260–262）。

このように、望ましい公共空間の位置づけ、参加・協働の意味づけ、公共空間はアクティビティ・ベースでハード・ソフト両面からデザインされるべきであるといったスタンスは、前章と本章でみてきた議論・実践の流れを総合したものといえる。また以下で示すようなプロセスも、既に数多実行されてきた手法を多く含んでいる。園田はこのことを自覚しつつも、先行事例は「都市デザインの手法として体系的に整理されてこなかったために、その地域独自の事情によって成功した特殊解という解釈をされてきた」側面があり、それに対してこれまで蓄積されたノウハウの「プロセスや合意形成の方法、空間の活かし方等に一定の共通項」を見出し、「体系的に」、「その手法や成功の要因を解き直す」ところに同書の新奇性を主張している（2019: 85）。

自分ごと・デザイン思考・マネジメント

園田は**表5–2**のようにプレイスメイキングのプロセスを分割している。まずフェイズ1「『なぜやるか』を共有する」のキーワードは「自分ごと」である。プレイスをつくる際の動機は壮大なもので

表5-2　プレイスメイキングのプロセス（園田 2019: 46–47）

Phase 1	「なぜやるか」を共有する
Phase 2	地区の潜在力を発掘する
Phase 3	成功への仮説を立てる
Phase 4	プロジェクト・チームをつくる
Phase 5	段階的に試行する
Phase 6	試行の結果を検証する
Phase 7	空間と運営をデザインする
Phase 8	常態化のためのしくみをつくる
Phase 9	長期的なビジョン・計画に結びつける
Phase 10	取り組みを検証し、改善する

ある必要はない。「友人と出会えるような街のサロン的空間が欲しい」「川岸の形式を見ながら美味しい食事ができるオープンカフェが欲しい」「子どもが安心して走り回れる広場が欲しい」といった、「ごく身近な自分自身の問題意識」にもとづくものでよいという。むしろ、問題意識が主観にもとづいた「自分ごと」である方が、「なぜやるか」という意識が明確で具体的なものとなるため、取り組みへの賛同も得られやすく、現状とのギャップと課題もはっきりしやすいという（2019: 47–48）。

フェイズ2「地区の潜在力を発掘する」では、フェイズ1で定めたゴールをどこで実現するかを考える。同書では一〇のフェイズとともに一〇のメソッドも示されているが、このフェイズではまず空間の「アクセスとつながり」「快適性とイメージ」「使い方と利用」「社会性」などに関するPPS由来のメソッドとしての「チェック・シート」を活用しながら、ある空間をめぐる変革可能性や人々の愛着を判定する。あるいは、デザイナーのチャールズ・イームズに由来してPPSが開発したメソッド「パワー・オブ・テン」（Walljasper 2007: 4）を用いて改変・活用できそうな空間を一〇か所見つけだしていく。これは、まず一つの空間の改変に取り組むとしても、その後に「次の展開を仕掛けられる空間、相乗効果が見込めそうな空間、ある対象地でできなかったことが試せる空間、などを事前に把握しておくことで、一か所の小さな空間から始めた取り組みをエリアへと波及させるためである」とされている（園田 2019: 48–49）。

フェイズ3「成功への仮説を立てる」では、「最終的に目指す『豊かなシーン』へ辿り着くための『仮説』」を立てる。ある空間についてどのようなシーンを望むのか、メソッド「ストーリー・シート」を用いて「いつ、誰が、どんな動機で、誰と、どのくらいの時間、利用するのか」までを詳細に設定し、それを可能にする空間デザインに必要な準備を洗い出す（2019: 49–50）。

フェイズ4「プロジェクト・チームをつくる」では目標に応じて必要なメンバーを集め、フェイズ5「段階的に試行する」ではタクティカル・アーバニズムと同様に低リスク・低コストで、目指そうとする空間の試験的設置を行う。これはフェイズ3における仮説を検証して本格実施に向けて足りないことを洗い出すことにつながり（フェイズ6）、プロジェクト・チームのメンバーに目に見える成果を示し、その意識を繋ぎ止める効果も有するという。フェイズ7・8ではフェイズ6の検証結果を踏まえて目指すべきシーンの常態化に向けた空間と運営のデザインを行い、フェイズ9では新しく生まれた空間の公共性を自治体の関連計画に位置づけてより大きな長期的展開につなげ、フェイズ10では取り組みを全体的に検証し、各フェイズにおける改善可能性を検討する（2019: 50–62）。

プレイスメイキングの独自性について、園田はエリアマネジメントとの比較を通して論じている。エリアマネジメントは都市空間へのコミットを民間組織に開いたものの一つだが、負担を伴う利害関係者とエリアがまず設定され、予算規模、対象敷地、事業者の選定という順で進み、その後に初めて事業の実施という流れになることが多いという。それに対してプレイスメイキングは「なぜやるか」という個人的な心情の水準から動き出し、緩やかなエリアの想定のなかで試験的な事業の実施、利害関係者との交渉、資金調達が行われていくという。(45) プレイスメイキングは、初動期には「専門家が効果的な戦略立案、適切なスキルの体得等を支援する必要があるが、一度そのプロセスと要点を掴めば、その後は地域の人たちのみで」、低コストのトライアンドエラーを行いながら、意思決定をより迅速かつ柔軟に行っていくことができるとされる。実際、園田がかかわった「あそべるとよたプロジェクト」(2015–)では、歩行者通路や公開空地などを利用できる実証実験イベントに申請した人々にプレイスメイキングの講座を開催して「心得」を伝授しており、当初は抵抗もあったものの最終的には「受け身な態度から当事者としての姿勢へと変化が起こった」とされている(平賀ほか 2020: 68–71)。プレイスメイキングはこのように「行政や専門家、そして小さな事業者や住民が対等の関係で都市にコミットできる新たな道」を拓く可能性を有する方法であると園田は述べている(園田 2019: 262–268)。

このように、プロセスをみても同書では「自分ごと」の重視、シナリオや仮説検証といったデザイン思考の要素のとりいれ、参加者の自律化、マネジメントの重視など、ここまでにみてきたさまざまなトピックが合流していることが分かる。「自分ごと」についていえば、本章でみてきた資料の時間幅は短いものの、山崎においては人々にとって自らの問題意識をもってもらうことが「仕組み」づくりの要点とされ、田中らにおいては「自分ごと」を自ら見つけ育み、行動に移すことが推奨されていたのが、園田において「自分ごと」はそれにもとづく短期的なアクションとその長期的実現に向けてプロセスをマネジメントすることまでが要請されるというように、「自分ごと」の活用に求められる内容は、書籍の刊行順に並べてみると順次加算されているようにみえる。直接・間接的な共時的影響関係のもとで同時多発的に提案された部分もまたあると考えられるが、総じていえば公共空間への新たなアプローチがさまざまに提案された二〇一〇年代は、その意味づけや成功事例の紹介とともに、アクターに必要とされる性質・能力もまたさまざまに言語化され、公共空間にかかわる人々にその要点が加算的に可視化されていった時期だといえるのではないだろうか。

6　公共空間を創り出す主体性とその解釈

(1)「コモン化」をめぐる主体性

本章の内容をふりかえろう。近年の日本の公共空間は、前章でみたような物理的設計のみならず、公共空間をめぐる規制緩和に応じた創意工夫とマネジメントの対象にもなっている。その展開可能性を拓くことに大きく貢献した馬場らは公共空間のあり方そのものを問い直そうとし、リノベーションの発想をもって公共的空間を新たに創出するアクション、および創出された空間が公共空間をめぐる状況に共鳴的変化を起こしていく可能性に積極的な意義を見出し、広く発信した。これらの実現にあたっては、空間の可能性を読み取り、編集する能力だけでなく、社会実験や一時占用許可などについて行政と交渉し、そうした交渉を継続させていくために組織をマネジメントしていく態度、また中長期的なアプローチのあり方を練り、実施していく態度も重要であるとされていた。

住民参加型のまちづくりをステップにして「コミュニティデザイン」を提案した山崎は、人々が自発的に、持続的にかかわり続ける「関係性」や「仕組み」をデザインしようとしていた。彼は従来的なワークショップの手法も活用しているが、チームビルディングの手法をこの分野では先進的に導入して住民自身の問題解決を促し、また「自分ごと」という言葉で表せるような個々人の問題意識や、「楽しい」「やりたい」といった心情的水準から人々をコミュニティに巻き込んでいくアプローチを示して大きな反響を巻き起こした。山崎にも一部関連する「ソーシャルデザイン」では「デザイン思考」が導入され、共感・定義・アイデア・プロトタイプ・テストというプロセスを通して失敗や批判をプロジェクト前進の糧として織り込んでいく態度が、プロジェクトそのものを駆動させる「自分ごと」の重視と接続されながら、人々自身が体得できるものとして示されていた。

二〇一〇年代後半に言語化された提案のなかには、行政でも専門家でもなく、市井に生きる人々自身が自分自身の「楽しい」「やりたい」という気持ちにしたがって、公共的なふるまいを引き起こす場所をつくり出していくことができると語るものが複数みられた。馬場がいち早く紹介していたのはこうした取り組みの一部といえるが、彼もこれまでにない公共空間を実現している人たちの多くは「個人の願望やニーズを素直に叶えることから」プロジェクトを始めていると指摘しており（馬場・Open A 2015: 13）、今日において公共空間にアプローチしようとするさまざまな提案の共通項の一つとしてこうした心情的側面の重視を挙げることができるように思われる。

馬場においても中長期的な視野が、山崎においても持続的なマネジメントが重視されていたが、二〇一〇年代後半に注目を集めたのは、小規模で短期的なアクション（戦術）が中長期的な変化（戦略）に結びついていくプロセスのロードマッピングである。タクティカル・アーバニズムの創始者であるライドンらは個人的な心情についてはさほど多くを語らず、デザイン思考を導入した手法の実現・反復可能性の上昇をより重視しているようにみえるが、そのような中長期的な戦略を練って実行に移していく態度、プロセスをつねに前進させていこうとする態度、そして変化への意思やマネジメント能力がタクティカル・アーバニズムの実践における前提ないし効用として考えられているようにもみえ、その点で近年の日本における公共空間へのアプローチにも接続しうる部分があるように思われた。また、園田によってまとめられたプレイスメイキングではアクションを中長期的変化に結びつけていくプロセスのなかに「自分ごと」、デザイン思考、チームでの活動、マネジメントといった本章で言及した要素がおおむね統合されて示されていた。

整理された知見について、本書の関心から位置づけ直してみよう。前章冒頭で紹介したデヴィッド・ハーヴェイは、都市における共同的なもの（コモン）と人々との関係を生産ないし確立しようとする実践を「コモン化 commoning」と表現していた（Harvey 2012＝2013: 121-122, 132）。住民参加のデザイン運動を専門とするジェフリー・ホーはこのようなコモン化の概念を参照して近年の動向、本章では2・4・5での議論にちょうどあてはまるような公共空間の創出実践に言及しながら、それらは「今日の都市環境の社会的・空間的定義と構成に対する挑戦的動き」であるとし[46]、それを遂行する「個人やボランティアによる自己組織化したネットワーク」によって、今日において新たに系統立てて組み立て直された「集合体 assemblage」――都市・地域の再生を専門とする真野洋介（2017: 74）によれば、土地や建物を媒介として「空間、人、材料、資金、信頼関係、アクティビティ、機能、催し」が組み立てられたもの――と「主体性」[47]の構築を必然的に伴うものだと述べていた（ホー 2017: 102–105）。

公共空間におけるふるまいの誘発を通してだけでなく、公共空間をハードとソフトが絡み合うハイブリッドな集合体としてつくり出そうとする実践のなかで、それにかかわる人々に新たな主体性が備わっていくという観点はまさに本書の見立てに沿うものなのだが、ではその主体性とはどのようなものなのだろうか。ホーはその内実についてはあまり言及していないが、真野（2017: 73–78）は上述した「集合体」を自らの手で組み立てようとする営み（アセンブル）は、個々人に内在する感覚やビジョンから発揮される「個のクリエイティビティ」をいかに地域に成果として定着させていけるかにあると述べていた。ホーの議論との対応を考えるとまずはこうした「クリエイティビティ」を挙げることができるが、本章の内容をふりかえると、もう少し具体的に以下のような主体性として整理できるように思われる。まず、自分が暮らしている場所やコミュニティに自分自身の問題関心（「自分ごと」という意識）をつなげ、それにもとづく取り組みを義務感というよりは「楽しい」「やりたい」といった気持ちをベースとして行う、というように「自分」を重視すること。次に、自らのアクションによって自分自身が変わり、誰かとつながり、またその誰かに影響を与え、状況や地域が連鎖的に変わっていくかもしれないという「変化」への希望をもち、実際に行動を起こしていくこと。定型的なゴールがないことも多いなかで、公共空間の創出にかかわるさまざまな活動に意義を見出し、実験や試行の成果を汲み取って前進させていこうとする、「プロセス」への前向きな自覚。そしてこれらのプロセスを、問題関心やビジョンを共有しあう人々、異なった組織の人々、創出しようとする場所を実際に利用する人々などとの関係をそれぞれつくりながら「協働」的に進めていくこと。[48] 本章でみたアプローチのすべてにおいてこれらが共通してみられるわけではないが、こうした主体性を、公共空間をめぐる今日のアクターは多かれ少なかれ体得することが推奨されているといえるのではないだろうか（坂倉 2020: 11-12, 25; 醍醐 2020: 79 も参照）。

こうした主体性については、ＩＤＥＯの共同経営者であるトム・ケリーとデイヴィッド・ケリー（Kelly and Kelly 2013=2014: 16-18, 26, 53-55, 65-67, 92, 151-153, 167-168, 219, 225, 242）が、デザイン思考を実現する「クリエイティブ・マインドセット」として語っているものを参照するのがより端的かもしれない。彼らによれば、人間は誰でもクリエイティブになれる可能性を秘めているが、イノベーションを起こすことができた人々はみな共通して「創造力に対する自信」を獲得しており、その自信は以下のようなふるまいや態度の体得に伴われるものであるという。つまり、義務から考えるのではなく自分自身の「夢」や「情熱」に向き合うこと。自分自身も周囲の状況も変えることができるという信念と、安全圏から飛び出して自分やその組織の進む先を自ら決定しようという意思をもつこと。不確実な状況を受け入れて向き合い、計画するよりもまず「何かやってみる」ことを旨とし、失敗への不安をチャンスと捉えて何度も挑戦すること。創造性を「チーム競技」とみなして心を許せる仲間のネットワークを築き、他者を信頼して「ありのままの自分」をさらけ出し、マインドセットをチームのなかに根づかせること。デザイン思考を「人生のデザイン」に応用しようとするバーナード・ロス（Roth 2015 = 2016: 9 など）もまた、その応用を通して、人生のあらゆることにポジティブにもネガティブにも意味を与えているのは自分だと気づき、自分自身とその環境は自分で変えられることを認識し、考えるよりも行動し、小さな行動の積み重ねや試行錯誤（プロトタイプ）を行いながらその習慣を少しずつ変えていくといったマインドセットが身につくと述べている。

今日、公共空間をめぐってはさまざまな「つくり方」「レシピ」が刊行されている。それらは基本的にはまさに「つくり方」「レシピ」なのだが、公共空間の利活用の規制緩和が進行し、行われている活動の多くは「基本的に誰でも参加できる」（平賀ほか 2020a: 15）というスタンスであるからこそ、公共空間の現状やその利活用をめぐる考え方からまずガイドされることになる。もちろん、考え方が強制されることは決してないのだが、より楽しく、より効果的で、より持続する活動を求めるとき、それをより可能にする主体性がそれぞれに想定されているように思われ、それは述べてきたようなことがらに多かれ少なかれ関連するものと考えられる。

(2) 「新自由主義」のガバナンスと主体性

ところで、いま整理してきた主体性の要点について、筆者には既視感のようなものがある。つまり、今日先進国で広く流通している自助マニュアルのなかでは自分自身の内面と向き合うことが要請されている（Rimke 2000）、現代の生活全般において人々は、選択を通して自分自身とその人生を変えられるものと信じ、また実際に行動を起こして自らの選択に責任をもつ必要があるとされる（Rose 1999b=2016: 371–374 など）、現代の流動的な労働環境のもとで労働者は不確実な状況を脅威としてではなくチャレンジの機会として捉えることが求められている（Weiskopf and Loacker 2006: 411 など）、そうした体制のもとで多く採用される参加型のデザインや自己管理されたチームのもとで人々は創造的・生産的になることが理想とされている（Miller and Rose 2008: 184 など）、といったような「新自由主義（ネオリベラリズム）」が要請する主体性として論じられてきたものとかなり重なり合うものであるようにみえる。

「新自由主義」という言葉は論者によって非常にさまざまな意味で用いられ、「せいぜいある種の『気分』を指すもの、せいぜいのところ批判者が自分の気に入らないものにつける『レッテル』」（稲葉 2018: 8）に過ぎないという指摘もある。ただ、こうした指摘を踏まえつつもこの言葉の用法について検討した仁平典宏（2021）の知見を参照すると、公共空間へのアプローチが要請する主体性について、もう少し言葉を足して考えることができるように思われるので、議論が粗雑になりすぎないよう気をつけながら考えてみたい。

仁平は、「新自由主義」という言葉は主に（1）消極的な金融政策と緊縮的な財政政策に向かう「経済政策」、（2）社会給付を抑制し、福祉・教育など市場の外部とされていた領域が商品化されていく「社会政策」、（3）各領域において規制緩和・民営化・準市場化などが進んでいく「ガバナンス」、（4）こうした各レイヤーにおける変化を自主的に担っていく「主体」という四つのレイヤーに適用されてきたと述べる。本章で扱った資料から導出した主体性は、この第四のレイヤーに関して指摘されてきた内容にかなり相似している。また、1で示したような公共空間をめぐる近年の状況は、第三のレイヤーに関してよく言及される規制緩和・民営化・準市場化などの言葉で捉えられるところがかなりある（冒頭で言及したＮＰＭは「新自由主義」的ガバナンスの代名詞ともいえる）。あくまで大づかみな話ではあるのだが、公共空間をめぐる近年の動向は、ガバナンスと主体というレイヤーにおける「新自由主義」論のあてはまりがよいようにみえる。

だが、本章でみてきた資料において、「新自由主義」という言葉は否定的な意味で用いられている。たとえば住宅政策や都市計画を専門とする平山洋介（2019: 104-111）は、商品化や市場化を旨とし、「人びとの競争と企業家精神の促進が経済進歩を達成する」とみるイデオロギーとしての「新自由主義」という観点から特徴づけられるグローバル都市の再生のなかで、都市のオープンスペースの商品化が進展して消費力をもつ人々の滞留が重視されるようになり、特定の誰かにではなくすべての人々に対して開かれているという公共空間の性質が損なわれるようになっていることを指摘する。具体的には、ニューヨークのブライアント・パークはＢＩＤを活用した公園経営を通してよく修景され、カフェやレストランが設けられ、さまざまなエンターテイメントも催されるようになっているが、視認性の高いデザインと保安員・警察官の巡回によって「望ましくない」人々が排除され（その結果少し離れた別の公園に移動することになり）、公園は主に白人中産階級のみにとっての憩いの場になってしまったという。平山はこのことを批判的に捉え、「公園にいないのは誰なのか」を想像し、調べることがオープンスペースのデザインにおいては重要だと述べている[49]。

タクティカル・アーバニズムやプレイスメイキングの実践例などが紹介されている『公共空間をつくるレシピ――プロジェクトを成功に導く66の手法』における山崎と泉山、ランドスケープデザイナーの平賀達也らによる座談会においても、「新自由主義」という言葉はやはり批判的に言及されている（平賀ほか 2020b）。具体的には、公共空間に民間資本がアクターとして参入するようになるなかで、道路占用許可を利用してパークレットなどを設けても何かを購入した人だけしか利用できないというように、公共空間が消費空間に変わってしまうだけではよくない（山崎）、短期的な経済効果を重視して「賑い至上主義」になるよりも、長期的な地域の運営が目指されることが望ましい（平賀）といった趣旨の発言がなされるなかで、山崎は「うまく使ってもらうため、知恵を絞って頑張っている」人々の試みが、「新自由主義経済の覇者に利用されて、努力していることがマイナスにならないようにしないといけない」と述べていた。

こうした批判的言及は、「新自由主義」的ガバナンスとして捉えられることの多い、規制緩和・民営化・準市場化といった動向の一つの帰結として、公共空間と人々の関係に社会的な偏りや新たな疎外を生んでしまう可能性があること、[50]より力の強い民間資本などによって公共空間へアプローチしようとしている人々の創意工夫や裁量の余地が減じ、またその活動の成果も乏しくなってしまうことを危惧したものといえる。だが、かといって「新自由主義」的ガバナンスそれ自体が否定されているというわけではないように思われる。山崎は上記の発言のあとに「民営化していいところといけないところを見極めながら、楽しくすべきところは楽しく使ってもらいつつ、公共空間自体の意義も伝えていかないと」いけないと述べ、平賀も、民間資本活用と地域の人々がかかわる公園運営の成功例としてよく語られる南池袋公園について、そうした活用・運営を通して「地域の事業者や地元の関係者が自分ごととして関われる仕組みづくり」が何より目指されたことだったと述べている（平賀ほか 2020b: 189）。[51]これらの言及からは、「新自由主義」的ガバナンスの動向自体は受け入れながら、それが上記のような危惧の実現に至らないよう、「楽しく」「自分ごと」としてかかわれる余地を確保していくこと、つまり人々が本章でみてきたような主体性を発揮して公共空間へかかわっていくことに希望が込められているとみてとれるのではないだろうか。本章でみてきたアプローチのそれぞれも、規制緩和・民営化・準市場化といった動向そのものを批判するというよりは、それらを活動における前提条件としながら、そのなかで公共的なふるまいを発生させる空間をそれぞれが創出していくこと、そしてその鍵の一つになるものとして、みてきたような主体性の発揮を語っていたように思われる。しかしそのような主体性こそが、「新自由主義」が要請するというそれと非常に相似しているようにみえる。

ただ、筆者はこのようなことを「告発」して本章をまとめたいわけではない。「新自由主義」という言葉が批判のためのレッテルになっている側面があることは上述したが、その主体性に関する議論もまた、自律的なふるまいを導く今日的な「統治」の産物である、人生における各種選択の責任を個人化して格差拡大を助長するものだとして、批判的な観点から議論されることが多くあった。批判的な議論の意義はもちろんとても重要で忘れてはならないことなのだが、「新自由主義」という言葉で捉えられるようなガバナンスが進行し、特に公共空間の利活用にかかわる人々にとって前提条件のようになっているとき、この文脈においてそうした条件を無視して活動することは難しく、それゆえにそうしたガバナンスが要請されるとされる主体性からもまったく無縁であることはできないように思われる。そう考えると、「新自由主義」的と位置づけることができるような主体性それ自体の批判やその隘路を示すことばかりではなく、その意味や効果について考えてみてもよいように思われる（元森・加島 2021 も参照[52]）。

筆者の解釈としては、公共空間から人々が疎外されているとみて人々をエンパワメントして「公共空間の改革開放」（馬場・Open A 2013: 20）の推進剤にしようとする場合でも、またそうした改革開放の結果として人々が公共空間から再び疎外されることを防ごうとする場合でも同様に、「新自由主義」的と捉えられる主体性の発揮がその解決の鍵、いわば「希望」のありかになっているのではないかというものである。もう少しいえば、公共空間をもっと自由に利活用しようとするなかで、あるいは公共空間の規制緩和進行下において利活用の選択肢や資源を使いこなそうとするなかで、そしてその進行を担うより巨大なアクターの影響力に飲み込まれないようにするなかで、そもそもそうした状況を引き起こしているガバナンスがまさに要請するといわれる主体性を行使して、公共的なふるまいを引き起こすような空間を自分たちの裁量や楽しみとともに確保していく、そのようなレイヤー間の差分のようなところに、公共空間のアプローチをめぐる「希望」は見出されているといえるのではないだろうか。

注

（1）国土交通省「中心市街地活性化ハンドブック」二〇一八（平成三〇年度）版。 http://www.mlit.go.jp/crd/index/handbook/2018/2018tyukatuhandbook_1.pdf

（2）こうした文脈において、今日における望ましい都市のあり方を体現しているとして頻繁に言及されるのがアメリカ・オレゴン州のポートランドである（山崎 2016）。ポートランドは、徒歩や自転車、ＬＲＴ（Light Rail Transit）などの公共交通機関を使って二〇分圏内に仕事場や買い物をする店、飲食店が揃っているゾーンがいくつも存在している。デザインガイドラインにもとづいて街並みが統制されており、オープンスペースが多く設けられ、歩行者の目に入る街路のグランドレベルに飲食店や小売店を入れ、透過性を上げて内外のアクティビティを可視化できるようにしている。また、自転車の利用が奨励され、自然保護や環境インフラの整備が進められている。市民や企業が参加する都市開発の仕組みも整えられ、活発な草の根の市民活動、充実した起業支援、開放的でサスティナブルな街の文化にひかれて若年層を中心にさまざまな人々が移り住んでいるといわれる。近年多くみられる海外地方都市論もその多くは、公共空間を豊かに備え、コンパクトで、ウォーカブルで、サスティナブルで、そしてクリエイティブであるといった特性によって称賛されているといえる（村上 2017 など）。

（3）こういった動向のなかで、公共空間の賑わいを創出するために商店が要点の一つであるならば、マーケットの活性化こそが公共空間の賑わいにつながるとする議論も現れている（鈴木 2018 など）。

（4）これは海外でも同様の傾向があるが、デヴィッド・ハーヴェイ（Harvey 2012＝2013: 56）は、公共空間を含む都市開発の市場化を推し進めたニューヨーク市長マイケル・ブルームバーグ（在任二〇〇二―一三）のスローガンが「ジェイン・ジェイコブズの心でもってロバート・モーゼス（ジェイコブズがまさに「敵」とした都市計画家で、ニューヨーク州・市のハイウェイ建設、郊外の開発、都心部の再開発など、ゾーニングにもとづく大規模な都市開発を多数行った：引用者注）のように建設する」であるという皮肉な事態に言及している。

（5）前章で紹介した武蔵野プレイスも、公益財団法人武蔵野生涯学習振興事業団が指定管理者となり、企画や事業を行っている。

（6）もちろん、公共空間の利活用をめぐる取り組み（あるいは、まちづくりをめぐるあらゆる取り組み）は、個別具体的な状況のなか、それぞれ考えや思い入れをもった人々がかかわり、個別のプロセスをとるものである。だが、そうした取り組みを吸い上げて整理し、方向づけ、より広く発信する営みも本章でみていくように今日では多くあり、それがまた個々の取り組みに再帰的に参照されている可能性も低くないとみて、本章ではこのようなアプローチをとっている。本章でみていく手法の多くは、建築に関係する人々の専門知のあり方の再定義を伴いながら示されたものといえるが、科学社会学者のハリー・コリンズらを参照していえば、本章では「それを獲得した人々を、その専門知が関係する領域で貢献できるようにする」（Collins and Evans 2007＝2020: 29）ものとしての「貢献型専門知」の今日的な内容の一つとして、公共空間にかかわる人々がどのような性質・能力をもつべくエンパワメントされているのかを考えようとしているともいえる。

(7) こうした見解は、たとえば建築家(ツバメアーキテクツ)の山道拓人(2018: 7)も「現代の〝公共〟は、さまざまな想定やクレームに対応しつづけた結果、余白がなくなり、お行儀よくしていなくてはならなくなった」と述べるように、今日では他の論者にも共有されているものだといえる。

(8) 思弁的な検討の対象となったのはより小規模なリノベーションが中心だが、より大規模なリノベーション・コンバージョンもこの時期注目されるようになっており、その主たる関心は都心居住のニーズの高まりに応じて、当時供給過剰とみなされていたオフィススペースを住居転用することにあった(建物のコンバージョンによる都市空間有効活用技術研究会 2002 など)。

(9) なかでも学校のリノベーションは、それが「コミュニティの中心」であったこと、「人々の思い出がたくさん交錯する場でもある」ことによって、空間の編集がうまく行われれば公共的なふるまいをより豊かに喚起することができるとされる(馬場・Open A 2013: 114–141)。例として、廃校になった中学校を公園とアートスペースにした東京都のアーツ千代田 3331 などが挙げられている。また山道(西田ほか 2018: 29)は、前章で紹介した武蔵野プレイスを「図書館という既にあるものを見つめ直し、新たに価値を再発見するというプロセス」の重要性に気づくことができる事例としており、リノベーション論において主張されることは、もう少し広く今日の公共空間デザイン一般にあてはめて考えられる部分があると思われる。

(10) これは同時に「建築という領域を再定義する」(馬場 2011: 5)ことを伴うことになる。建築をめぐる営みの「再定義」「拡張」については後述する山崎亮も論じていることだが、他にも日本建築学会(2014: 4)、古澤大輔ほか(2019: 6)など、近年の複数の著述でみることができる。

(11) このような、都市の一地点への介入を通して都市全体の変化につながる連鎖反応を生み出そうとする考え方については、都市再生の成功例として世界的にも有名なブラジルの地方都市クリチバの市長を務めたジャイメ・レルネルの「都市の鍼治療」(Lerner 2003 = 2005)に由来する部分があるかもしれない。

(12) 建築学者の松村秀一(2016: 18–19)は近年リノベーションやコンバージョンに注目して著述を行っているが、あるインタビューのなかで、かつてこのような「金銭的な話」が建築をめぐる議論のなかでなされることはほとんどなかったと述べている。

(13) 建築の職能拡大に関する、建築家サイドにおける組織マネジメントの展開については古澤ほか(2019)にいくつか事例がある。

(14) リノベーションを活用したまちづくりを推奨・実践する嶋田洋平(2015: 55-62, 286-298)はより明確に、これからの建築家は「『モノのデザイン』以上に、そういった仕組みのデザイン、関係性のデザイン、プロセスのデザイン、できごとのデザインといった『コトのデザイン』」も行う必要があると述べ、やはり異種混交的な発想の重要性を説いている。また嶋田は、新たな価値を創造し直すもの(Re-innovation)としてのリノベーションとは、「自分の手と頭を使って、自分の暮らしやまちを変えていくこと」で、「どんなに小さなことに見えても、自分の今いる場所で起こした変化がまわりへ伝わっていけば、その先に社会や世界を変えていくこともあるかもしれない」と述べ、馬場と同様に投企的なロジックを用いてリノベーションの意義を説いている。リノベーションを中心とした各種事業を手がける大島芳彦・ブルースタジオ(2019: 40-41, 52-53, 161)もまた、「リノベーションはモノのデザインというより、コトのデザインであり状況の再編集だ」として、空間にかかわる人々が共有できる「共感を持てる物語」、「それぞれの異なった関わり方、解釈や感じ方、考え方であっても、それぞれが自分のこととして、達成感を味わってくれること」、空間が生む「コミュニケーションの力」などを含みこんだデザイン活動がリノベーションなのだと述べている。

(15) 具体的なその特徴としては、「生活する場から発想する(利用の構想力の導入)」「空間資源を発見する」「空間資源の短所を補い長所を伸ばす」「空間資源を『場』化する」「人と場を出会わせる」「経済活動の中に埋め込む」「生活の場として評価する」というものが挙げられている。

(16) 「コミュニティデザイン」と、4以降で紹介する諸アプローチについては、前者が活字にされた時期が先行しているだけで取り組まれていた時期は大きく変わらない可能性があるものの、本文でも紹介するような前者の反響の大きさと、明確に活字化された順序を考慮してこの順序で扱っている。

(17) ワークショップそのものが喚起する主体性は筆者の関心事ではあるのだが、ワークショップは公共空間デザインのみを対象とするものではないため、そのことを本書で掘り下げることは趣旨がずれてしまう。この点については別稿を参照していただきたい(牧野 2021a)。

(18)「既成市街地の居住環境をいかにして整備するか」『建築文化』355(1976)、p. 36。
(19)「コミュニティデザイン」という言葉の用いられ方については、小泉秀樹(2017)も参照。
(20)関係性のデザインという表現自体は、既存の建築物との調和を図る都市デザインを推奨した田村明(1975)や、利用者(人間)と建築物、水、土、樹木、風景の関係性をデザインしようとするランドスケープデザインの分野(佐々木 1995など)などにおいて、より以前から言及されてきた。第四章の注で紹介した鈴木毅(1995: 178)も、都市におけるさまざまな「居方」をより多様にしていくためには「関係」をデザインする設計に切り換えていく必要があると述べていた。また、まちづくり・地域づくりにもっとデザインの発想を、という主張はより多くの論者が一九八〇年代以来行っており、メディア・コミュニケーションのあり方をめぐって「コミュニケーションをデザインする」といった表現を用いる者も二〇〇〇年代になると複数確認することができる。山崎の新奇性は、従来物理的な側面のデザインが中心だったまちづくりの分野において字義通りの関係性、つまり人々同士や、人々が場所を介してつながりあう関係性そのもののデザインに、一定の手法群を携えて取り組んだところにあるといえるように思われる。
(21)有馬富士公園の取り組みは、公園のマネジメントにおける先進的な成功事例としてしばしば紹介されるものになっている(平塚 2020: 198など)。
(22)山崎は、それぞれの現場ごとにどのような手法を用い、組み合わせ、アレンジするかが変わってくるため、どのような街でも通用するコミュニティデザインのマニュアルを書くことは難しいとしばしば述べている。ただ、コミュニティデザインにおいて用いられる手法のおおよそのレパートリーについては、『コミュニティデザインの時代』(2012)の第四章や、物語仕立てのワークブックといえるstudio-L『コミュニティデザインの仕事』(2012)でその概要を知ることができる。
(23)ここではワークショップとファシリテーションの関係を掘り下げず簡潔に表現しているが、日本国内においてワークショップ(論)が展開し、そこからビジネス領域を中心としたファシリテーション(論)が分化していく流れはかなり文字を費やして初めて説明できることだと思われるので、論旨がずれるために本章では割愛している。この流れについては拙稿(牧野 2021b)を参照していただきたい。

(24) 山崎のみが唯一とりいれているというわけではないだろうが、それを明示して活動を重ねているという点は彼の独自性といってよいように思われる。また、「2・0」に属するといえるランドルフ・ヘスター(Hester 1990＝1997など)が「やらなかったこと」としてチームビルディングの活用に言及しており、その独自性についての自覚はあるように思われる(乾・山崎 2012: 78-79)。

(25) 「自分ごと(自分事)」という表現は、一九八〇年代にはその用例を新聞上で確認することができるが、ここでの使用は佐藤可士和(佐藤ほか 2008; 佐藤 2010)や博報堂DIYグループ(2009)、電通・桑畑英紀(2011)など、クリエイターや広告に関連して二〇〇〇年代末から一〇年代初頭にかけてこの表現が用いられるようになったことが関係しているのではないかと考えられる。あるいは、コミュニティ論に関しては一二年の編集家・紫牟田伸子らによる『クリエイティブ・コミュニティ・デザイン――関わり、つくり、巻き込もう』の冒頭で、紫牟田(2012: 12)が東日本大震災以後、人や社会や地域のことを「自分ごと」として考えるような意識の変化が起きたと述べており、この言及を受けての表現かもしれない。

(26) この使いこなし方はさまざまであってよく、ある空間へのかかわり方については鈴木の「居方」論を参照して、さまざまな居方が発生するようなものが望ましいとしている(乾・山崎 2012: 182-184, 192-193)。このような空間の理想像については、ジェイコブズやゲール以来の多様性を許容する空間という点では相似するところがあるように思われる。

(27) 建築家の乾久美子は、住民参加を行う理由(参加の意義)をめぐる議論には「住民参加そのものを目的化した頑迷さ」や「自己啓発っぽさすら感じるような、ちょっと怖い感じ」(乾・山崎 2012: 37-38)を受けると述べていたが、山崎はそれに対して自らが感じる参加型プロジェクトの推進力は「社会運動や革命」のような教条的な理由ではなく「楽しい」がベースになっていると述べ、それが「なぜワークショップなのか」についての「二〇一〇年代なりの答え」ではないかと応答していた(2012: 44-47)。

(28) 山崎だけが唯一というわけではないが、モノをつくることにこだわらず、「コト」「ソフト」「プログラム」も重視しようとするアプローチは実際、まちづくりにおける注目すべき動向として多くの著作でとりあげられている(日本都市計画学会関西支部・次世代の「都市をつくる仕事」研究会 2011; 日本建築学会 2014; 松村 2014; 日本都市計画学会・都市空間のつくり方研究会 2019 など）。

(29) 建築学者の饗庭伸は、アイスブレイクが専門的なスキルとしてプログラム化され、対価が得られるようになって現場に持ち込まれる流れができたのは二〇一〇年代以降であると述べており（饗庭ほか 2020: 66）、そのことにおける山崎の貢献は小さくないと思われる。ただ、饗庭がこう言及した『素が出るワークショップ――人とまちへの視点を変える22のメソッド』（饗庭・青木・角尾 2020）では、都市計画において用いられる合意形成のためのワークショップと、コミュニティづくりを企図するワークショップの違いが幾度か言及されている。

(30) 筧は山崎らと二〇〇八年にソーシャルデザインプロジェクト issue+design を設立しており、山崎とは近しい関係にある。その意味で「山崎以外」とはいっても、さほど明確に切り離せるわけではない。

(31) 第一章で紹介した建築家の塚本由晴（アトリエ・ワン 2014: 7-8）も、パブリックスペースをめぐってこれに近しい疎外論的構図をとっていたといえる。

(32) 行政による「賑わい」の創出については、建築関係者によって以前から批判的に論じられてきた。たとえば鈴木（1993: 205-207）は「人を集めれば文句ないでしょう」とする賑わい志向は、イベントに頼った、イベントがなければ「死んだ」ようになってしまう都市空間をつくりかねない問題含みのものとし、多様な「居方」の創出の可能性を早くから論じていた。近年でも行政主導の賑わい志向は「商業主義的な軽さにまみれている」（小野寺 2014: 17）といった疑義が呈されているが、この疑義を呈している小野寺康は姫路駅北駅前広場など多くの行政が手がける公共空間デザインに（こうした状況をより内実のあるものにすべく）かかわっており（2015）、特に近年の場合、状況はもう少し複雑になっていると考えられる。

(33) こうしたささやかな活動の例としては他にも、「場づくり」の活動に長年取り組んできた加藤文俊ら（2014）による「カレーキャラバン」がある。これもまた、全国の街をめぐりながらカレーをふるまう自主的な営みだが、加藤は「社会実験」や「ソーシャル」「シェア」といった用語から評価したり、その場づくりの「効果」を測ろうとするよりも、「私たちには、『楽しいから』というひと言だけで、じゅうぶんなのだ」、カレーづくりやその提供のプロセスを通して一時的・即興的な「おしゃべりそのものを楽しみ、味わう」こと自体が大事なことだと述べ、やはり自分自身の心情をベースとしてその意義を控えめなものにしようとしている。

(34)「広場化」という意味では、中心市街地の衰退という社会的状況に応じて改正された法制への行政による対応、建築・デザインにかかわる人々による「公共」概念の問い直しや手法・専門性の（再）理論化もまた、それぞれ異なったアクターによる「広場化」の今日的実践のバリエーションといってよいかもしれない。

(35) 以下で紹介するプレイスメイキングにおいても、「ミーティングやイベントに何らかの楽しみを入れ込んでおくこと」や、「重要なのは、そこにあることをシンプルに面白がること」（Walljasper 2007: 154, 172）といった言及があり、こうした志向は国内にのみみられるものではないかもしれない。

(36) もちろん、都市計画に関してそのプロセスの定式化は以前から取り組まれ続けてきた。トップダウンではなく、地域環境のスタディを通してデザインのかたちを浮かび上がらせていく都市デザインのアプローチにおいても、佐藤滋ら（2006）など、その構想・造形・編集のプロセスを「意識的に方法化」（佐藤ほか 2006: 2）しようとする試みが複数存在する。また、そのなかにはまちづくりのプロセスをその試行段階を含めてデザインしようとする議論もみられた（日本建築学会 2004 など）。そのため、5で述べている内容についても近年突如として画期が訪れたわけではないのだが、公共空間における、必ずしも専門家によるものではないものも含め、小さなアクションをより大きな変化に結実させていく手法がまとまったかたちで相次いで提示されるようになったのは、本文でも述べるように国内では二〇一〇年代後半から今日にピークがあるように思われる。

(37) また、こうした戦術的アイデアが登場することで、それ以前の参加型まちづくりにおける「失敗」を戦術性の有無という観点から捉えなおす向きも出てくる（中島伸 2021: 67）。

(38) 実際、ゲール以来の「人間重視の都市デザインの流れ」のなかに、タクティカル・アーバニズムの動向はその最新形として位置づけられている（Matan and Newman 2016＝2020: 154–155）。

(39) タクティカル・アーバニズムを生み出した素地としてのニューアーバニズムとの関連については中島直人（2021）を参照。

(40) 二〇二一年にタクティカル・アーバニズムの理念・手法・実例をまとめた編著を刊行した泉山塁威（2021b: 3–5）によれば、経済や自然災害による都市計画への予想不可能な影響が多くもたらされ、都市計画の具体的な事業を民間主導で行うことが多くなっている昨今では、中長期的（戦略的）な計画を遵守するのではなく、短期的（戦術的）なアクションをその効果を検証しながら積み重ね、中長期的な変化につなげていくことがより有効である場合が多くなっており、その実現にタクティカル・アーバニズムは貢献できるとしている。

（41）泉山らによる二〇二一年の著作では、ライドンらの講演などをもとに「一〇ステップ」が示されている（Lydon and Garcia 2021b: 228-233）。これは、本文で紹介している一五年のアイデアより包括的にプロジェクトの進め方が示されたものともいえるが、各ステップの記述はかなり簡素なものであり、その価値観も合わせてタクティカル・アーバニズムを理解するには一五年の著作で示された五ステップを紹介する方がよいように思われた。

（42）またこうしたプロセスのなかで、既存の都市計画に沿うものかどうかによって、認可された活動を行うか認可外で進めるかも定められる。

（43）意思決定資本については、教育学者のアンディ・ハーグリーブスらの著作を参照（Hargreaves and Fullan 2012）。

（44）URL: https://www.pps.org/article/what-is-placemaking（最終確認日は二〇二一年一一月四日）。

（45）ただ、ここまでみてきたような動向のなかで、エリアマネジメントについてもかかわる人々の問題意識を導出・共有し、プロセスを通して改善していくことが重要だとする議論も現れている（保井 2021: 14, 19; 泉山 2021c: 165-166 など）。

（46）これは「民営化や新自由主義の動きを背景として公的な領域の囲い込みが強まる状況に対抗するもの」（ホー 2017: 101）と位置づけられている。（2）でも言及するような、「新自由主義」と公共空間の創出実践を対比的に位置づける事例の一つといえる。

（47）訳語としてあてられているのは「主観性」なのだが、ドゥルーズに由来する（またＡＮＴのキーワードでもある）集合体の概念が使われていることや、マイケル・ハートとアントニオ・ネグリの『コモンウェルス』（Negri and Hardt 2009＝2012）が参照されていることを考えると、これはフーコーやドゥルーズに由来する subjectivity を意味すると思われるので、本書の主旨に即して主体性という訳語をあて直している。

（48）松村淳（2021: 68）は、建築を作品とみなすよりも、地域コミュニティにおける媒介とみなして活動を行う

的であると評している。

「ソーシャル・アーキテクト」の代表的人物として山崎を挙げており、その仕事の特徴を、個人ではなく集団・組織的に仕事を進めていくこと、企画・設計段階から地域の人々を巻き込んでいくことの双方において「協働」的であると評している。

(49) こうした指摘は、都市社会学者シャロン・ズーキンの著述が念頭に置かれているのではないかと思われる。ズーキン(Zukin 2010＝2013)は、ニューヨークのユニオンスクエアはさまざまなアクティビティが発生し、社交が自然に生まれ、「都市住民のクリエイティブな能力」を示し、磨きをかけられるような公共の広場といえるところだが、そここそが地域最大の地権者グループによってコントロールされていることを指摘していた。こうした場所は一見すると、多様性を許容した開かれたところであるようにみえるが、民営化されたものであるがゆえに行政の管理下におかれた空間以上に取り締まりが厳しく、ホームレスや行商人、ストリートアーティストや若者たちはそこから追い出されてしまう。こうして都市の公共空間は、「清潔で、安全で、予想可能な」、「やっかいなものに出会う」ことのないような「大人の消費者向けの遊び場としての空間」になっているという(2010＝2013: 179–202)。ハーヴェイはさらに、こうした都市空間の修景の結果、公園周辺の地価が上昇して手ごろな住宅がなくなり、元からいた住民がその地域に住むことさえできなくなって富裕層だけが残るという事態(ジェントリフィケーション)に至り、今日における「都市への権利」は「ほとんどの場合、一握りの政治的・経済的エリートの手中にとどまっている」とより激しい批判を行っている。またハーヴェイは、上述したコモン化の実践もまた、「易々と金儲けに利用され」たり、「最初からそのことを念頭に置いて計画される場合もある」として、同様の社会的占有ないしは排除の問題を指摘している(Harvey 2012＝2013: 57, 133)。そして、都市空間の今日における変容を「新自由主義」という観点から明確に位置づけ、批判したものとしては佐幸信介(2021)がある。

(50) 建築空間の利用をめぐる社会的偏りは第二章、第三章でも触れた論点だが、既に本章がかなり長くなっているので、この点は終章で改めて比較検討することにしたい。

(51) 本書「はじめに」の冒頭で紹介している公園はこの南池袋公園である。

(52) このような視点は、「ワークショップ時代の統治と社会記述」という通期テーマを掲げて活動した関東社会学会二〇一九―二〇学会年度研究委員会テーマ部会Bに、筆者が担当研究委員の一人としてかかわったことが影響している（担当研究委員：元森絵里子・加島卓・仁平典宏・牧野智和）。その問題意識は、かつて「新しい価値」として掲げられた「自治」や「参画」などがやがて政策として採用されるようになり、社会学者はそれを格差や「新自由主義」を加速させるものとして批判するようにもなったが、さらに時が経ってそのような採用が常態化し、現実においてさまざまな展開がなされて二項対立的な「新自由主義」批判や「〇〇化」のような社会学者が用いてきた記述の形式が失効しているようにみえるとき、社会学者は一体何をどう記述することができるのか、というものであった。

終章　創造性をデザインする

1　アクティビティを誘発する建築空間

本書では、私たちをとりまく構築環境の最たるものとしての建築空間を対象として、それが私たちのふるまいや心理にどのような作用をもたらす技術として設計されているのか、またそうした作用の継続的な効果としてどのような主体性が喚起・生成されようとしているのかについて、それが可能になる諸条件にも配慮しながら分析・考察を行ってきた。第五章ではその拡張的な展開として、公共空間の利活用という、建築空間を創出・利用するプロセスを通した主体性の構成について考えてきた。筆者がここまで検討することができた建築空間は、ビルディングタイプとして挙げられるもののなかでもごく一部に過ぎず、またそれらに関するある潮流における、人間に対する作用という一点を考察したに過ぎない。このことに留意しつつも、本章では各章での知見の共通点や、そこから発展的に考察できそうなことについて述べていきたい。

まず、作用の要点としてのアクティビティについて。これは第四章でも整理していることだが、学校建築（第二章）、オフィスデザイン（第三章）、公共空間デザイン（第四章）の分析を通して、人々のさまざまなアクティビティを喚起・誘発する、ヒューマンスケールのささやかな仕掛けが近年におけるトレンドになっていることをそれぞれみてきた。時期的には、学校建築とオフィスデザインについては一九九〇年代中頃から二〇〇〇年代に誘発的仕掛けへの関心が高まってアイデアの提示、その意義の説明、建築物としての具現化がそれぞれ伴われ一つの有力な選択肢となり、公共空間デザインについてはヤン・ゲールの提案自体はより早かったものの、一〇年代になって関心が本格化して具現化がより進んでいったとおおむね整理することができるだろう。これがさらに他のビルディングタイプについてもあてはまる傾向なのかはこの時点で定かでないが、アクティビティを誘発する仕掛けに注目が集まっていく経緯やそこにかかわるアクターに各章間でまったくといっていいほど重なりがないことを考えると、これも第四章で述べたとおり、この傾向は特定のビルディングタイプに留まらない広がりをもっている可能性がある。少なくとも、私たちの多くが日々の生活のなかで利用する建築空間において誘発的仕掛けへの注目が同様に進んでいることは、建築空間を通した「ふるまいの導き」における一つの志向として指摘してよいように思われる。このことを踏まえてふりかえれば、本書ではアクティビティを誘発しようとする建築空間のトレンドの分析・考察を通して、私たちの日々の生活のある側面、ひいては私たち自身のある部分がどう異種混交的に組み立てられているのかを考えてきた、ということができるだろう。

より包括的にみるならば、誘発的仕掛けへの注目は三つのビルディングタイプについてそれぞれ、効率性や合理性を専ら重視する従来的建築計画に抗して進んできたといってよいだろう。だが、建築計画に関するそれまでの蓄積が放棄されているというわけではなく、蓄積されてきた調査・設計に関する知識・手法を利用しながら、効率性や合理性のみに留まらない多様な機能を、綿密な検討を重ねたうえでちりばめていこうとしたものと捉えるべきであるように思われる。教育学者の真壁宏幹（2008: 113–114）は「ワークショップ」について論じる際、それは知識・理性偏重の計画的な学習・活動などを、創造性やコミュニケーションなどを重視して書き換えようとする「『近代』を乗り越えようとする『近代』」の営みなのだと述べていたが、アクティビティ誘発への志向も、効率性や合理性を重視する従来的——これを「近代」的と表現することは可能だと思われる——建築計画を批判してその彼方としての「ポストモダン」に行こうとするよりは、「近代」における蓄積を活用してその問題点に取り組みアップデートしていこうとするものだと解釈するのが妥当ではないだろうか。ただ、これはあまりに大きすぎる解釈かもしれない。松村淳（2021: 68）は、日本国内における建築家の示差性の今日的な示し方として、建築を「作品」として示すのではなくその「機能性」、具体的には「その内部や周辺で展開されるアクティビティの誘発や制御」を前面に打ち出す立ち位置が現れていると指摘しており、そのような国内における建築家「界」の動向などから、「近代」をアップデートしようとする高機能化・多機能化を解釈した方がよいかもしれない。また松村（2021: 73–93）は、「建築家のエートス」を涵養する場としての大学での教育にも注目していたが、そうした教育の場においてアクティビティに注目する素地が涵養されている可能性もある。(1)

2　創造性をデザインする

次に、建築空間が構成しようとする主体性（技術の作用を通して生成される持続的な性質・能力）について。これについては、一貫した傾向が抽出できたというよりは、各章からいくつかの理念型を描き出すことになったといえる。まず学校建築の場合、さまざまなアクティビティの誘発を通して、自らの居場所を自ら見つける、何かを発見する、その意味を自分なりに組み替えることがそれぞれ期待されていたとまとめることができるだろう。オフィスデザインの場合はその発展形といえるようなもので、行うべき作業に応じて自ら最適な場所を見つけ選び、活発にコミュニケーションをとって協働的になり、相互のアクティビティを視認してその意味を汲み取り、知的創造性を発揮していくことが期待されていたといえる（これらは学校建築の近年のトレンドにおいてみられた、交流スペースや協同学習スペースの設置、透過性の向上などに関して指摘できることでもある）。

ここまでは関連性をみてとることができるのだが、公共空間デザインの場合、誘発的仕掛けの直接的な効果として何らかの性質・能力を備えることが強く期待されているというよりは、誘発されたアクティビティが他の人々のアクティビティの触媒になることがまず期待されているようにみえ、主体性の組み立て方が異なるのではないかと考えられた。直接的効果をみてとろうとすると難しいところがあるのだが、他の人々の「中継項」になることがまず期待されているという間接的経路を見立てると、さまざまな中継的アクティビティを相互に体感するなかで、さまざまな人々を受け入れる「社会性」や、公共空間の風景をお互いが担っていることの自覚という意味での「市民性」の醸成が緩やかに期待されていると解釈できるのではないかと考えられた（翻ってみると、これはジェーン・ジェイコブズやゲール以来の要点であったのだが）。異種混交的な関係性のなかで生成される性質・能力に関してこのような触媒的側面を考慮してみるとき、子どもたちのアクティビティがオーバーラップし、天気図のように目まぐるしく変動することを喚起・許容しようとした小嶋一浩らの学校建築や、行われているアクティビティや可視化された文脈情報からさらなるアクティビティを誘発しようとするオフィスデザインの仕掛けについてもよりよく理解できるようになると思われる。つまり、触媒としての主体性という観点は第四章からさかのぼって第二章・第三章にも適用できるところがあると考える。

第五章で検討した公共空間の利活用については、また異なる、しかし明確な主体性への期待をみてとることができた。具体的には、自分自身の問題関心をもち、「楽しい」「やりたい」といった気持ちを活動のベースとする「自分」の重視、自らの活動が自他に、また公共空間をめぐる状況や地域に連鎖的な影響を与えうるという「変化」への希望、定型的なゴールが見定めがたいなかで一つ一つの出来事に意義づけを行い、活動の成果を汲み取って前進させていこうとする「プロセス」の自覚、そしてさまざまな人々と「協働」的に活動を進めていくことといった要点を抽出した。そしてこれらは「クリエイティブ・マインドセット」として、また「新自由主義」的な主体性として言及されていることにそれぞれ相似しているという解釈を提出した。

このように、各章でそれぞれ斉一とはいえない理念型を描き出してきたといえるが、何らかの集約的な知見を導き出すことはできるだろうか。自ら場所を選び、動き、発見し、ものごとの新たな意味づけを自ら、あるいは協働的に生み出していく主体性。他者のアクティビティの触媒となって、相互に公共性を喚起しあうような主体性。自らの問題意識と心情を重視して、状況を協働的に、そのプロセスに確かな意味づけを与えながら変えていこうとする主体性。各章の知見をこのように圧縮的に示したうえで落としどころを見出そうとするならば、それは「創造性」という言葉になるのではないかと考えられる。これは直接的には、近年の「クリエイティブ・オフィス」はまさにそれそのものを目標とし、公共空間の利活用が「クリエイティビティ」（真野 2017: 74）を発揮する営みとして期待されていたことにもとづく解釈だが、学校建築についても「創造性」という言葉がときに用いられながらオフィスデザインと相似する主体性が喚起されようとしていたこと、公共空間デザインについても相互触媒性を高めた、アクティビティ誘発のセオリーによくあてはまるような公共空間を充実させた都市が（もちろん、それだけが理由ではないものの）しばしば「クリエイティブ」な都市と評されること（Florida 2008＝2009; 山崎 2016; 高松 2016 など）も踏まえた総合的な解釈である。今述べたように「創造性」が意味するところは一様ではなく、建築空間の個人に対する直接的・間接的効果、まちの賑わいに対する効果、公共空間に携わろうとするなかで期待されるものというように組み立て方もばらばらなのだが、人々をそれぞれ「創造性」に関連づけて捉え、またその生成を目指して働きかけようとする異種混交的な布置連関が形成されるいくつかの今日的事例を本書ではみてきた、といえるのではないだろうか。

ここまでを踏まえて、第一章で示した分析モデルにここまでの知見を書き込んだものが**図終-1**である。こうまとめるとき、多様なアクティビティを喚起・誘発する建築空間はそれ単体で有力な選択

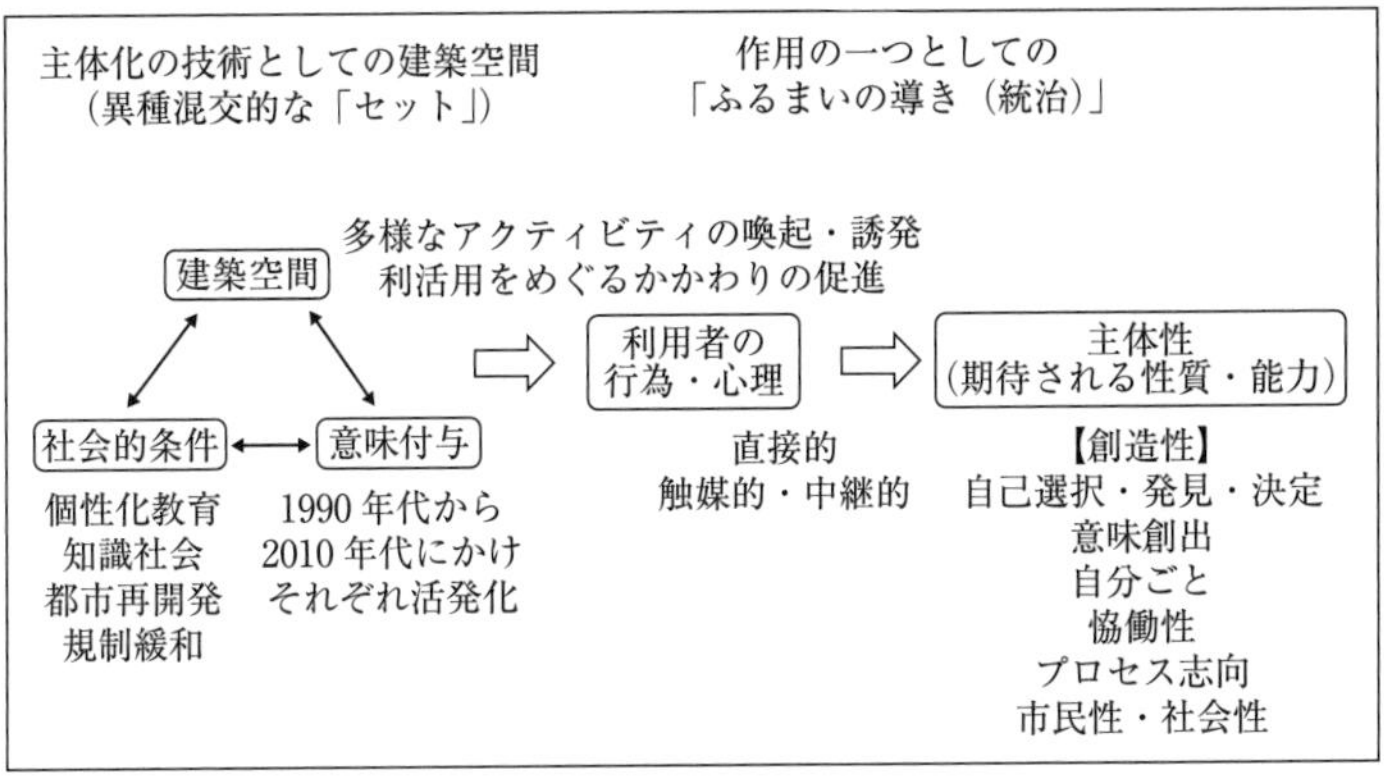

図終-1　本書の知見のまとめ

肢になりえたといえるだろうか。建築空間それ自体はもちろんなくてはならないものだが、既存の建築空間を問題化し、その対案たる新しい建築空間に意義やエビデンスを付与して魅力や正統性を獲得していく言説実践とその蓄積、それを可能にするあるいは促進する大小の諸条件が、これらもそれ単体ではなく、一まとまりの組み合わせ（異種混交的な「セット」）になったことで、有力な選択肢になりえたのではないだろうか。もしそう思ってもらえるなら、社会学の立場から建築という意外なテーマに取り組もうとした本書の試みは半ば成功したといってよいかもしれない。

3　規律訓練から管理へ？

（1）規律訓練から管理へ？

各章のまとめを踏まえ、人々のアクティビティを押し込めるのではなくさまざまなかたちで喚起・誘発し、いってみれば「自分らしく」いられるような、また活発なコミュニケーションを促し協働的になれるような、そして創発的になるような「ふるまいの導き」という理念型を得たとして、それをどう評価することができるだろうか。

ここで、第一章で示した理論枠組に立ち戻ってみたい。第一章では、ナターシャ・ダウ・シュール『デザインされたギャンブル依存症』を紹介した際、ミシェル・フーコーが述べた規律訓練型権力からジル・ドゥルーズが述べる管理型権力へ、個々人の身体の統制からデータとしての個々人の流動性の管理へ、という論点があることに言及した。規律訓練については第二章で（一望監視装置については第三章でも）、管理社会論については第三章でそれぞれ触れているが、各章の分析を経たうえで再度この論点について考えてみよう。アクティビティ誘発の仕掛けは学校建築の場合、個々人を固定的に配置し、監視し、規範をうえつけようとする規律訓練的な志向に対する、全面的な書き換えではないにしてもその部分的なオルタナティブとして提案されていたといえる。そのオルタナティブの焦点は、個々人のふるまいや心理を包括的に統制しようとするよりはその都度の自発的な各アクティビティであり、同様の焦点を抽出できた第三章ではドゥルーズ管理社会論の一要点である可分性という観点から解釈を行った。第四章で示した触媒としての主体性という観点も、導きの焦点がこうした可分的なアクティビティであることから導き出されたものといえる。そして第二章から第四章で示したとおり、誘発的仕掛けは空間の使われ方の綿密な調査やシミュレーションにもとづいて用意されるもので、これもまた可分性はデータとして処理されるとするドゥルーズの指摘にあてはまるところがある(Deleuze 1990＝1992: 296)。

ただ、あてはまる部分があるからといって、規律訓練から管理へという単純な理解をとるべきでもないように思われる。第二章でも述べたように、規律訓練の志向は今日まで続く近代以降の学校そのもの（あるいは社会生活全体）の原理を構成しているところがあり、新たに提案される仕掛けも、以前からある学校建築の関連法規のなかで可能になっている部分的なもので、それによって従来的な学校生活が根本的に変わるようなものではない。オフィスデザインの場合、空間構成の自由度はより高いかもしれないが、よくデザインされた空間であればあるほど、さまざまな情報が書き込まれた仕掛けが用意されてそこで働く人々を攻囲しているともいえ、知的生産性を監視・評価するまなざしあるいは体制はより強くなっているとみることもできる。また、流動的な環境であるからこそ、いま何を行う必要があるのか、相互視認的な仕掛けがちりばめられた開放的環境のなかで自ら選択・判断していく自己規律がむしろ求められることになるともいえる。公共空間の場合、「迷惑行為」が物理的に防止・排除されている（つまり規律の内面化を経ずに秩序を形成しようとする）側面もあるが、相互視認に伴う公共的なふるまいが引き起こされるにあたって、やはり一定程度の規律の内面化は前提にされているだろう(2)。こうしたことを考えると、アクティビティを誘発する建築空間においては、規律訓練論において指摘されていたことがらも多く残存している、もしくは空間の効果が高まるにあたっての前提になっているとみるべきではないだろうか。つまり、規律訓練から管理へというよりは、規律訓練と管理の双方が混ざり合っているのではないかと考えられる。

また、コンピューターを用いたシミュレーションのなかには近年特有のものが含まれるとしても、空間の使われ方の調査やそのデータの活用は、建築計画や労務管理などの分野で長らく行われ続けてきたものであり、人々の可分的な要素を取り扱い、データにもとづいて働きかけようとする傾向は必ずしも近年のものとばかりはいえないように思われる。変化したのは、第二章から第四章でみたようにそうしたデータを集め活用していく方向性、それぞれのビルディングタイプをめぐるヒト・モノ・コトの関係性（図終-1の左側で示しているような）ではないだろうか。第五章も含め各章ではかなりはっきりした二項対立構図がとられ、上述した「『近代』を乗り越えようとする『近代』」として解釈できるスタンスのもと、従来的なアプローチのオルタナティブがそれぞれ提案されていたといえる。そのような「創造性」へと人々を誘おうとする布置連関のなかで、どのような意図のもとでどのようにデータが集められ、どのように活かされているのかというところに近年の傾向の要点をみるべきではないだろうか。

規律訓練から管理へ、といいきれないとみる理由はもう一つある。各章でみた「ふるまいの導き」からは、結局のところ「心理主義」を導出できるように思われるためである。1で整理したように、建築空間をめぐる働きかけの要点になっているのはアクティビティであって、感情や思考といった、「心」として辞書的に定義されるものではない。しかしこれは、個々人が具体的にどのようなことを感じ、考えるかについて配慮していないということではないように思われる。むしろ逆に、各章でみられた二項対立構図のなかで人間性の重視がそれぞれ主張されてアクティビティの強い統制が避けられ、居住性を向上させた空間のもとで「いきいきとしたアクティビティ」（小嶋一浩）、あからさまではない「にも関わらず」わき起こるアクティビティ（岸本章弘）の喚起・誘発が目指されており、そこでは人々が何を感じ、考えるかについての自由度が最大限尊重されている。公共空間の利活用の場合は、より積極的に「自分ごと」にすること、「やりたい」「楽しい」といった気持ちが重要視されている（ただ、それらの「見つけ方」については、あまり詳細に語られることはなく、個々人に委ねられている）。こうしたことを考えると、「社会的現象を社会からではなく個々人の性格や内面から理解しようとする」（森 2000: 9）という積極的なかたちはとらないものの、「自己と他者の『こころ』を大切にしなければならない」（2000: 15）という包括的な価値観としての「心理主義」が、建築空間をめぐる働きかけであるにもかかわらず、もしくはそうだからこそ尊重されているように思われる[3]。この意味でも、人々がデータとして扱われるようになる傾向を打ち出す管理社会論には収まりきらないところがあり、そのずれ方にこそ、建築空間を通した「ふるまいの導き」の特質があるのではないだろうか。

（2） 建築空間と社会的属性

第一章に立ち戻ってもう一つ参照したいのは、人々の社会的属性と空間認識・利用傾向の関係性という論点を導出していたマルティナ・レーヴの示唆である。筆者はこれを受けて第二章で、工夫された学校建築の実現可能性が私立校においてより高いことを指摘し、誰かの思惑というよりは結果として、出身家庭の社会経済的背景による空間の経験可能性の違いが生じているのではないかと述べた。第三章では学校建築に比してより明確に、企業規模や職種に応じて「クリエイティブ・オフィス」の経験可能性が異なると考えられたことから、場所をめぐる主体性の偏りないしは棲み分けが発生する可能性について指摘した。

また、第四章と第五章に関しては、第五章の終盤において「新自由主義」的な都市開発のなかで、よく修景された公共空間から「望ましくない」人々が排除され、白人中産階級のみにとっての憩いの場になってしまったことへの懸念を紹介した。これは公共空間デザインに関する懸念だが、都市社会学者のシャロン・ズーキンはこのような空間のあり方を「カプチーノ文化」(Zukin 2010＝2013: 319)と表現するばかりでなく、新たな公共的空間の創出に関連するといえることがらについても次のように指摘していた。つまり、都市のなかに住民が心地よく過ごせる社交の場を新たにつくりだそうとする起業家たちは、そのクリエイティブなセンスによって地域に「文化的な息吹」を吹き込み、そこに新しくつくりだされた「オーセンティック」なつながりにもとづいた「地域の『新しいはじまり』」を語るが、彼らの尽力によって「より上品に修景」された場所は、皮肉にも「都市に昔からいる労働者階級と下位中流階級にプレッシャーをかける」ことになる(2010＝2013: 4-6, 36-37, 76)。あるいは、地域や住民、その生産物に「真正性」を与え、それらを市場価値の高いブランドにしていこうとする創造性とイノベーションを重視する活動それ自体が、新しい中流階級のライフスタイルと共鳴するものだ、と(2010＝2013: 324-326)。

ズーキンの指摘がどの程度日本の状況にあてはまるのかは、また別途個々の事例から考えていかねばならないことではある。だが、各章での知見およびズーキンの指摘から考えると、人々を「創造性」に関連づけてその生成を促進しようとする建築空間や、その創出をめぐるかかわりには、経験可能性や親和性に関する社会的な偏りが生じている可能性がある。もちろん、結果としてそうなってしまったという場合から、明確なターゲッティングがなされている場合まであるだろうし、第五章終盤でみたように偏りを懸念してより開かれた空間のあり方を求める動きもまた多くあるだろう。また、仮に何らかの偏りがみられたとしても、明確に「排除」といえるような場合から、単に空間をめぐる選好、ライフスタイルによる棲み分けとしかいえないような場合までがあるだろう。そのため、述べたように個々の事例ごとに考えていく必要があるのだが、本書のスタンスでは議論をこれ以上先に進めることは難しい。ひとまずここでは、空間と人々の結びつきの社会的偏りという、社会学の立場からすれば標準的といえる論点を、本書が扱ってきた対象に何らかのかたちでどうしてもついてまわるようにみえる問題として提出しておきたい。

本節での議論をまとめよう。個々人が何をどう感じ、どう考えるかが尊重されて強い統制が避けられ、「創造性」へとつながっていくような自発的ふるまいが促されるという働きかけ方は、個人の身体を物理的に配置し、何らかの目的のためにその行為をコントロールする「権力の技術」としては緩いものだといえる。だが各章でみたように、こうした働きかけ方は同時代的な教育・経済・公共空間についての見立てにもとづいて、人々がこうなっていくことが望ましい、そのためには現状がこう変わっていくべきだとして示された希望や理想と明確に結びついたものでもあり、ただ緩いもの、無意図的なものというわけではない(4)。またこうした働きかけ方は、それぞれのビルディングタイプに関して蓄積されてきた、人々を観察・記録していく調査手法、あるいはそこから得られた知見を働きかけの改善に活かしていこうとするプロセス管理の手法に支えられながら、その意義と実効性をより確かなものにしている。このように、強制性は弱くとも考え抜かれた働きかけの技術であるからこそ、それらは教育における「生きる力」やアクティブラーニング、企業活動における組織の流動化や知的創造性の要請、「新自由主義」的な都市ガバナンス(5)にそれぞれ応じることができる、今日における

「ふるまいの導き」の選択肢の一つになりえているはずである。また、このような各領域における改革動向に応じうるものであるからこそ、そこにより適合する人々、経験可能性の違いもまた、社会現象一般がそうであるのと同様に生じる可能性があるのではないだろうか。

幾度か述べてきたように、本書の筆者はここまで述べてきたようなことがらを「告発」したいわけではない。そもそも私たちのふるまいは、こうした空間やプロセスをめぐる仕掛けがあってもなくても、つねに何らかの限定された条件のもとで行われており、そこにはつねに何らかの社会的偏りが伴われている（もちろん、だからといって偏りをすべて放置してよいということではない）。本書で行おうとしたのはそうした偏りも含め、「個性」や「自発性」から「創造性」「賑わい」「楽しさ」「やりたいこと」「自分ごと」まで、今日の構築環境をめぐって希望をもって語られることがらがどのような異種混交的な関係性のもとで実現されようとしているのかという、私たちの生活、および私たち自身の今日におけるありようの一側面の解釈であった。ただし、これはおおむね二〇一〇年代までのありようである。二〇二〇年代初頭以来の新型コロナウイルス禍のなかでの動向を紹介した章もあるが、それがこれ以後、どう展開していくことになるのかは率直にいって現時点で定かなことはいえない。しかしいずれにせよ、本書でみてきたような展開が今度は前提条件となったうえで、次なる希望が示されることになるはずである。

4　今後の課題――建築の社会学に向けて

各章における共通点から考えられそうなことはひとまずこのあたりだろう。とはいえ、繰り返すように本書で考えることができたのは、建築に関するほんのわずかなことがらにすぎない。建築に関してはそれを専門とする人々が既に、またつねにさまざまな観点から考察と実践を積み重ねており、その厚みには圧倒的なものがある。ただ、本書の試みに関連して社会学やその関連領域がなしうることをさしあたり挙げるだけでも、今後新たに検討しうることがらは多い。本書の輪郭をはっきりさせるためにも、最後にそれらについて言及しておきたい。

まず、本書は第一章で述べたように「いかにも表面的」であるところにあえて留まり、私たちと建築空間をめぐる関係性の理念型について考えようとしてきたが、第一章での説明やそれ以後の各章での分析をみてもなお、建築をめぐるリアリティへの肉薄が不足していることを不満に思われた方は多いかもしれない(6)。例を挙げれば、一つ一つの建築物の設計・施工に関して起こっているさまざまな出来事やその背景、建築に携わっている人々の思いや考え、完成した建築物における利活用の実態、等々。利活用の実態については、たとえば学校建築の場合、生徒、教員、学校管理職、建築関係者など、誰に注目するのかでみえてくることは異なるだろうし、学級、学年、学校段階によっても事情は異なってくるだろう。公共空間の場合、さしあたり考えるだけでも、そこにかかわるまちの「プレイヤー」(真野 2017: 67)に注目し、彼らがどのような経緯と思いを抱いて活動をしているのか、「コモン化」のプロセスが実際どう進行していくのか、といった観点を挙げることができる。ただこうしたことがらは、本書で分析対象資料にしてきた建築関連の書籍・雑誌でつねに紹介され続けていることであり、また建築関係者自身がしばしば自ら述べることでもある。建築実践に直接貢献できるわけではない社会学者（など）が建築をめぐるリアリティに肉薄しようとするときには、どのような立場・観点から、どのようなことをオリジナリティのある知見として書くことができるのかが問われることになると思われる（元森・加島 2021: 31-32）。その選択肢の一つに第一章で紹介したANTはあるといえるが、それをただ掲げたからといってオリジナリティが確保できるわけではもちろんないだろう。「建築家の社会学」に取り組んだ松村（2021）が、さまざまな立場の建築家の位置づけと解釈を一つ一つ丁寧に行ったように、研究対象に即して立場とオリジナリティを探し出しながら、建築をめぐるリアリティの探究は行われていくことになるのだと思われる[7]。

また、本書で描いてきたのは主体化をめぐる技術、働きかけ方の理念型であって、そうした技術や働きかけの実際の効果そのものではない。教育現場における各種の教育・指導方法が必ずしも生徒に狙ったとおりの効果をもたらすとは限らないように、空間的仕掛けがつねに人々を思い通りに導くことができるわけではない。特に、本書でみてきたようなささやかな仕掛けであるならなおさら、その効力は目に見えて強いものにならない可能性がある。ただ、だからといって理念型として描かれたものがまったく実際の効果を発揮しないということではないだろう（仕掛けの特性はむしろその弱さと、そのことによって逆に可能になる多様な展開可能性にあるように思われる）。教育・指導方法を再度例にとれば、それらが直接生徒に何らかの影響を及ぼす、教員と生徒あるいは生徒同士の関係性など学級の雰囲気を変える、特定の条件と組み合わさることで効果が発揮される、想定外の影響を及ぼす等のさまざまなパターンがありうるように、空間的仕掛けの効果もさまざまな可能性が想定できる。こうした働きかけの作用の分析は経営学領域、つまりオフィスデザインに関連して既に進んでおり、たとえば阿部智和（2021）はパーティションの高さや数といったオフィスの物理的特徴が、従業員の性別、年齢、役職等の統制変数を考慮したうえで、オフィス内でのコミュニケーションのとりやすさにどのような影響を及ぼすかを検討している。あるいは野村不動産ヒューマンファースト研究所（2021）は、仕事で利用する場所の種類や社内移動の頻度と、仕事におけるパフォーマンスの自己評価の関係について分析している(8)。本書は空間的仕掛けの効果をまずは理念型として描写することに専念してきたが、一変数としての空間的仕掛けが、どのような側面でどのような人々にどの程度効果を及ぼすものなのか、経験的な検討あるいは既存の知見との接続を行っていくことが、建築をめぐるリアリティに関する今後のもう一つの検討経路としてあるだろう。

本書では三つのビルディングタイプしか扱うことができなかったが、私たちの社会にはより多くのビルディングタイプがあり、それらを検討するという展開もありうる。本書から少し手を伸ばしたところにあるものとして、幼稚園や保育園、大学、図書館といったあたりがまず考えられるところだが、最も重要なものとしては、私たちの日常生活の拠点となる住宅がある。住宅に関する社会学的研究としては、近年の主なものだけをみても祐成保志（2008）の歴史社会学的研究、商品住宅の空間構造を分析した山本理奈（2014）、ANTの知見を参照した西川純司（2019）など、一定の研究蓄積がある。住宅は個人住宅と集合住宅、典型的な商品住宅からより先鋭的な住宅といったようにさまざまな方向性があり、住宅の空間構成の要点もかなり多様であるため、各ビルディングタイプにおける「ふるまいの導き」をそれぞれ包括的に捉えようとする本書では分析対象として選択しなかったが、本書の分析を踏まえ、挙げたような先行研究に接続する余地がみつかるかもしれない。

本書で扱った対象についても、もっと違う書き方は可能だろう。たとえば学校建築とオフィスデザインについては、アクティビティの喚起・誘発に注目したために一九九〇年代を今日につながる分岐点として記述したが、それはあくまでも筆者の問題関心と分析対象資料の構成に関連してそうなったもので、別の問題関心にしたがえばまた異なる分岐点を見出すことは可能だと思われる。学校についてもう少し具体的にいえば、地域住民や教員による「学校づくり」への参加、地域への開放、複合施設化といった地域との関係性はその選択肢になりうる（牧野 2018, 2019 なども参照）。オフィスに関しては、松下慶太（2019, 2021）が既に行っていることだが、コワーキングスペースやワーケーションといった、より流動的な働き方を支える環境とその構成に注目することが、より先鋭的な動向をみようとするならばありえるだろう。公共空間についても、第四章で紹介した事例はジェイコブズやゲールの言及によく合致するものとして選定されたものだが、異なった系譜のたどり方と異なった事例への注目の仕方はもちろんありえる。社会学の立場からは、公共空間をめぐる排除が重要な問題として検討されてきたが（園部 2014 など多数）、本書では主体性の喚起・生成に注目したことで、その重要な問題に関する注目が弱すぎたかもしれない。もう少しいえば、本書で扱った喚起・生成の動向は、学校の警備、オフィスのセキュリティ、公共空間の取り締まりや特定の人々の排除など、監視・管理をめぐる営みに下支えされて、あるいはそれと表裏一体になって可能になっているとも考えられ、その観点から分析を行うことでみえてくることがまたあるかもしれない。

他にも検討していける論点は多数あると考えられるが[9]、筆者自身としては、2で述べたように本書はいくつかの経路から「創造性」の喚起・生成を下支えするような布置連関の形成を描いてきたものだと捉えている。これに関して、3で述べたように人々が何を感じ、どう考えるのかにはほとんど直接的に介入しない点を興味深いと思いながらも、一方でそれは人々が何を感じ、どう考えるのかを直接扱う技術が別に存在するためだろうとも思っている。筆者は以前、自己啓発書やそれに類する書籍・雑誌を対象として、人々の内面を直接取り扱おうとする諸手法がどのような「自己」をつくり出そうとするものなのかを考察したことがあるのだが（牧野 2012, 2015）、それとは真逆のようなアプローチを行った本書を経て、本項で述べたような諸課題が気になりながらも、人々の「創造性」が直接的にどう取り扱われようとしているのか、以前の研究にやや立ち戻るような研究にも取り組んでみたいと現時点では思っている。

注

（1）そもそも、本書では書籍と雑誌特集記事を主な分析対象資料としたため、より細かな展開を取りこぼしている可能性があり、その点を詰めて考えていく余地はかなりあると思われる。

（2）公共空間の利活用に関しては、自ら選択・判断していく自己規律なくしてそれは進まないといえるだろう。

（3）ただ、かつて「オープンスクールという画一化」が指摘されたように、アクティビティの誘発が一つのトレンドとなり、多くの実例が登場し、効果的な仕掛けのあり方が共有されてくると、誘発しようとするアクティビティやその効果がパターン化され、そのパターンの組み合わせが独り歩きするような事態が起こりうるかもしれない（それは既に起こっているのかもしれない）。もしそうだとすれば、「人びとの振る舞いを空間によって即物的に操作・管理する形式が先鋭化した建築空間」への志向としての「工学主義」（南後 2013: 166）、あるいはデータベース上のパターンから反応を引き出そうとする「動物化」（東 2001）といった指摘がよりあてはまることになるだろう。

（4） それは上述したようにしばしば二項対立的な構図をとるが、だからこそ見立てと希望は明確で力強いものになる。

（5） 人によっては、これらは総じて「新自由主義」という観点から捉えられるとみるかもしれないが、第五章で述べたようにこの言葉は非常に多義的なものなので、この点についての筆者からの言及は控え、読者の皆さんの解釈に委ねたいと思う。

（6） 本書の狙い、本書が「表面的」な部分にこだわる理由はそれぞれ第一章で述べているので（各章でもややくどく、目的と意義については述べてきた）、本書についてはその描写が総体的な動向を捉えているかをまずみていただければと思うのだが、その評価がどうあっても、このような研究があることで、より実態や個々の事例に迫ろうとする研究の意義も明確なものになるのではないかと考えている。第一章と第二章でも述べたとおり、俯瞰を試みるアプローチがあることで、ＡＮＴなどを参照しながら事例に顕微鏡的に密着するアプローチがより有意義なものになると考えている。

（7） また松村（2021: 279）は、建築家「界」の研究を経たそれ以後の研究課題として、「人と建築（空間）との関係性から生じる諸課題」を今後の「建築社会学」の展開可能性の一つとして挙げているが、本書はまさに課題として建築空間が改変されていく、あるいはその利活用の仕組みが整えられていく総体的な展開を追ったものとして、その可能性の整備に貢献した側面があるのではないかと考えている。

（8） 野村不動産ヒューマンファースト研究所『『新しいオフィスの在り方や価値に係る調査研究』第2回『個人のパフォーマンス向上因子』に関する協働調査研究結果」（二〇二一年三月九日更新、https://digitalpr.jp/r/45761）。

（9） 本書の執筆時点で書籍のタイトルに「建築の社会学」という表現を直接用いているのは、管見の限りポール・

ジョーンズ『建築の社会学――アイデンティティを構築する』(Jones 2011) のみだと思われる。同書では建築は社会的アイデンティティを合法化・自明化し再生産する役割をもつとされ、いかに特定の政治的体制がその権力を物質化・合法化しようと建築を用いてきたか、またいかに建築家はその機会において、当の建築物が求められる社会的状況と自らのデザインの意図とを織り合わせ応えてきたのかを分析しようとしている。ジョーンズが注目する建築家(スターアーキテクト)の実践は、ベルリンのユダヤミュージアム、ロンドンのミレニアムドーム、ニューヨークのグラウンド・ゼロ記念碑、西欧諸国の都市再生プロジェクトなど、国家的といってもよい大規模な建設プロジェクトをめぐる表象的操作の実践で、分析はかなり大仰なものだが(本書の立場からは分析の大仰さをあまり批判できないのだが)、こうしたアプローチがあてはまる事例もありうるだろう。

あとがき

筆者は大学院の博士課程とその後数年、大体一〇年間ほどの間、自己啓発言説の研究にとりくんできたのだが、この間一〇〇〇冊をゆうに超える自己啓発書、それ以上の数の自己啓発的な雑誌記事を読み続けた結果、前著『日常に侵入する自己啓発』(2015)を出版したときには精神的な限界がきてしまった。もうこの手のものは一文字も読めない、二度と読みたくないという心境になり、書店に入ったときも自己啓発書の棚が目に入らないように迂回したり、平積みになっている自己啓発書の前を目を伏せて通り過ぎたりするほどだった。

ただその一方で、「自己」についての社会学的な研究、特に言説の研究は続けたいと思っていた。しかし、研究対象になりそうだと思ったものには多かれ少なかれ自己啓発的な要素が含まれていて、これはと一旦思ってもちゃんと読む気力がどうしても湧いてこない。また仮に読むことができたとしても、一〇年間もあれこれ読み続けてきたため、「これはあの本と同じじゃないか」という既視感が先行し、同じような知見しか導き出せないようにも思われた。そういうわけで、行き詰まってしまった。

そこで、今までとは違う視点が得られるかもしれないと思い、海外の自己やアイデンティティに関するテキストや論文集を読み漁っていたところ、一つの視点に出合った。アンソニー・エリオットが編集した『アイデンティティ研究ハンドブック』(2014)のなかに、ギャビン・ケンドールの「自己へのフーコー派的アプローチ」という章があり、そのなかでブリュノ・ラトゥールとアクターネットワーク理論(ANT)が紹介されていたのである。紹介はちょっとしたものだったが、「モノ」に注目するという視点をここで得ることができた。またこの章を読むことで自分の研究関心は、人々をある方向に導き、変容させようとする営みとしての「主体化のテクノロジー」(ミシェル・フーコー)として包括的に位置づけなおせるのではないかと思い、そう考えれば自己啓発研究とは違う、しかしながら「自己」の研究といえるものが可能になるのではないかという希望がみえてきた。

そこからすぐ研究対象が定まったわけではないのだが、数か月、ANTや科学技術社会論の本を読んだり、大きな書店の各フロアをうろついたりするなかで、「モノ」という視点が適合的で、資料も豊富で、社会学的な研究も未だ蓄積途上にあり、そして何より面白そうだという点で、建築について研究してみたいという思いが日増しに強まっていった。それに、フーコーこそがまさに『監獄の誕生』の議論の要所において一望監視装置という建築物を用いており、フーコー派の立場から現代の建築について研究してみる意義はきっとあるはずだとも感じていた。筆者が自己啓発研究の後に建築というテーマを選んだのはこのようないきさつによる。このようにして研究を始め、試行錯誤しながら以下のような論文を書き、それらに大幅な加筆修正をほどこして最終的にまとめたものが本書である。

第一章

「『自己』のハイブリッドな構成について考える――アクターネットワーク理論と統治性研究を手がかりに」『ソシオロゴス』四一号、二〇一七年

「建築の社会学に向けて――アクターネットワーク理論を主な手がかりとして」『人間関係学研究(大妻女子大学人間関係学部紀要)』二三号、二〇二一年

第二章

「現代学校建築における主体化のモード――『ポスト規律訓練』的学校空間の組み立てとその系譜」『ソシオロゴス』四三号、二〇一九年

「『計画性』という希望――学校建築研究における西戸山小学校への評価をめぐって」『人間生活文化研究』二九号、二〇一九年

第三章

「オフィスデザインにおける人間・非人間の配置――『クリエイティブなオフィス』の組み立てとその系譜」『ソシオロゴス』四二号、二〇一八年

「オフィスにおけるフローの諸統治」『現代思想』四六巻五号、二〇一八年

第四章

「公共空間のハイブリッドデザイン――『空間における自由』と『空間への自由』」『社会学年誌』六二号、二〇二一年

第五章

「『自分ごと』と『織り込み』のデザイン——まちづくりワークショップの今日的展開から」『年報社会学論集』三四号、二〇二一年

こうして本書をまとめた後で改めて思うのは、終章でも述べたように建築という領域は本当に果てしなく広く、また深いということである。資料を読めば読むほど、事例にあたればあたるほど、フォローできていないことがらに気づき、こう書いてしまっていいのか自信がもてなくなってしまうところがある。そういった逡巡を抱えつつ、可能な限り丁寧に書き進めたつもりではあるが、それでもフォローしきれていない点は少なからずあるように思われ、こんな乱暴なことを書いてはダメだ、このことが踏まえられていないじゃないか、あまりに表面的すぎる、実態を何も分かっていない、と建築関係の方からお叱りを受けることにきっとなるだろうと思う（面白がってくれる方もいるとは思うものの）。ただ、そうしたお叱りが、建築の社会学的（もう少し広くいえば学際的）な研究の可能性を広げることにもなると考えられるので、そのポイントは多々あるだろうが、忌憚のないご意見・ご批判をいただければありがたい。

本書とそのもとになった論文を執筆するにあたっては、多くの方々にお世話になった。まず、これまでと違う新しいテーマの研究を始めるにあたって、投稿論文の査読者を自ら選ぶことのできる『ソシオロゴス』の仕組みを大いに活用させていただいた。土橋臣吾さん、平井秀幸さん、松下慶太さん、岩舘豊さん、髙橋均さん、松村淳さんにはそれぞれ、同誌に掲載された論文の内容をよりよいものにするにあたって非常に有益なコメントと、新しい研究を進めるためのいくつものヒントをいただいた。

『ソシオロゴス』編集委員会の皆さんにも、毎回大幅に字数超過した論文に丁寧な校正を入れていただき、とても助けられた。

二〇一九年から二一年まで、関東社会学会の研究委員として、元森絵里子さん、加島卓さん、仁平典宏さんと共にテーマ部会「ワークショップ時代の統治と社会記述」の企画・運営をご一緒させていただいたことも筆者にはとても勉強になった。少しだけ年上の、これまで背中を追いかけてきた（しかし全然追いつくことができず、むしろどんどん引き離されていく）すごい先輩たちと長い時間、自分の研究スタンスにもかかわる突き詰めたテーマを考え続けたこの任期は、おそらく大学院を出た後で最も充実した学びの機会になったと思う。

また、先に紹介した松村さんに加え、『日常に侵入する自己啓発』でも草稿検討をしていただいた妹尾麻美さん、それから野村駿さんには本書の草稿に目を通していただき、それぞれ本書の最後の詰めにかかわるコメントをいただいた。他にも、学会発表の際にコメントをいただいた先生方など、さまざまな方のお世話になった。勁草書房の関戸詳子さんには、本書の構想段階から話を聞いていただき、勇気づけられるコメント、自分自身の思い込みを解きほぐしてくれるご指摘など、色々と助けられた。皆さんに感謝を申し上げたい。

ところで、自己啓発研究に行き詰まり、建築という新しい研究テーマに出合ってそれを本書にまとめたこの七年間は、ちょうど大妻女子大学人間関係学部に着任してからの七年間でもあった。筆者が今後の人生において本書を見返すときに思いだすのは、（新型コロナウイルスによるパンデミックを含む）この七年間の日々になるのだろうと思う。コロナ禍が始まった二〇二〇年に教務委員を担当したこと（もうあまり思いだしたくない）など、色々と学務に追われつつも何とか研究時間を確保することができたのは、助手や職員の皆さんのサポートのおかげである。

またこの七年間で、前著刊行時には四歳だった由太君は早くも小学六年生に、一歳だった次男の壮介君も小学三年生になった。この間、子どもたちを連れて色々な公園に出かけたのだが、そこで遊ぶ子どもたちを眺めているとき、さまざまな人々が入り乱れて思い思いに過ごすこういう場所に身を置くことで、一体何を感じたり、経験したりすることになるのだろうかと考えたりすることがしばしばあった。本書の第四章と第五章は、このように筆者が公共空間の一利用者であったことが執筆の一つのきっかけになっている。

子どもたちも大きくなったが、大人たちにも変化があった。妻の美和さんは勤めていた会社を辞め、自分で会社を興して日々奮闘している。筆者自身も、一時はもう二度とやりたくないと思っていた自己啓発研究を再開してみようと思えるようになった。こう思えるようになったのは、単に時間が経ったからというよりは、時間と労力を費やして本書にまとめたような研究を行うことで、違う興味関心が出てきたということがより大きいと思う。そういうわけで、焦らず、たゆまず、これからもやっていきたい。

二〇二二年四月

牧野智和

＊本研究は、二〇一九～二〇二二年度・科学研究費補助金若手研究「学校建築の社会学的研究」（研究代表者：牧野智和、課題番号19K14131）、および二〇一九～二〇二二年度同補助金基盤研究（C）「現代社会の医療化・心理学化に関する実証的比較研究」（研究代表者：佐藤雅浩、課題番号19K02037）による研究成果の一部である。

索　引

ア　行
アーキテクチャ　5
アーリ（Urry, J.）　10, 159, 160, 167
青木淳　94, 102, 103, 225
アクターネットワーク理論（ANT）　3, 8-15, 17, 18, 20-22, 24, 30, 36-39, 58, 105, 184, 302, 303, 306, 310, 311
アクティビティ　52, 81, 84, 85, 87-95, 97-99, 102, 103, 110, 112, 113, 136, 140, 142-144, 146, 149, 153-159, 162, 165, 167, 183, 185-190, 192, 193, 195, 196, 199, 202, 203, 205-210, 213-215, 219, 221, 260-262, 268, 285, 287-296, 304, 305
――アクティビティ・セッティング（AS）　140, 141, 149, 150, 161
――アクティビティ・ベースド・ワーキング（ABW）　149-151, 153, 161, 166
東浩紀　5, 113, 306
アフォーダンス　83, 109, 227
アレグザンダー（Alexander, C.）　111, 213, 214
五十嵐太郎　40, 41, 106, 224, 225
一望監視装置（パノプティコン）　23, 27, 44, 49, 50, 53, 119, 294, 310
乾久美子　35, 41, 234, 236, 281
ウダール（Houdart, S.）　10-12, 19, 21, 37
エージェンシー　8-12, 17, 20, 29, 30, 37, 216
SECI モデル　137, 138, 143, 146, 147, 165
エリオット（Elliott, A.）　159, 160, 167, 310
オープンスクール（OS）　46, 48, 50, 52, 71-82, 106, 108-110, 305

カ　行
可分性　155, 156, 158, 294
環境管理（型権力）　5, 113
『監獄の誕生』　22, 29, 39, 44, 45, 310
管理社会　156, 294, 297
技術決定論　4, 5, 7, 9, 38, 53, 54, 116, 117
規律訓練（型権力）　5, 16, 17, 28, 39, 40, 43-45, 51, 58, 70, 76, 80, 96, 101, 105, 106, 156, 293-296
――ポスト規律訓練　43, 45, 46, 92, 96, 101, 105, 106, 311
近代　26, 39, 40, 44, 45, 52, 56, 100, 106, 107, 159, 181, 183, 184, 187, 190, 205, 206, 211, 243, 262, 289, 295, 296
隈研吾　11, 12, 34, 36, 37, 190
クリエイティブ・クラス　170, 213
ゲール（Gehl, J.）　170, 171, 175, 180, 183-192, 195, 198, 202, 203, 205, 207, 209, 213, 214, 221, 243, 256, 259-261, 281, 283, 288, 291, 304
言説　7-9, 23, 24, 27, 34, 36, 38, 40, 80, 117, 122, 163, 211, 293, 309
権力　3, 5, 17, 22-31, 33, 35, 38, 39, 45, 54, 101, 104, 113, 294, 307
――権力＝知　26, 27, 30
――権力の技術　23, 24, 26-29, 33, 39, 104, 209, 299
――権力の中継項　27, 210
――権力の物理学　22, 25, 28, 39, 45
小嶋一浩　52, 85-99, 102, 103, 110, 112, 158, 167, 291, 296

個人性　28, 29
コミュニティデザイン　179, 223, 233-242, 267, 279, 280
(新型) コロナウイルス　1, 149, 159-161, 166, 167, 194, 197, 204-206

サ　行

シーラカンス　46, 84, 85, 88, 93, 102, 110
ジェイコブズ（Jacobs, J.）　171, 180-183, 185, 186, 190, 192, 193, 198, 202, 205, 207, 209, 212-214, 221, 243, 277, 281, 291, 304
自分ごと　175, 219, 231, 235, 237-239, 242, 262, 263, 265-269, 274, 281, 296, 300, 312
シュール（Schüll, N. D.）　15-17, 20, 21, 26, 156, 294
集合体　9, 28, 80, 201, 212, 268, 269, 284
主体化　24, 27, 29, 94, 119, 302, 310, 311
主体性　1, 27, 29-35, 37, 54, 58, 80, 104, 111, 119, 155, 157-162, 206, 207, 209, 210, 222, 223, 232, 236, 257, 258, 266, 269-272, 274-276, 279, 284, 287, 290-292, 297, 304
——触媒としての主体性　209, 291, 294
新自由主義　271-276, 284-286, 291, 297, 299, 306
ズーキン（Zukin, S.）　216, 285, 298
(異種混交的な) セット　32, 34, 40, 46, 54, 83, 84, 89, 118, 270, 271, 291, 293
戦術　30, 38, 39, 214, 219, 249, 251, 253, 255, 267, 283, 284
戦略　30, 39, 115, 123, 135, 136, 150, 251, 265, 268, 283
ソーシャルデザイン　240-242, 267, 282
象設計集団　111, 112, 190
創造性（クリエイティビティ）　10, 36, 96, 98, 99, 101, 108, 116, 118, 123, 128, 129, 133, 136, 137, 140, 142, 143, 150, 155, 158, 159, 162, 165, 167, 232, 253, 269, 270, 287, 289, 290, 292, 296, 298-300, 305
装置　13, 19, 23, 24, 27, 28, 39, 44, 49, 50, 53, 92, 119, 175, 211, 294, 310

タ　行

タクティカル・アーバニズム　203, 213, 223, 249-254, 256-261, 264, 268, 273, 283, 284
塚本由晴　13, 14, 34, 35, 37, 282
デザイン思考　223, 240-242, 253, 258, 262, 265, 267, 268, 270
統治　31, 38, 39, 275, 285, 311, 313
ドゥルーズ（Deleuze, G.）　17, 29, 30, 156, 157, 284, 294

ナ　行

南後由和　18, 19, 173, 174, 211, 306
日本建築学会　57, 62-65, 68, 79, 82, 84, 202, 216, 278, 281, 283

ハ　行

ハーヴェイ（Harvey, D.）　169, 268, 277, 285
馬場正尊　144, 172, 222-230, 243, 244, 247, 249, 257, 266, 267, 276, 278, 279
ハルプリン（Halprin, L.）　184, 231, 232, 234
ビルディングタイプ　33, 40, 106, 157, 206, 207, 211, 225, 287, 288, 296, 299, 303, 304
広場化　173-175, 190, 199, 205, 214, 247, 252, 283
フーコー（Foucault, M.）　3, 5, 16, 17, 22-31, 33, 35, 38-40, 44, 45, 50, 54, 58, 70, 101, 105, 107, 118, 119, 210, 284,

294, 310
布置連関　22, 30, 35, 38, 58, 96, 99, 101, 155, 163, 216, 292, 296, 305
ブルデュー（Bourdieu, P.）　4, 36, 159
「ふるまいの導き」　31, 32, 39, 40, 124, 162, 173, 210, 288, 293, 294, 296, 297, 300, 304
プレイスメイキング　223, 249, 250, 254, 259–262, 264, 265, 268, 273, 283
プロジェクト・フォー・パブリックスペース（PPS）　191, 213, 214, 259, 260, 263

マ　行

松下慶太　160, 164, 304, 312
松村淳　36, 284, 289, 302, 306, 312, 313

ヤ　行

ヤネヴァ（Yaneva, A.）　10–12, 19, 21, 36
山崎亮　222, 233–241, 243, 247, 248, 267, 273, 274, 280–282

ラ　行

ラトゥール（Latour, B.）　8–11, 37, 310
理念型　34, 222, 290, 291, 294, 301–303
リノベーション　144, 179, 211, 223–228, 235, 248, 266, 278, 279
レーヴ（Löw, M.）　1, 2, 4, 6–8, 20, 24, 37, 101, 297
レッシグ（Lessig, L.）　5, 6
ロー（Law, J.）　8–10, 20, 22, 36, 38
ローズ（Rose, N.）　29, 31, 38, 39, 271, 272

ワ　行

ワークショップ　94, 109, 179, 195, 211, 231, 232, 234, 236–239, 259, 267, 279, 280–282, 285, 289, 312, 313

参考文献（ファミリーネーム・アルファベット順）

A

阿部大輔，2018，「スモールアーバニズム」前田英寿・遠藤新・野原卓・阿部大輔・黒瀬武史『アーバンデザイン講座』彰国社．

阿部仁史・本江正茂，2003，「オフィスアーバニズム宣言」『JA』50: 21.

阿部智和，2013，「日本におけるオフィス空間のデザイン研究の変遷――快適性と機能性の追究」『經濟學研究』63(1): 87-113.

――――，2014，「オフィス空間のデザイン研究のレビュー――知的創造性に着目したオフィス空間のデザインをめぐって」『地域経済経営ネットワーク研究センター年報』3: 87-101.

――――，2021，「オフィス空間に関する認識と組織内コミュニケーションの関係」『組織科学』54(3): 4-19.

饗庭伸，2020，「まえがき――小さな冒険を成功させる 22 の技術」饗庭伸・青木彬・角尾宣信編著『素が出るワークショップ――人とまちへの視点を変える 22 のメソッド』学芸出版社．

饗庭伸・角尾宣信・安藤哲也・アサダワタル，2020，「語りの場をつくり、日常の見方を変える」饗庭伸・青木彬・角尾宣信編著『素が出るワークショップ――人とまちへの視点を変える 22 のメソッド』学芸出版社．

赤川学，2006，『構築主義を再構築する』勁草書房．

赤松佳珠子，2006，「アクティビティ」『JA』61: 6-7.

――――，2011，「雑木林の木陰に教室群がすべり込む限りなく外のような学校」『新建築』86(5): 69.

天笠茂，2001，「学校建築の見直しをめぐる諸課題――教育への効果と安全の確保（大教大池田小事件に言及して）」『学校経営』46(8): 6-13.

安藤正美，1990，『実践ニューオフィス――快適で機能的なオフィスの作り方』日本経済新聞出版社．

青木彬・羽原康恵・角屋ゆず・安藤哲也・角尾宣信・アサダワタル・饗庭伸，2020，「小さな練習の積み重ねで、人は素になっていく」饗庭伸・青木彬・角尾宣信編著『素が出るワークショップ――人とまちへの視点を変える 22 のメソッド』学芸出版社．

青木淳，2003，「広い意味でのリノベーション」五十嵐太郎・リノベーション・スタディーズ編『リノベーション・スタディーズ』INAX 出版．

――――，2004，『原っぱと遊園地――建築にとってその場の質とは何か』王国社．

――――，2016，『JUN AOKI COMPLETE WORKS 3（2005-2014）』LIXIL 出版．

青木淳・小嶋一浩・小泉雅生，1998，「鼎談　2つの小学校をめぐって」『建築文化』622: 50-61.

青木正夫，1957，「小学校」建築学大系編集委員会編『建築学大系　32　学校・体育施設』

彰国社.
———, 1961, 「小中学校の建築計画的研究」東京大学博士論文.
———, 1970, 「小学校」建築学大系編集委員会編『新訂　建築学大系　32　学校・体育施設』彰国社.
青山征彦, 2012, 「エージェンシー概念の再検討——人工物によるエージェンシーのデザインをめぐって」『認知科学』19(2): 164-174.
浅田晴之・上西基弘・池田晃一, 2007, 『オフィスと人のよい関係——オフィスを変える50のヒント』日経BP社.
浅海義治, 1991, 「ワークショップ——その手法とまちづくりへの活用」『建築ジャーナル』794: 8-11.
浅海義治・伊藤雅春・狩野三枝, 1993, 『参加のデザイン道具箱』財団法人世田谷トラストまちづくり.
浅海義治・大戸徹・中里京子, 1996, 『参加のデザイン道具箱PART-2　プロセスデザイン：事例とワークブック』財団法人世田谷トラストまちづくり.
アトリエ・ワン, 2009, 『空間の響き／響きの空間』LIXIL出版.
———, 2014, 『コモナリティーズ——ふるまいの生産』LIXIL出版.
綾部広則, 2006, 「技術の社会的構築とは何か」『赤門マネジメント・レビュー』5(1): 1-18.
東浩紀, 2001, 『動物化するポストモダン——オタクから見た日本社会』講談社.
東浩紀・大澤真幸, 2003, 『自由を考える——9・11以降の現代思想』NHK出版.
東政雄, 1972, 『オフィス・レイアウト入門』日本能率協会.

B

馬場正尊, 2011, 『都市をリノベーション』NTT出版.
———, 2016, 「メディアでの発信と事例の積み重ねで価値観を変えていく」松村秀一・馬場正尊・大島芳彦監修『リノベーションプラス——拡張する建築家の嘱望』ユウブックス.
馬場正尊・Open A, 2013, 『RePUBLIC——公共空間のリノベーション』学芸出版社.
———, 2015, 『PUBLIC DESIGN——新しい公共空間のつくりかた』学芸出版社.
———, 2016, 『エリアリノベーション——変化の構造とローカライズ』学芸出版社.
Becker, Franklin, 1990, *The Total Workplace: Facilities Management and the Elastic Organization*, New York: Van Nostrand Reinhold. (＝1992, 加藤彰一訳『トータルワークプレース——ファシリティマネジメントと弾力的な組織』デルファイ研究所.)
Becker, Franklin and Fritz Steele, 1995, *Workplace by Design: Mapping the High-Performance Workscape*, San Francisco: Jossey-Bass Publishers. (＝1996, 鈴木信治訳『ワークプレイス戦略——オフィス変革による生産性の向上』日経BP社.)
Bourdieu, Pierre, 1979, *La distinction: Critique sociale du jugement*, Paris: Éditions de Minuit. (＝1990a, 石井洋二郎訳『ディスタンクシオンⅠ——社会的判断力批判』, 1990b, 石井洋二郎訳『ディスタンクシオンⅡ——社会的判断力批判』藤原書店.)

Brown, Tim, 2009, *Change by Design: How Design Thinking Transforms Organization and Inspires Innovation*, New York: Harper Collins.（＝2010，千葉敏夫訳『デザイン思考が世界を変える――イノベーションを導く新しい考え方』早川書房.）

C

Callon, Michel, 2004, "The Role of Hybrid Communities and Socio-Technical Arrangements in the Participatory Design," *Journal of the Center for Information Studies*, 5: 3-10.（＝2006，川床靖子訳「参加型デザインにおけるハイブリッドな共同体と社会・技術的アレンジメントの役割」上野直樹・土橋臣吾編『科学技術実践のフィールドワーク――ハイブリッドのデザイン』せりか書房.）

Callon, Michel and John Law, 1995, "Agency and Hybrid Collectif," *The South Atlantic Quarterly*, 94(2): 481-507.

――――, 1997, "After the Individual in Society: Lessons on Collectivity from Science, Technology and Society," *Canadian Journal of Sociology*, 22: 165-182.（＝1999，林隆之訳「個と社会の区分を超えて」岡田猛・田村均・戸田山和久・三輪和久編著『科学を考える――人工知能からカルチュラル・スタディーズまで14の視点』北大路書房.）

Carmona, Matthew, Claudio de Magalhães and Leo Hammond, 2008, *Public Space: The Management Dimension,* Oxford: Routledge.（＝2020，北原理雄訳『パブリックスペース――公共空間のデザインとマネジメント』鹿島出版会.）

千葉市立打瀬小学校，1998，『21 世紀の学校はこうなる――生きる力を育てる［うたせ学習―総合的学習］』国土社.

Coe, Cati and Bonnie Nastasi, 2006, "Stories and Selves: Managing the Self through Problem Solving in School," *Anthropology and Education*, 37(2): 180-198.

Coleman, Alice, 1985, *Utopia on Trial*, London: Hillary Shipman.

Collins, Harry and Robert Evans, 2007, *Rethinking Expertise,* Chicago: The University of Chicago Press.（＝2020，奥田太郎監訳『専門知を再考する』名古屋大学出版会.）

Colquhoun, Ian, 2004, *Design Out Crime: Creating Safe and Sustainable Communities*, Oxford: Routledge.（＝2007，小畑晴治・大場悟・吉田拓生訳『デザイン・アウト・クライム――「まもる」都市空間』鹿島出版会.）

D

醍醐孝典，2020，「活動の主体を育む『プロセス』」坂倉杏介・醍醐孝典・石井大一朗『コミュニティマネジメント――つながりを生み出す場、プロセス、組織』中央経済社.

Dant, Tim, 2005, "The Driver-Car," in Mike Featherstone, Nigel Thrift and John Urry (eds.), *Automobilities*, London: Sage Publications.（＝2010，近森高明訳「運転者―自動車」『自動車と移動の社会学――オートモビリティーズ』法政大学出版局.）

Deleuze, Gilles, 1986, *Foucault*, Paris: Éditions de Minuit.（＝1987，宇野邦一訳『フーコー』河出書房新社.）

――――, 1990, *Pourparlers* 1972-1990, Paris: Éditions de Minuit.（＝1992，宮林寛訳『ジ

ル・ドゥルーズ　記号と事件　1972-1990年の対話』河出書房新社.）
電通・桑畑英紀, 2011,『自分ゴト化——社員の行動をブランディングする』ファーストプレス.

E
栄久庵祥二, 1983,「オフィス環境の人間学」『建築と社会』64(9): 32-34.
———, 1989,「オフィス環境のスペース・プランニング」佐藤方彦編著『オフィス・アメニティ——オフィスの生理人類学』井上書院.
Elliott, Anthony and John Urry, 2010, *Mobile Lives*, New York: Routledge.（=2016, 遠藤英樹監訳『モバイル・ライブズ——「移動」が社会を変える』ミネルヴァ書房.）
延藤安弘, 2003,「『対話による建築・まち育て——参加と意味のデザイン』の活用にあたって」日本建築学会意味のデザイン賞委員会編著『対話による建築・まち育て 参加と意味のデザイン』学芸出版社.

F
Farrell, Kyle and Tigran Haas, 2018, "The Future of Public Spaces in the Dawn of Rapid Urban Growth: Shifting Agendas and a New Roadmap," in Tigran Haas and Hans Westlund (eds.), *In The Post-Urban World: Emergent Transformation of Cities and Regions in the Innovative Global Economy*, Oxford: Routledge.（=2019, 小林潔司監訳「急速な都市成長と公共空間の将来——アジェンダの変更および新たなロードマップ」『ポストアーバン都市・地域論——スーパーメガリージョンを考えるために』ウェッジ.）
フィールドフォー・デザインオフィス, 2009,『ON! OFFICE——活性化のスイッチを生むオフィスデザイン』エクスナレッジ.
Florida, Richard, 2002, *The Rise of the Creative Class: And How It's Transforming Work, Leisure, Community, and Everyday Life*, New York: Basic Books.（=2008, 井口典夫訳『クリエイティブ資本論——新たな経済階級の台頭』ダイヤモンド社.）
———, 2008, *Who's Your City?: How the Creative Economy Is Making Where to Live the Most Important Decision of Your Life*, New York: Basic Books.（=2009, 井口典夫訳『クリエイティブ都市論——創造性は居心地のよい場所を求める』ダイヤモンド社.）
Foucault, Michel, 1966, *Les mots et les choses: Une archéologie des sciences humaines*, Paris: Gallimard.（=1974, 渡辺一民・佐々木明訳『言葉と物——人文科学の考古学』新潮社.）
———, 1975, *Surveiller et punir: Naissance de la prison*, Paris: Gallimard.（=1977, 田村俶訳『監獄の誕生——監視と処罰』新潮社.）
———, 1983a, "The Subject and Power," in Hubert Dreyfus and Paul Rabinow (eds.), *Michel Foucault: Beyond Structuralism and Hermeneutics*, Chicago: University of Chicago Press.（=1996, 山田徹郎訳「主体と権力」『ミシェル・フーコー——構造

主義と解釈学を超えて』筑摩書房.）
――――, 1983b, "On the Genealogy of Ethics: An Overview of Work in Progress," in Hubert Dreyfus and Paul Rabinow (eds.), *Michel Foucault: Beyond Structuralism and Hermeneutics*, Chicago: University of Chicago Press.（=1996, 井上克人訳「倫理の系譜学について――進行中の仕事の概要」『ミシェル・フーコー――構造主義と解釈学を超えて』筑摩書房.）
――――, 1984, *Histoire de la sexualité 2: L'usage de plaisirs*, Paris: Gallimard.（=1986, 田村淑訳『性の歴史II――快楽の活用』新潮社.）
――――, [1974] 1994, "Prisons et asiles dans le mécanisme du pouvoir," in Daniel Defert and François Ewald (eds.), *Michel Foucault: Dits et écrits, Tomes I*, Paris: Gallimard.（=2000, 嘉戸一将訳「権力のメカニズムにおける監獄と収容所」『ミシェル・フーコー思考集成V　1974-1975　権力　処罰』筑摩書房.）
――――, [1977] 1994, "Le jeu de Michel Foucault," in Daniel Defert and François Ewald (eds.), *Michel Foucault: Dits et écrits, Tomes II*, Paris: Gallimard.（=2000, 増田一夫訳「ミシェル・フーコーのゲーム」『ミシェル・フーコー思考集成VI　1976-1977　セクシュアリテ　真理』筑摩書房.）
――――, [1981] 1994, "Subjectivité et verité," in Daniel Defert and François Ewald (eds.), *Michel Foucault: Dits et écrits, Tomes II*, Paris: Gallimard.（=2001, 石田英敬訳「主体性と真理」『ミシェル・フーコー思考集成VIII　1979-1981　政治　友愛』筑摩書房.）
――――, 1997, *"Il faut défendre la société" Cours au Collège de France* (1975-1976), Mauro Bertani and Alessandro Fontana (eds.), Paris: Seuil/Gallimard.（=2007, 石田英敬・小野正嗣訳『ミシェル・フーコー講義集成6　社会は防衛しなければならない　コレージュ・ド・フランス講義1975-1976年度』筑摩書房.）
――――, 2003, *"Le pouvoir psychiatrique" Cours au Collège de France* (1973-1974), Jacques Lagrange (ed.), Paris: Seuil/Gallimard.（=2006, 慎改康之訳『ミシェル・フーコー講義集成4　精神医学の権力　コレージュ・ド・フランス講義1973-1974年度』筑摩書房.）
――――, 2004, *"Sécurité, territoire, population" Cours au Collège de France* (1977-1978), Michel Senellart (ed.), Paris: Seuil/Gallimard.（=2007, 高桑和巳訳『ミシェル・フーコー講義集成7　安全・領土・人口　コレージュ・ド・フランス講義1977-1978年度』筑摩書房.）
――――, 2013, *"La Société punitive" Cours au Collège de France* (1972-1973), Bernard E. Harcourt (ed.), Paris: Seuil/Gallimard.（=2017, 八幡恵一訳『ミシェル・フーコー講義集成3　処罰社会　コレージュ・ド・フランス講義1972-1973年度』筑摩書房.）
福永知義, 1973,「建築（加藤学園初等学校）」『建築文化』315: 115-116.
船越徹, 1963,「教育施設の計画と運営方式」海後宗臣・相良惟一・宮田丈夫・吉本二郎編『学校経営大系　第2巻　教育委員会と学校』国土社.

船越徹編, 1995,『S.D.S.（スペース・デザイン・シリーズ） 第2巻 学校』新日本法規出版.
船越徹・飯沼秀晴, 1987,「学校建築の新しい展開」建築思潮研究所編『建築設計資料 16 学校——小学校・中学校・高等学校』建築資料研究社.
船越徹・飯沼秀晴・寺嶋修康, 1998,「学校——新しい世紀にひきつぐもの」建築思潮研究所編『建築設計資料 67 学校2——小学校・中学校・高等学校』建築資料研究社.
古澤大輔・岡部修三・ツバメアーキテクツ監修, 2019,『アーキテクトプラス——“設計周辺”を巻き込む』ユウブックス.
古谷誠章・八木佐千子・宇野亨・赤松佳珠子・小嶋一浩・伊藤恭行, 2009,「新しい学校へのブレークスルー——『桜山』と『幕張』から考える」『新建築』84(8): 77-83.
二川由夫, 2002,「小嶋一浩の建築」二川幸夫編『PLOT 02 小嶋一浩』A.D.A. EDITA Tokyo.

G

賀暁星, 1991,「潜在的カリキュラムとしての学校建築空間」広島大学博士論文.
————, 1994,「潜在的カリキュラム研究再考——学校建築空間を中心に」片岡徳雄編『現代学校教育の社会学』福村出版.
学校を変えなくちゃ!! 編集委員会編, 2002,『学校を変えなくちゃ!! 学校の再構築がはじまった』ボイックス.
Gehl, Jan, 2006, *Life Between Buildings: Using Public Space*, Copenhagen: The Danish Architectural Press.（=2011, 北原理雄訳『建物のあいだのアクティビティ』鹿島出版会.）
————, 2010, *Cities for People*, Washington DC: Island Press.（=2014, 北原理雄訳『人間の街——公共空間のデザイン』鹿島出版会.）
————, 2019, “Forward,” in David Sim, *Soft City: Building Density for Everyday Life*, Washington DC: Island Press.（=2021, 北原理雄訳「序文」『ソフトシティ——人間の街をつくる』鹿島出版会.）
Gehl, Jan and Birgitte, Svarre, 2013, *How to Study Public Life*, Washington DC: Island Press.（=2016, 鈴木俊治・高松誠治・武田重昭・中島直人訳『パブリックライフ学入門』鹿島出版会.）
Gibson, James J., 1979, *The Ecological Approach to Visual Perception*, Boston: Houghton Mifflin.（=1985, 古崎敬・古崎愛子・辻敬一郎・村瀬旻訳『生態学的視覚論——ヒトの知覚世界を探る』サイエンス社.）
Giddens, Anthony, 1984, *The Constitution of Society: Outline of the Theory of Structuration*, Cambridge: Polity Press.（=2015, 門田健一訳『社会の構成』勁草書房.）
Goffman, Erving, 1961, *Asylums: Essays on the Social Situation of Mental Patients and Other Inmates*, New York: Doubleday.（=1984, 石黒毅訳『アサイラム——施設被収容者の日常世界』誠信書房.）
Goldstein, Jan, 1998, “Foucault's Technologies of the Self and the Cultural History of

Identity," *ARCADIA*, 33(1): 46-63.
グリーンズ編，2012，『ソーシャルデザイン――社会をつくるグッドアイデア集』朝日出版社.
――――，2013，『日本をソーシャルデザインする』朝日出版社.

H

博報堂DYグループ，2009，『「自分ごと」だと人は動く――情報がスルーされる時代のマーケティング』ダイヤモンド社.
Hall, Edward T., 1966, *The Hidden Dimension*, New York: Doubleday.（＝1970，日高敏隆・佐藤信行訳『かくれた次元』みすず書房.）
Halprin, Lawrence and Jim Burns, 1974, *Taking Part: A Workshop Approach to Collective Creativity*, Cambridge: MIT Press.（＝1989，杉尾伸太郎・杉尾邦江訳『集団による創造性の開発』牧野出版.）
花田愛・森田舞，2015，『オフィスはもっと楽しくなる――はたらき方と空間の多様性』プレジデント社.
Hargreaves, Andy and Michael Fullan, 2012, *Professional Capital: Transforming Teaching in Every School*, New York: Teachers College Press.
Harvey, David, 2012, *Rebel Cities: From the Right to the City to the Urban Revolution*, New York: Verso Books.（＝2013，森田成也・大屋定晴・中村好孝・新井大輔訳『反乱する都市――資本のアーバナイゼーションと都市の再創造』作品社.）
長谷川裕，1991，「『規律・訓練装置』としての学校――現代日本におけるその卓越と危機」『〈教育と社会〉研究』1: 10-17.
服部圭郎，2007，『衰退を克服したアメリカの中小都市のまちづくり』学芸出版社.
早川公，2018，『まちづくりのエスノグラフィ――《つくば》を織り合わせる人類学的実践』春風社.
林昌二，1972，「オフィスビルを、なぜ――アイ・ビー・エム本社ビルを機会に」『新建築』47(4): 155-158.
――――，1995，「オフィスが溶解をはじめた――オフィスの世紀の終わりに」『新建築』70(12): 93-96.
林昌二編著，1986，『オフィスルネサンス――インテリジェントビルを超えて』彰国社.
林昌二・森島清太・岸本章弘・阿部仁史・本江正茂，2003，「オフィスビルに発想の転換を」『新建築』78(6): 63-71.
Hertzberger, Herman, 1991, *Lessons for Students in Architecture*, Rotterdam: 010 Uitgeverij.（＝1995，森島清太訳『都市と建築のパブリックスペース――ヘルツベルハーの建築講義録』鹿島出版会.）
Hester, Randolph T., 1990, *Community Design Primer*, Mendocino: Ridge Times Press.（＝1997，ランドルフ・ヘスター・土肥真人『まちづくりの方法と技術――コミュニティー・デザイン・プライマー』現代企画室.）
比嘉武彦・川原田康子，2016，「作品説明」『建築雑誌』1687: 55.

———, 2017,「日本建築学会賞（作品）を受賞して——公共文化施設の新しいあり方を目指した『武蔵野プレイス』」『建築雑誌』1698: 12.
平賀達也, 2020,「はじめに」平賀達也・山崎亮・泉山塁威・樋口トモユキ・西田司編著『公共空間をつくるレシピ——プロジェクトを成功に導く 66 の手法』ユウブックス.
平賀達也・山崎亮・泉山塁威・樋口トモユキ・西田司, 2020a,「座談会　魅力的な公共空間は社会課題をも解決する」平賀達也・山崎亮・泉山塁威・樋口トモユキ・西田司編著『公共空間をつくるレシピ——プロジェクトを成功に導く 66 の手法』ユウブックス.
———, 2020b,「あとがきに代えて」平賀達也・山崎亮・泉山塁威・樋口トモユキ・西田司編著『公共空間をつくるレシピ——プロジェクトを成功に導く 66 の手法』ユウブックス.
平賀達也・山崎亮・泉山塁威・樋口トモユキ・西田司編著, 2020,『公共空間をつくるレシピ——プロジェクトを成功に導く 66 の手法』ユウブックス.
平塚勇司, 2020,『都市公園のトリセツ——使いこなすための法律の読み方』学芸出版社.
平山洋介, 2019,「誰のためのオープンスペースか？」槇文彦・真壁智治編著『アナザーユートピア——「オープンスペース」から都市を考える』NTT 出版.
ホー・ジェフリー, 2017,「都市のコモン化とまちづくり」佐藤滋・饗庭伸・内田奈芳美編『まちづくり教書』鹿島出版会.
Hook, Derek, 2003, “Analogues of Power: Reading Psychotherapy through the Sovereignty-Discipline-Government Complex,” *Theory & Psychology*, 13(5): 605–628.
堀公俊・加藤彰・加留部貴行, 2007,『チーム・ビルディング——人と人を「つなぐ」技法』日本経済新聞出版社.
堀井啓幸, 2013,「学校施設研究の動向——日本建築学会『論文報告集・計画編』における『小・中学校施設』関係文献（2008 年～ 2012 年）から」『学校経営研究』38: 38–47.
Houdart, Sophie and Chihiro Minato, 2009, *Kuma Kengo: Une monographie décalée*, Paris: Éditions donner lieu.（＝2016, 加藤耕一監訳『小さなリズム——人類学者による「隈研吾」論』鹿島出版会.）

I

五十嵐太郎, 2003,「リノベーション・スタディーズとは何か」五十嵐太郎・リノベーション・スタディーズ編『リノベーション・スタディーズ』INAX 出版.
———, 2020,「ビルディングタイプの変容について」中村陽一・高宮知数・五十嵐太郎・槻橋修『新しい空間と社会のデザインがわかる　ビルディングタイプ学入門』誠文堂新光社.
五十嵐太郎・大川信行, 2002,『ビルディングタイプの解剖学』王国社.
五十嵐太郎・リノベーション・スタディーズ編, 2003,『リノベーション・スタディーズ』INAX 出版.
池田伝蔵・片山恂一, 1957,『学校建築の計画』理工図書.

池田晃一，2011，『はたらく場所が人をつなぐ――COPRESENCE WORK』日経 BP 社.
池田小学校，1987，『指導の個別化・学習の個性化――地域社会に支えられた学校』明治図書出版.
池野武，1959，『オフィスのレイアウト』日本事務能率協会.
Illich, Ivan, 1971, *The Deschooling Society*, London: Calder & Boyars.（＝1977，東洋・小澤周三訳『脱学校の社会』東京創元社.）
今村雅樹・小泉雅生・高橋晶子，2013，『パブリック空間の本――公共性をもった空間の今までとこれから』彰国社.
稲葉振一郎，2018，『「新自由主義」の妖怪――資本主義史論の試み』亜紀書房.
乾久美子，2019，「小さな風景と建築」乾久美子建築設計事務所・スペルプラーツ編『Inui Architects　乾久美子建築設計事務所の仕事』LIXIL 出版.
乾久美子・山崎亮，2012，『まちへのラブレター――参加のデザインをめぐる往復書簡』学芸出版社.
石附実，1992，「教具から見る学校文化」石附実編著『近代日本の学校文化誌』思文閣出版.
伊藤正文，1951，『学校建築小論』相模書房.
伊藤茂樹，2002，「青年文化と学校の 90 年代」『教育社会学研究』70: 89–103.
イトーキ総合研究所，1984，『オフィスの未来をデザインする――OA 時代のヒューマンな環境づくり』有斐閣.
泉山塁威，2019，「タクティカル・アーバニズム――ゲリラ的アクションで突破口を開く」出口敦・三浦詩乃・中野卓編著『ストリートデザイン・マネジメント――公共空間を活用する制度・組織・プロセス』学芸出版社.
――――，2021a，「長期的変化をデザインする」泉山塁威・田村康一郎・矢野拓洋・西田司・山崎嵩拓・ソトノバ編著『タクティカル・アーバニズム――小さなアクションから都市を大きく変える』学芸出版社.
――――，2021b，「タクティカル・アーバニズムの日本的意義」泉山塁威・田村康一郎・矢野拓洋・西田司・山崎嵩拓・ソトノバ編著『タクティカル・アーバニズム――小さなアクションから都市を大きく変える』学芸出版社.
――――，2021c，「エリアマネジメントの始めかた――スタートアップから事業構築まで」保井美樹・泉山塁威・日本都市計画学会エリアマネジメント人材育成研究会編『エリアマネジメント・ケースメソッド――官民連携による地域経営の教科書』学芸出版社.
泉山塁威・田村康一郎・矢野拓洋・西田司・山崎嵩拓・ソトノバ編著，2021，『タクティカル・アーバニズム――小さなアクションから都市を大きく変える』学芸出版社.

J

Jacobs, Jane, 1961, *The Death and Life of Great American Cities*, New York: Random House.（＝2010，山形浩生訳『［新版］アメリカ大都市の死と生』鹿島出版会.）
陣内秀信・三谷徹・糸井孝雄，1994，『S.D.S.（スペース・デザイン・シリーズ）　第7巻

広場』新日本法規出版.
地主廣明＋オフィス環境研究所，1998,「未来のオフィス――NEXT OFFICE PLANNING 2005」『SD』409: 40-41.
Jones, Paul, 2011, *The Sociology of Architecture: Constructing Identities*, Liverpool: Liverpool University Press.

K

影山裕樹編著，2018,『あたらしい路上のつくり方――実践者に聞く屋外公共空間の活用ノウハウ』DU BOOKS.
鍛冶拓美・小柴徹也・相川三郎，1968,「教育計画から建築計画へ――小・中・高等学校施設の計画原理の追求」『建築と社会』49(5): 57-62.
筧裕介，2013,『ソーシャルデザイン実践ガイド――地域の課題を解決する7つのステップ』英知出版.
菅野誠・佐藤譲，1983,『日本の学校建築』文教ニュース社.
加島卓，2010,「デザイン／デザイナーを知ることの戦後史――職能と人称性」南後由和・加島卓編『文化人とは何か？』東京書籍.
加藤文俊・木村健世・木村亜維子，2014,『つながるカレー――コミュニケーションを「味わう」場所をつくる』フィルムアート社.
加藤幸次，1987,『学校を開く――個性ある子どもを育てるために』ぎょうせい.
加藤幸次・上野淳・田代久美・溜昭代，1998,「座談会　あの学校、あの教室からの脱却――教育と建築の共同研究の見地から」千葉市立打瀬小学校編『21 世紀の学校はこうなる――生きる力を育てる［うたせ学習―総合的学習］』国土社.
加藤学園・北沢弥吉郎，1976,『子どもから学ぶ――インフォーマルな教育を求めて』明治図書出版.
――――，1979,『続　子どもから学ぶ』明治図書出版.
河口英二，2021,『経営者のための経営するオフィス――行動科学視点でつくられた戦略的なオフィス』ファーストプレス.
川口和英，2009,『公共事業――これで納得！ 必要と無駄の境界線』ぎょうせい.
川原田康子・比嘉武彦，2011a,「武蔵野プレイスが目指しているもの」『建築技術』743: 32-33.
――――，2011b,「空間構成　“ルーム”の集合体」『建築技術』743: 47.
――――，2011c,「新しいソーシャルに向けて」『新建築』86(12): 141.
Kelly, Tom and David Kelly, 2013, *Creative Confidence: Unleashing the Creative Potential within Us All*, New York: Crown Business.（＝2014，千葉敏夫訳『クリエイティブ・マインドセット――想像力・好奇心・勇気が目覚める驚異の思考法』日経 BP 社.）
建築学大系編集委員会編，1957,『建築学大系　32　学校・体育施設』彰国社.
建築環境・省エネルギー機構編著，2010,『知的創造とワークプレイス』武田ランダムハウスジャパン.

建築思潮研究所編，1987，『建築設計資料 16　学校――小学校・中学校・高等学校』建築資料研究社.
――――，1998，『建築設計資料 67　学校 2――小学校・中学校・高等学校』建築資料研究社.
――――，2006，『建築設計資料 106　学校 3――小学校・中学校・高等学校』建築資料研究社.
木下勇，2007，『ワークショップ――住民主体のまちづくりへの方法論』学芸出版社.
木佐森健司，2009，「経営学におけるアクター・ネットワーク理論の展開と可能性――情報システム学において再現された二分法への批判」『日本情報経営学会誌』29(2): 64-75.
岸本章弘，1998，「創造性を高めるオフィス空間」『研究開発マネジメント』8(1): 36-45.
――――，2002，「文脈情報を共有する」『ECIFFO』40: 64-70.
――――，2007，「ワークプレイスの深化と変遷」『ECIFFO』50: 1-13.
――――，2011，『NEW WORKSCAPE――仕事を変えるオフィスのデザイン』弘文堂.
岸本章弘・仲隆介・中西泰人・馬場正尊・みかんぐみ，2006，『POST-OFFICE――ワークスペース改造計画』TOTO 出版.
喜多明人，1983，『学校環境と子どもの発見――学校施設の理念と法則』エイデル研究所.
――――，1986，『学校施設の歴史と法制――公教育条件としての学校施設の課題』エイデル研究所.
北川容子・香山壽夫・高際伊都子・長澤悟，2010，「座談会　空間が人を育て、建築が学校をつくる」『近代建築』64(9): 38-45.
Kitahara, Toshio, 2016, "Growing Public Life in Japanese Cities," in Annie Matan and Peter Newman, *People Cities: The Life and Legacy of Jan Gehl*, Washington DC: Island Press.（＝2020，北原理雄訳「日本の都市における公共アクティビティの成長」『人間の街をめざして――ヤン・ゲールの軌跡』鹿島出版会.）
小林正美編著，2015，『市民が関わるパブリックスペースのデザイン――姫路市における市民・行政・専門家の創造的連携』エクスナレッジ.
小林重敬編著，2005，『エリアマネジメント――地区組織による計画と管理運営』学芸出版社.
小林重敬・森記念財団編著，2018，『まちの価値を高めるエリアマネジメント』学芸出版社.
古賀正義，2000，「子どものための豊かな知的空間の創造――学校建築に見る教育の方法」谷川彰英・無藤隆・門脇厚司編著『21 世紀の教育と子どもたち　3　学びの新たな地平を求めて』東京書籍.
小泉秀樹，2017，「コミュニティデザインの歴史的展開と本書のねらい」小泉秀樹編『コミュニティデザイン学――その仕組みづくりから考える』東京大学出版会.
小泉雅生・湯澤正信・上野淳・佐藤学・船越徹，2003，「座談会　『学校』をつくることは『コミュニティ』をつくること」『近代建築』57(9): 36-43.
小嶋一浩，1995，「アクティビティと空間」『新建築』70(7): 154-155.

———, 1998,「アクティビティを誘発する学校」千葉市立打瀬小学校編『21 世紀の学校はこうなる——生きる力を育てる［うたせ学習—総合的学習］』国土社.
———, 2000a,『アクティビティを設計せよ！——学校空間を軸にしたスタディ』彰国社.
———, 2000b,「オープン化を通じた教育空間へのアプローチ」『近代教育』54(6): 53-55.
———, 2002,「序——大阪・京都・東京のこと。そしてシーラカンス分離まで」二川幸夫編『PLOT 02 小嶋一浩』A.D.A. EDITA Tokyo.
———, 2006,「『黒』と『白』」『JA』61: 4-5.
———, 2013,『小さな矢印の群れ——「ミース・モデル」を超えて』TOTO 出版.
小嶋一浩・赤松佳珠子／CAt, 2010,「宇土市立宇土小学校」『JA』78: 118-125.
———, 2016,『背後にあるもの 先にあるもの』LIXIL 出版.
小嶋一浩・比嘉武彦・定行まり子・長澤悟, 2014,「居場所と学校 学校と居場所」『近代建築』68(7): 54-61.
小嶋一浩・乾久美子・勝矢武之, 2015,「多様さを許容する空間へ——計画学を乗り越える現代の小・中学校」『新建築』90(8): 80-85.
小嶋一浩・工藤和美・小泉雅生・堀場弘, 1997,「千葉市立打瀬小学校」『建築雑誌』1410: 102.
小松幸夫・池澤龍三・堤洋樹・南学, 2019,『実践！ 公共施設マネジメント——個別施設計画などの必須のポイントがわかる』学陽書房.
紺野登, 2008,『儲かるオフィス——社員が幸せに働ける「場」の創り方』日経 BP 社.
———, 2009,「オフィス、ワークプレイス、集合知——なぜ集合知が問題になるのか」新世代オフィス研究センター編『オフィスの夢——集合知：100 人が語る新世代のオフィス』彰国社.
公園のユニバーサルデザイン研究チーム, 2018,『公園のグッドプラクティス——新しい公園経営に向けて』鹿島出版会.
公共 R 不動産編, 2018,『公共 R 不動産のプロジェクトスタディ——公民連携のしくみとデザイン』学芸出版社.
香山壽夫・重村力・山本理顕・内井昭蔵, 2000,「座談会 イマジネイティブな教育空間の創造」『近代建築』54(7): 44-52.
工藤和美, 1998,「街から生まれ、街が育てる学校」千葉市立打瀬小学校編『21 世紀の学校はこうなる——生きる力を育てる［うたせ学習—総合的学習］』国土社.
鯨井康志, 1996,「新しいオフィスの構築」中田重光・鯨井康志・加藤達夫・萩原直朗・和光正司『経営革新とオフィス環境』日科技連.
———, 2005,『オフィス進化論——オフィスはどこへ向かうのか』日経 BP 社.
———, 2017,『「はたらく」の未来予想図——働く場所や働き方の過去・現在・未来』白揚社.
隈研吾, [2000] 2009,『反オブジェクト——建築を溶かし、砕く』筑摩書房.
———, 2018,『場所原論 2——建築はいかにして都市と統合できるか』市ヶ谷出版社.

――――, 2020,『点・線・面』岩波書店.

隈研吾・陣内秀信監修, 2015,『広場』淡交社.

倉斗綾子, 2001,「児童の学習・生活活動の実態からみた小学校の建築計画に関する研究」東京都立大学博士論文.

京都工芸繊維大学山口・仲研究室＋岸本章弘, 2003,「ワークウェア――オフィス空間と情報の新しいかたち」『10+1』33: 135-149.

L

Landscape Explorer, 2006,『マゾヒスティック・ランドスケープ――獲得される場所をめざして』学芸出版社.

Latour, Bruno, 1991, *Nous n'avons jamais été modernes: Essai d'anthropologie symétrique*, Paris: Éditions La Découverte.（＝2008, 河村久美子訳『虚構の「近代」――科学人類学は警告する』新評論.）

――――, 2005, *Reassembling the Social: An Introduction to Actor-Network-Theory*, Oxford: Oxford University Press.（＝2019, 伊藤嘉高訳『社会的なものを組み直す――アクターネットワーク理論入門』法政大学出版局.）

Latour, Bruno and Albena Yaneva, 2008, "Give me a Gun and I will Make All Buildings Move: An ANT's View of Architecture," in Reto Geiser (ed.), *Explorations in Architecture: Teaching, Design, Research*, Basel: Birkhäuser.（＝2016, 吉田真理子訳「銃を与えたまえ、すべての建物を動かしてみせよう――アクターネットワーク論から眺める建築」10+1 website 201612 特集「建築とオブジェクト」
URL: https://www.10plus1.jp/monthly/2016/12/issue-04.php）

Law, John, 1992, "Notes on the Theory of the Actor-Network: Ordering, Strategy and Heterogeneity," *System Practice*, 5(4), 379-393.

――――, 1999, "After ANT: Complexity, Naming and Topology," in John Law and John Hassard (eds.), *Actor Network Theory and After*, Oxford: Blackwell Publishing.

――――, 2008, "Actor Network Theory and Material Semiotics," in Bryan S. Turner (ed.), *The New Blackwell Companion to Social Theory* (*3rd edition*), Wiley-Blackwell. (Online)

Lemke, Thomas, 2011, *Foucault, Governmentality, and Critique*, Boulder: Paradigm Publishers.

Lerner, Jaime, 2003, *Acupuntura urbana*, Rio de Janeiro: Record.（＝2005, 中村ひとし・服部圭郎訳『都市の鍼治療――元クリチバ市長の都市再生術』丸善.）

Lessig, Lawrence, 2006, *CODE Version 2.0*, New York: Basic Books.（＝2007, 山形浩生訳『CODE VERSION 2.0』翔泳社.）

Löw, Martina, [2000] 2016, *The Sociology of Space: Materiality, Social Structures, and Action*, New York: Palgrave Macmillan.

Lydon, Mike and Anthony Garcia, 2015, *Tactical Urbanism: Short-Term Action for Long-Term Change*, Wahington DC: Island Press.

――――, 2021a, 田村康一郎訳・編「タクティカル・アーバニズムとは」泉山塁威・田村康一郎・矢野拓洋・西田司・山崎嵩拓・ソトノバ編著『タクティカル・アーバニズム――小さなアクションから都市を大きく変える』学芸出版社.
――――, 2021b, 矢野拓洋訳・編「タクティカル・アーバニズムのメソッド」泉山塁威・田村康一郎・矢野拓洋・西田司・山崎嵩拓・ソトノバ編著『タクティカル・アーバニズム――小さなアクションから都市を大きく変える』学芸出版社.

M

真壁宏幹, 2008,「古典的近代の組み替えとしてのワークショップ――あるいは『教育の零度』」慶応義塾大学アート・センター編『ワークショップのいま――近代性の組み替えにむけて』慶応義塾大学アート・センター.
牧野智和, 2012,『自己啓発の時代――「自己」の文化社会学的探究』勁草書房.
――――, 2015,『日常に侵入する自己啓発――生き方・手帳術・片づけ』勁草書房.
――――, 2016,「『ほとんど全部』を読む――メディア資料を『ちゃんと』選び、分析する」前田拓也・秋谷直矩・朴沙羅・木下衆編『最強の社会調査入門――これから質的調査をはじめる人のために』ナカニシヤ出版.
――――, 2018,「プラットフォームとしての学校建築」『中央評論』70(2): 41-50.
――――, 2019,「反省性・巻き込み・個別解――続・参加のテクノロジーとその行く先」『現代思想』47(13): 128-141.
――――, 2021a,「反省性を統治する――ワークショップ／ファシリテーションの社会学的考察」井上義和・牧野智和編『ファシリテーションとは何か――コミュニケーション幻想を超えて』ナカニシヤ出版.
――――, 2021b,「ワークショップ／ファシリテーションはどのように注目されてきたのか」井上義和・牧野智和編『ファシリテーションとは何か――コミュニケーション幻想を超えて』ナカニシヤ出版.
真野洋介, 2017,「ローカルイニシアティブからアセンブルへ」佐藤滋・饗庭伸・内田奈芳美編『まちづくり教書』鹿島出版会.
Marcus, Clare C. and Carolyn Francis, 1990, *People Places: Design Guidelines for Urban Open Space,* New York: Van Nostrand Reinhold Company.（＝1993, 湯川利和・湯川聰子訳『人間のための屋外環境デザイン――オープンスペース設計のためのデザイン・ガイドライン』鹿島出版会.）
Markula, Pirkko, 2003, “The Technologies of the Self: Sport, Feminism and Foucault,” *Sociology of Sport Journal,* 20(2): 87-107.
俣賀襄二, 1965,『オフィス・レイアウト――改善の事例と技法のつかい方』経林書房.
Matan, Annie and Peter Newman, 2016, *People Cities: The Life and Legacy of Jan Gehl,* Washington DC: Island Press.（＝2020, 北原理雄訳『人間の街をめざして――ヤン・ゲールの軌跡』鹿島出版会.）
松口龍, 2003,「【Re】エイジ・ソーシャルデザインの処方箋――例えば、ガソリンスタンド再生計画」五十嵐太郎・リノベーション・スタディーズ編『リノベーション・ス

タディーズ』INAX 出版.
松本三和夫, 2009,『テクノサイエンス・リスクと社会学――科学社会学の新たな展開』東京大学出版会.
松村淳, 2012,「建築家を社会学的な研究対象として位置付けるために――建築家隈研吾の言説と作品をめぐって」『関西学院大学先端社会研究所紀要』7: 49-66.
――――, 2021,『建築家として生きる――職業としての建築家の社会学』晃洋書房.
松村秀一, 2013,『建築―新しい仕事のかたち――箱の産業から場の産業へ』彰国社.
――――, 2014,『2025 年の建築「七つの予言」』日経 BP 社.
――――, 2016,「いまリノベーションで起こっていることに、意味があるんです」松村秀一・馬場正尊・大島芳彦監修『リノベーションプラス――拡張する建築家の嘱望』ユウブックス.
松村秀一編, 2014,『場の産業実践論――「建築―新しい仕事のかたち」をめぐって』彰国社.
松永安光, 2005,『まちづくりの新潮流――コンパクトシティ/ニューアーバニズム/アーバンビレッジ』彰国社.
松永安光・漆原弘, 2015,『リノベーションの新潮流――レガシー・レジェンド・ストーリー』学芸出版社.
松下慶太, 2019,『モバイルメディア時代の働き方――拡散するオフィス、集うノマドワーカー』勁草書房.
――――, 2021,『ワークスタイル・アフターコロナ――「働きたいように働ける」社会へ』イースト・プレス.
Miller, Peter and Nikolas Rose, 2008, *Governing the Present: Administering Economic, Social and Personal Life*, Cambridge: Polity Press.
三谷徹, 1994,「広場の系譜　現代の広場・街路」陣内秀信・三谷徹・糸井孝雄『S.D.S.(スペース・デザイン・シリーズ)　第 7 巻　広場』新日本法規出版.
三菱 UFJ 信託銀行不動産コンサルティング部, 2020,『ワークプレイスが創る会社の未来――成功企業に学ぶ戦略とオフィスのこれから』日経 BP.
三井不動産 S&E 総合研究所, 2020,『パブリックコミュニティ――居心地の良い世界の公共空間［8 つのレシピ］』宣伝会議.
三浦金作, 1993,『広場の空間構成――イタリアと日本の比較を通して』鹿島出版会.
三浦詩乃, 2019,「プレイスメイキング――気軽に迅速に安価に都市の居場所をつくる」出口敦・三浦詩乃・中野卓編著『ストリートデザイン・マネジメント――公共空間を活用する制度・組織・プロセス』学芸出版社.
宮本健市郎, 2018,『空間と時間の教育史――アメリカの学校建築と授業時間割からみる』東信堂.
文部省学校建築研究会編, 1953,『学校施設計画の手びき』教育弘報社.
文部省管理局教育施設部研究指導室編, 1951,『学校施設』セメント協会.
文部省教育施設部編, 1951,『学校建築計画図集』彰国社.
文部省教育施設局工営課学校建築研究会編, 1949,『新制中学校建築の手びき』明治図書

出版.
森真一，2000，『自己コントロールの檻――感情マネジメント社会の現実』講談社.
森島清太，1999，「オフィス建築の行方　第1回　変容するオフィス空間 Part 1　開放的・連続的な空間構成／標準仕様からの脱却」『新建築』74(13): 216-223.
本江正茂，2007，「オフィス／ワークプレイス」『建築雑誌』1557: 30.
元森絵里子・加島卓，2021，「解題　第68回大会テーマ部会B報告『ワークショップ時代の統治と社会記述――まちづくり・ワークショップ・専門家』」『年報社会学論集』34: 29-36.
村上敦，2017，『ドイツのコンパクトシティはなぜ成功するのか――近距離移動が地方都市を活性化する』学芸出版社.
村上豪英，2021，「URBAN PICNIC（神戸）――公民連携による戦術的パークマネジメント」泉山塁威・田村康一郎・矢野拓洋・西田司・山崎嵩拓・ソトノバ編著『タクティカル・アーバニズム――小さなアクションから都市を大きく変える』学芸出版社.

N
永地正直，1987，『自分を発見できるかな――オープン・スクールの挑戦』ぎょうせい.
長倉康彦，1959，「平面計画」日本建築学会編『学校建築設計　鉄骨校舎』日本建築学会.
――――，1969，『学校建築』理工図書.
――――，1973，『開かれた学校――そのシステムと建物の変革』日本放送出版協会.
――――，1974，「あたらしい要求にこたえる配置構成の留意点」長倉康彦・大野連太郎監修・編集『新しい学校建築計画――教育環境のオープン化』ソフトサイエンス社.
――――，1979，「学校建設と計画・設計プロセス」日本建築学会編『学校建築――計画と設計』日本建築学会.
――――，1982，「教育の変革と学校建築の発展」長倉康彦・高橋均『教育学大全集　15　学校環境論』第一法規.
――――，1983，「配置計画の要点」新建築学大系編集委員会編『新建築学大系　29　学校の設計』彰国社.
――――，1989a，「教育施設の概要」空気調和・衛生工学会編『建築設備集成　6　教育施設』オーム社.
――――，1989b，「学校建築は変わる――その理念とシステム」内田祥哉監修『学校建築の冒険』INAX.
――――，1993，『「開かれた学校」の計画』彰国社.
長澤悟，1976，「オープン・エデュケーションと学校教育」21世紀教育の会編『オープン・エデュケーションへの道』明治図書出版.
――――，1983，「学校の概要と建物の変遷」新建築学大系編集委員会編『新建築学大系　29　学校の設計』彰国社.
――――，1987，「教育システムのオープン化に対応した学校建築計画に関する研究」東京大学博士論文.
――――，1992，「いまなぜ学校か――学校建築の現状と未来」『建築雑誌』1326: 14-17.

———, 1998,「創意あるプランと設計を求めて」武藤義男・井田勝興・長澤悟『やればできる学校革命』日本評論社.
———, 2001,「教育と学校建築の融合——福島県三春町の取り組み」『学校経営』46(8): 14-23.
———, 2019,「“Future School”——未来の学校を構想する」『近代建築』73(7): 60-61.
長澤悟・中村勉編著, 2001,『スクール・リボリューション——個性を育む学校』彰国社.
内藤潔, 2012,『建築する人々のエスノグラフィー——ある高齢者施設の建築における共同と葛藤の記録』ハーベスト社.
仲隆介, 1996,「欧米の情報化オフィスの諸相」沖塩荘一郎・吉田邦彦・仲隆介『変化するオフィス』丸善株式会社.
———, 2007,「創造的なオフィスを創る」『公共建築』49(2): 6-11.
———, 2008,「オフィスと感性」日本建築学会編『都市・建築の感性デザイン工学』朝倉書店.
———, 2010,「オフィスへの想いと新世代オフィス研究センター(NEO)への期待」『日本オフィス学会誌』2(1): 72-77.
———, 2012,「〈情報〉と〈働き方〉と〈建築〉の新しいかたちとしてのワークプレイス」『労働の科学』67(3): 4-7.
———, 2020,「オフィス」中村陽一・高宮知数・五十嵐太郎・槻橋修『新しい空間と社会のデザインがわかる　ビルディングタイプ学入門』誠文堂新光社.
中島直人, 2021,「ニューアーバニズムなき日本のタクティカル・アーバニズム」泉山塁威・田村康一郎・矢野拓洋・西田司・山崎嵩拓・ソトノバ編著『タクティカル・アーバニズム——小さなアクションから都市を大きく変える』学芸出版社.
中島伸, 2021,「政策・計画へつなぐ実験・アクションの戦略」泉山塁威・田村康一郎・矢野拓洋・西田司・山崎嵩拓・ソトノバ編著『タクティカル・アーバニズム——小さなアクションから都市を大きく変える』学芸出版社.
中村義勝, 1963,『事務能率増強のカルテ——オフィス・レイアウトのはなし』白桃書房.
中村陽一・高宮知数・五十嵐太郎・槻橋修, 2020,『新しい空間と社会のデザインがわかる　ビルディングタイプ学入門』誠文堂新光社.
中野恒明, 2012,『都市環境デザインのすすめ——人間中心の都市・まちづくりへ』学芸出版社.
南後由和, 2007,「丹下健三の建築と有名性——1950-60年代の専門誌・一般紙誌の分析を通して」『年報社会学論集』20: 143-154.
———, 2008,「有名性と『界』の形成——建築家の事例分析に向けて」『ソシオロゴス』32: 216-234.
———, 2013,「建築空間／情報空間としてのショッピングモール」若林幹夫編著『モール化する都市と社会——巨大商業施設論』NTT出版.
———, 2016,「商業施設に埋蔵された『日本的広場』の行方——新宿西口地下広場から渋谷スクランブル交差点まで」三浦展・藤村龍至・南後由和『商業空間は何の夢を見たか——1960～2010年代の都市と建築』平凡社.

成田幸夫，2000，「その子にとって都合のいい学びのスタイルがあっていい」『建築ジャーナル』961: 35–38.
鳴海邦碩，1982，『都市の自由空間——道の生活史から』中央公論社.
奈須亮子，2005，「学校建築と教育方法の一体的改革に関する研究」上智大学博士論文.
Negri, Antonio and Michael Hardt, 2009, *Commonwealth,* Cambridge: Belknap Press of Harvard University Press.（＝2012，幾島幸子・古賀祥子訳『コモンウェルス——「帝国」を超える革命論（上）（下）』NHK 出版.）
仁平典宏，2021，「新自由主義に関する複数の記述をめぐって」関東社会学会第 69 回大会テーマ部会 B「ワークショップ時代の統治と社会記述——『新自由主義』の社会学的再構成」配布資料.
日本建築学会編，1950，『鋼筋コンクリート造校舎の建築工事』日本建築学会.
————，1954，『学校建築技術』日本建築学会.
————，1959，『学校建築設計——鉄骨校舎』日本建築学会.
————，1965，『建築設計資料集成　第 4』丸善.
————，1979，『学校建築　計画と設計』日本建築学会.
————，1989，『学校の多目的スペース——計画と設計』彰国社.
————，2004，『まちづくり教科書　第 1 巻　まちづくりの方法』丸善.
————，2014，『まち建築——まちを生かす 36 のモノづくりコトづくり』彰国社.
日本建築学会環境工学委員会・建築計画委員会編，1964，『学校のブロックプラン』日本建築学会.
日本建築学会建築設計々画基準委員会編，1960，『教室の設計』日本建築学会.
日本都市計画学会・都市空間のつくり方研究会編，2019，『小さな空間から都市をプランニングする』学芸出版社.
日本都市計画学会関西支部・次世代の「都市をつくる仕事」研究会，2011，『いま、都市をつくる仕事——未来を拓くもうひとつの関わり方』学芸出版社.
西田司，2018，「アーキテクトとパブリックプロデューサー」西田司・中村真広・石榑督和・山道拓人・千葉元生編著『PUBLIC PRODUCE——「公共的空間」をつくる 7 つの事例』ユウブックス.
西田司・中村真広・石榑督和・山道拓人・千葉元生，2018，「巻頭座談会　パブリックプロデュースのコツとは何だろうか？」西田司・中村真広・石榑督和・山道拓人・千葉元生編著『PUBLIC PRODUCE——「公共的空間」をつくる 7 つの事例』ユウブックス.
西川純司，2019，「アクターネットワークとしての住宅——昭和初期における健康住宅の事例から」『ソシオロジ』64(2): 57–73.
西村幸夫，2005，「コモンズとしての都市」植田和弘・神野直彦・西村幸夫・間宮陽介編『岩波講座　都市の再生を考える 7　公共空間としての都市』岩波書店.
西日本工高建築連盟，1971，『建築設計ノート　学校』彰国社.
西尾京介・小林綾・大藪善久，2020，『PPR the GEARs　公共空間利活用のための道具考』日建設計総合研究所.

登坂誠，2000，「都市と広場」京都造形芸術大学編『ランドスケープデザイン Vol. 4　ランドスケープ空間の諸相』角川書店.
野田一夫，1985，「監修者のことば」野田一夫監修，ジュディ・グラフ・クライン『The Office Book——オフィスの新時代』講談社.
野中郁次郎・紺野登，1999，『知識経営のすすめ——ナレッジマネジメントとその時代』筑摩書房.
Nonaka, Ikujiro and Hirotaka Takeuchi, 1992, *The Knowledge-Creating Company: How Japanese Companies Create the Dynamics of Innovation*, New York: Oxford University Press.（＝1994，梅本勝博訳『知識創造企業』東洋経済新報社.）
Norman, Donald A., 2013, *The Design of Everyday Things*（*Revised and Expanded Edition*）, Cambridge: MIT Press.（＝2015，岡本明・安村通晃・伊賀聡一郎・野島久雄訳『誰のためのデザイン？——認知科学者のデザイン言論　増補・改訂版』新曜社.）
西村佳哲，2003，「再編を迎える国内のワークプレイス」『ECIFFO』42: 40-49.

O
緒川小学校，1987，『個性化教育のすすめ方——写真でみる緒川小学校の実践』明治図書出版.
大倉清教，2014，「『場』こそ経営資源——オープンな場がイノベーションをもたらす」『日本オフィス学会誌』6(2): 4-11.
大串不二雄，1950，「学校建築」東京教育大学教育学研究室編『教育大学講座　第 13 巻』金子書房.
————，1951，『学校建築』岩崎書店.
————，1972，「小学校建築の計画・設計の要点」『建築知識』14(8): 57-65.
————，1973，「小・中学校の建築計画に関する研究」京都大学博士論文.
大野耐一，1978，『トヨタ生産方式——脱規模の経営をめざして』ダイヤモンド社.
大島芳彦・ブルースタジオ，2019，『なぜ、僕らは今、リノベーションを考えるのか』学芸出版社.
太田利彦，1960，『あたらしい学校建築』彰国社.
大智浩，1952，「オフィスのレイ・アウト」『事務と経営』4(33): 720-721.
大藪善久・八木弘毅，2015，「生活の舞台となる広場のデザイン」小林正美編著『市民が関わるパブリックスペースのデザイン——姫路市における市民・行政・専門家の創造的連携』エクスナレッジ.
奥出直人，2007，『デザイン思考の道具箱——イノベーションを生む会社のつくり方』早川書房.
小野良平，2020，「公園・広場」中村陽一・高宮知数・五十嵐太郎・槻橋修『新しい空間と社会のデザインがわかる　ビルディングタイプ学入門』王国社.
小野佐和子，1997，『こんな公園がほしい——住民がつくる公共空間』築地書館.
小野寺康，2014，『広場のデザイン——「にぎわい」の都市設計 5 原則』彰国社.
————，2015，「人間のための駅前広場をつくる公共空間の作法」小林正美編著『市民

が関わるパブリックスペースのデザイン――姫路市における市民・行政・専門家の創造的連携』エクスナレッジ.
Open A・公共 R 不動産, 2020,『テンポラリー・アーキテクチャー――仮設建築と社会実験』学芸出版社.
小篠隆生・小松尚, 2018,『「地区の家」と「屋根のある広場」――イタリア発・公共建築のつくりかた』鹿島出版会.

P

Park, Robert E., 1929, "The City as Social Laboratory," in Thomas V. Smith and Leonard D. White (eds.), *Chicago: An Experiment in Social Science Research*, Chicago: University of Chicago Press.（=1986, 町村敬志・好井裕明訳「社会的実験室としての都市」『実験室としての都市――パーク社会学論文選』御茶ノ水書房.）
Paumier, Cyril B., 1988, *Designing the Successful Downtown*, Washington DC: Urban Land Institute.（=1993, 北原理雄訳『街のデザイン――活気ある街づくりのシナリオ』鹿島出版会.）
———, 2004, *Creating a Vibrant City Center: Urban Design and Regeneration Principles*, Washington DC: Urban Land Institute.（=2006, 山本儀子訳『活気ある都市センター(中心市街地) を創る――都市設計と再生の原則』中央公論新社.）
Project for Public Space, 2000, *How to Turn a Place Around: A Handbook for Creating Successful Public Spaces*, New York: Project for Public Space Inc.（=2005, 加藤源監訳『オープンスペースを魅力的にする――親しまれる公共空間のためのハンドブック』学芸出版社.）
Prout, Alan, 2005, *The Future of Chilhood: Towards the Interdisciplinary Study of Children*, London: Routledge.（=2017, 元森絵里子訳『これからの子ども社会学――生物・技術・社会のネットワークとしての「子ども」』新曜社.）

R

リパブリック・イニシアティブ編, 2017,『街直し屋――まちとひとを再生させる仕事』晶文社.
Ries, Eric, 2011, *The Lean Startup: How Today's Entrepreneurs Use Continuous Innovation to Create Radically Successful Businesses*, New York: Crown Business.（=2012, 井口耕二訳『リーンスタートアップ――ムダのない起業プロセスでイノベーションを生みだす』日経 BP 社.）
Rimke, Heidi M., 2000, "Governing Citizens through Self-Help Literature," *Cultural Studies*, 14(1): 61-78.
Rogers, Everett M., [1962] 2003, *Diffusion of Innovations* (5*th Edition*), New York: Free Press.（=2007, 三藤利雄訳『イノベーションの普及』翔泳社.）
Rohlen, Thomas P., 1983, *Japan's High School*, Berkeley: University of California Press.（=1988, 友田泰正訳『日本の高校――成功と代償』サイマル出版会.）

Rose, Nikolas, 1996, *Inventing Our Selves: Psychology, Power, and Personhood*, Cambridge: Cambridge University Press.

————, 1999a, *Powers of Freedom*, Cambridge: Cambridge University Press.

————, 1999b, *Governing the Soul: The Shaping of the Private Self*, London: Free Association Books.（＝2016，堀内進之介・神代健彦監訳『魂を統治する——私的な自己の形成』以文社.）

————, 2007, *The Politics of Life Itself: Biomedicine, Power, and Subjectivity in the Twenty-First Century*, Princeton: Princeton University Press.（＝2014，檜垣立哉監訳『生そのものの政治学——二十一世紀の生物医学、権力、主体性』法政大学出版局.）

Rose, Nikolas, Pat O'Malley and Mariana Valverde, 2006, "Governmentality," *Annual Review of Law and Social Science*, 2: 83-104.

Roth, Bernard, 2015, *The Achievement Habit: Stop Wishing, Start Doing, and Take Command of Your Life*, New York: Harper Business.（＝2016，庭田よう子訳『スタンフォード大学 d スクール　人生をデザインする目標達成の習慣』講談社.）

S

Sadhik-Khan, Janette and Seth Solomonow, 2016, *Streetfight: Handbook for an Urban Revolution*, New York: Penguin Books.（＝2020，中島直人監訳『ストリートファイト——人間の街路を取り戻したニューヨーク市交通局長の闘い』学芸出版社.）

齋藤純一，2000，『思考のフロンティア　公共性』岩波書店.

坂倉杏介，2020，「なぜいまコミュニティマネジメントか」坂倉杏介・醍醐孝典・石井大一朗『コミュニティマネジメント——つながりを生み出す場、プロセス、組織』中央経済社.

佐幸信介，2021，『空間と統治の社会学——住宅・郊外・ステイホーム』青弓社.

佐久間康富，2011，「都市をつくる仕事へのまなざし」日本都市計画学会関西支部・次世代の「都市をつくる仕事」研究会『いま、都市をつくる仕事——未来を拓くもうひとつの関わり方』学芸出版社.

産業能率短期大学編著，1975，『オフィス・プランニング・ハンドブック』くろがね工作所.

佐野亮子，1996，「学校建築をめぐる近年の動向と諸問題」『上智教育学研究』14: 16-34.

Sanoff, Henry, 1979, *Design Games: Playing for Keeps with Personal and Environmental Design Decisions*, California: William Kaufmann.（＝1993，小野啓子訳『まちづくりゲーム——環境デザイン・ワークショップ』晶文社.）

佐々木葉二，1995，「『かたち』から『関係』のデザインへ」鳴海邦碩編『都市環境デザイン——13 人が語る理論と実践』学芸出版社.

————，2000，「都市とランドスケープの系譜」京都造形芸術大学編『ランドスケープデザイン Vol. 4　ランドスケープ空間の諸相』角川書店.

笹尾和宏，2019，『PUBLIC HACK——私的に自由にまちを使う』学芸出版社.

佐藤可士和, 2010,『佐藤可士和のクリエイティブシンキング』日経 BPM.
佐藤可士和・池上龍朗, 2008,「巻頭インタビュー　佐藤可士和さん　他人事を自分事にするために」『展コミ』4: 4-9.
佐藤滋編著, 2005,『まちづくりの科学』鹿島出版会.
佐藤滋・後藤春彦・田中滋夫・山中和彦, 2006,『図説　都市デザインの進め方』丸善.
Schüll, Natasha D., 2012, *Addiction by Design: Machine Gambling in Las Vegas*, Princeton: Princeton University Press.（=2018, 日暮雅通訳『デザインされたギャンブル依存症』青土社.）
関沢勝一, 1972,「脱皮を迫られている学校建築」『建築知識』14(8): 77-83.
————, 1973,「小学校」宮川英二・小林美夫・関沢勝一・小谷喬之助・若木滋編著『建築計画』理工図書.
柴田久, 2017,『地方都市を公共空間から再生する——日常のにぎわいをうむデザインとマネジメント』学芸出版社.
渋田駿, 1951,「事務室の機能を生かしたオフィス・レイアウトの実施例——塩野義製薬東京支店」『マネジメント』10(11): 15-18.
四方利明, 2000a,「生成空間としての学校建築に向けて——アレグザンダーの建築思想と東野高校の学校建築を通して」『大阪大学教育学年報』5: 243-256.
————, 2000b,「デン」教育解放研究会編『学校のモノ語り』東方出版.
————, 2012,『学校建築の諸相』阿吽社.
嶋田洋平, 2015,『ほしい暮らしは自分でつくる　僕らのリノベーションまちづくり』日経 BP 社.
島津翔, 2020,『さよならオフィス』日経 BP.
紫牟田伸子・フィルムアート社編, 2012,『クリエイティブ・コミュニティ・デザイン——関わり、つくり、巻き込もう』フィルムアート社.
Sim, David, 2019, *Soft City: Building Density for Everyday Life*, Washington DC: Island Press.（=2021, 北原理雄訳『ソフトシティ——人間の街をつくる』鹿島出版会.）
Sitte, Camillo, [1889] 1901, *Der Städtebau, nach seinen künstlerischen Grundsätzen*, Wien: Verlag von Carl Graeser & Co.（=1983, 大石敏雄訳『広場の造形』鹿島出版会.）
ソーシャルデザイン会議実行委員会編著, 2013,『希望をつくる仕事ソーシャルデザイン——アイデアは地球を救う。』宣伝会議.
園部雅久, 2014,『再魔術化する都市の社会学——空間概念・公共性・消費主義』ミネルヴァ書房.
園田聡, 2019,『プレイスメイキング——アクティビティ・ファーストの都市デザイン』学芸出版社.
Soja, Edward W., 1989, *Postmodern Geographies: The Reassertion of Space in Critical Social Theory*, New York: Verso.（=2003, 加藤政洋・西部均・水内俊雄・長尾謙吉・大城直樹訳『ポストモダン地理学——批判的社会理論における空間の位相』青土社.）

Stone, Philip, 1995,「組織の優先課題をサポートし、オフィスに一体感を生みだす『アクティヴィティ・セッティング』」『フレキシブル・ワークプレイス』5: 26-31.
Stone, Philip J. and Robert Luchetti, 1985, "Your Office Is Where You Are," *Harvard Business Review*, 63(2): 102-117.
studio-L, 2012,『コミュニティデザインの仕事——アドベンチャーブックで体験しよう』ブックエンド.
Suchman, Lucy A., 1998, "Human/Machine Reconsidered,"『認知科学』5(1): 5-13.（＝1999, 佐伯胖監訳「補論　人間／機械の再考」『プランと状況的行為——人間―機械コミュニケーションの可能性』産業図書.）
祐成保志, 2008,『「住宅」の歴史社会学——日常生活をめぐる啓蒙・動員・産業化』新曜社.
薄憲弘・藤田里奈・勝井千尋編, 2001,『世界のオフィス・プランニング——これからのオフィス・デザイン』六曜社.
鈴木博之・原口秀昭・小川保・藤森照信, 1987,「オフィスの成立」オフィス事典編集委員会『オフィス事典』ガイアブックス.
鈴木賢一, 2006,『子どもたちの建築デザイン——学校・病院・まちづくり』農山漁村文化協会.
鈴木謙介, 2009,「設計される意欲——自発性を引き出すアーキテクチャ」『思想地図』3: 110-135.
————, 2013,『ウェブ社会のゆくえ——〈多孔化〉した現実のなかで』NHK 出版.
鈴木清稔, 1999,「学校建築の誕生——空間構成の企てと教育空間の整序」田中智志編『ペダゴジーの誕生——アメリカにおける教育の言説とテクノロジー』多賀出版.
鈴木美央, 2018,『マーケットでまちを変える——人が集まる公共空間のつくり方』学芸出版社.
鈴木俊治・高松誠治・武田重昭・中島直人, 2016,「訳者解題」『パブリックライフ学入門』鹿島出版会.
鈴木毅, 1993,「人の『居方』からの環境デザイン①　都市のオープンスペースの『居方』」『建築技術』517: 204-207.
————, 1995,「人の『居方』からの環境デザイン⑦　オープンな居方」『建築技術』534: 150-153.
————, 1997,「人の『居方』からの環境デザイン試論」東京大学博士論文.
社団法人ニューオフィス推進協議会編, 1991,『ニューオフィスモデル 100 選——New office innovation in Japan』経済産業調査会.

T

田所承己, 2017,『場所でつながる／場所とつながる——移動する時代のクリエイティブなまちづくり』弘文堂.
高橋均, 2011,「称揚される『開かれた住まい』——居住空間における子どもをめぐる新たな『真理の体制』の成立」『子ども社会研究』17: 55-68.

高橋勝，1997，『学校のパラダイム転換――〈機能空間〉から〈意味空間〉へ』川島書店.
高松平藏，2016，『ドイツの地方都市はなぜクリエイティブなのか――質を高めるメカニズム』学芸出版社.
武田重昭，2019，「はじめに　なぜ小さな空間から都市をプランニングするのか」日本都市計画学会・都市空間のつくり方研究会編『小さな空間から都市をプランニングする』学芸出版社.
田村明，1975，「アーバンデザインと自治体」『調査季報』47: 2-10.
――――，1983，『都市ヨコハマをつくる』中央公論社.
田村康一郎，2021，「プレイスメイキングの手法としてのタクティカル・アーバニズム」泉山塁威・田村康一郎・矢野拓洋・西田司・山崎嵩拓・ソトノバ編著『タクティカル・アーバニズム――小さなアクションから都市を大きく変える』学芸出版社.
棚橋弘季，2009，『ひらめきを計画的に生み出す　デザイン思考の仕事術』日本実業出版社.
田中元子，2017，『マイパブリックとグランドレベル――今日からはじめるまちづくり』晶文社.
田中智志，1999，「教育する空間の誕生――デミウルゴスの衰微」田中智志編『ペダゴジーの誕生――アメリカにおける教育の言説とテクノロジー』多賀出版.
建物のコンバージョンによる都市空間有効活用技術研究会，2002，『コンバージョンによる都市再生』日刊建設通信新聞社.
寺崎弘昭，1991，「近代学校の規律空間と子どもの権利条約」『教育学研究』58(3): 255-264.
――――，1995，「近代学校の歴史的特異性と〈教育〉――『学校』の近代を超えて」堀尾輝久・奥平康照・田中孝彦・佐貫浩・汐見稔幸・太田政男・横湯園子・須藤敏昭・久冨善之・浦野東洋一編『講座学校　1　学校とは何か』柏書房.
德本幸男，2012，「竹中工務店ワークプレイスプロデュースのビジョン」『新建築　2012年9月臨時増刊　TAKENAKA WORKPLACE PRODUCE』新建築社.
都市デザイン研究体，［1971］2009，『復刻版　日本の広場』彰国社.
東京工業大学塚本由晴研究室編，2010，『WindowScape――窓のふるまい学』フィルムアート社.
塚本由晴，2002，「小嶋一浩とは？」二川幸夫編『PLOT　02　小嶋一浩』A.D.A. EDITA Tokyo.
――――，2015，「非施設型空間とネットワーク――ふるまいを解放する建築」『新建築』90(1): 54-59.
通商産業省，1987，『ニューオフィス――快適かつ機能的なオフィス環境の創造』経済産業調査会.

U
内田奈芳美，2017，「まちづくりの国際的潮流と『価値』」佐藤滋・饗庭伸・内田奈芳美編『まちづくり教書』鹿島出版会.

内田祥哉, 1957,「教育制度と学校施設」建築学大系編集委員会編『建築学大系　32　学校・体育施設』彰国社.
内田洋行企画, 栄久庵祥二監修, 1987,『ザ・ニューオフィス・デザイン――快適化とインテリジェント化のために』講談社.
上田篤・榎並公雄・高口恭行, 1970,『都市の生活空間――フィールドノート』日本放送出版協会.
上野淳, 1995,「学校建築の系譜と展望」船越徹編『S.D.S.（スペース・デザイン・シリーズ）第 2 巻　学校』新日本法規.
――――, 1999a,『未来の学校建築――教育改革をささえる空間づくり』岩波書店.
――――, 1999b,「21 世紀の学校のための 17 章」『SD』418: 8-40.
――――, 2002a,「学校建築における小嶋一浩の新しさ」二川幸夫編『PLOT　02　小嶋一浩』A.D.A. EDITA Tokyo.
――――, 2002b,「序文」学校を変えなくちゃ!! 編集委員会編『学校を変えなくちゃ!! 学校の再構築がはじまった』ボイックス.
――――, 2008,『学校建築ルネサンス』鹿島出版会.
上野淳・溜昭代・船越徹・小嶋一浩, 1999,「座談会　学校が変わる、建築が変わる」『SD』418: 105-112.
上野美咲, 2018,『地方版エリアマネジメント』日本経済評論社.
上野直樹・土橋臣吾編, 2006,『科学技術実践のフィールドワーク――ハイブリッドのデザイン』せりか書房.
Urry, John, 2000, *Sociology beyond Societies: Mobilities for the Twenty-First Century*, London: Routledge.（＝2006, 吉原直樹監訳『社会を越える社会学――移動・環境・シチズンシップ』法政大学出版局.）
――――, 2007, *Mobilities*, Cambridge: Polity Press.（＝2015, 吉原直樹・伊藤嘉高訳『モビリティーズ――移動の社会学』作品社.）
卯月盛夫, 2004,「公共施設とまちづくり」日本建築学会編『まちづくり教科書　第 3 巻　参加による公共施設のデザイン』丸善.

V

Verbeek, Peter-Paul, 2011, *Moralizing Technology: Understanding and Designing the Morality of Things*, Chicago: The University of Chicago Press.（＝2015, 鈴木俊洋訳『技術の道徳化――事物の道徳性を理解し設計する』法政大学出版局.）

W

Walljasper, Jay, 2007, *The Great Neighborhood Book: A Do-it-Yourself Guide to Placemaking*, Gabriola Island: New Society Publishers.
渡辺直子, 2013,『山崎亮とゆくコミュニティデザインの現場』繊研新聞社.
Weiskopf, Richard and Bernadette Loacker, 2006, "A Snake's Coil are Even More Intricate than a Mole's Burrow: Individualization and Subjectification in Post-Disci-

plinary Regimes of Work," *Management Revue*, 17(4): 395–419.
Whyte, William H., 1980, *The Social Life of Small Urban Spaces*, Washington DC: Conservation Foundation.
Willis, Paul E., 1977, *Learning to Labour: How Working Class Kids Get Working Class Jobs*, Farnborough: Saxon House.（＝1985，熊沢誠・山田潤訳『ハマータウンの野郎ども――学校への反抗・労働への順応』筑摩書房.）
ウ・ジャスパー，2019,『実践　スタンフォード式デザイン思考――世界一クリエイティブな問題解決』インプレス.

Y

八木弘毅，2019,「対話でつくる駅前の賑わいと都市軸景観――姫路駅周辺と公共空間デザインの展開」山口敬太・福島秀哉・西村亮彦編著『まちを再生する公共デザイン――インフラ・景観・地域戦略をつなぐ思考と実践』学芸出版社.
八木弘毅・大藪善久，2015,「世界遺産と駅前を結ぶ街路のデザイン――大手前通り（駅前トランジットモール）」小林正美編著『市民が関わるパブリックスペースのデザイン――姫路市における市民・行政・専門家の創造的連携』エクスナレッジ.
矢作弘，2020,『都市危機のアメリカ――凋落と再生の現場を歩く』岩波書店.
山形浩生，2010,「訳者解説」『[新版] アメリカ大都市の死と生』鹿島出版会.
山道拓人，2018,「パブリックを持続させるダイヤグラムと概念」西田司・中村真広・石榑督和・山道拓人・千葉元生編著『PUBLIC PRODUCE――「公共的空間」をつくる7つの事例』ユウブックス.
山本理顕・小嶋一浩・芦原太郎・北山恒，1996,「空間の側に選択肢はある――学校というビルディングタイプの解体」『新建築』71(12): 240–248.
山本理奈，2014,『マイホーム神話の生成と臨界――住宅社会学の試み』岩波書店.
山名淳，2015,『都市とアーキテクチャの教育思想――保護と人間形成のあいだ』勁草書房.
山下里加，2017,「"ゆるやかな繋がり" をコンセプトにあらゆる市民の居場所をつくり出す」『地域創造』41: 48–53.
山崎満広，2016,『ポートランド――世界で一番住みたい街をつくる』学芸出版社.
山崎亮，2011,『コミュニティデザイン――人がつながるしくみをつくる』学芸出版社.
――――，2012,『コミュニティデザインの時代――自分たちで「まち」をつくる』中央公論新社.
山崎亮・長谷川浩己，2012,「現場訪問――姫路市・家島のまちづくり」長谷川浩己・山崎亮編著『つくること、つくらないこと――町を面白くする11人の会話』学芸出版社.
山崎亮・NHK「東北発☆未来塾」制作班，2012,『まちの幸福論――コミュニティデザインから考える』NTT出版.
山崎義人，2021,「知っておきたい基礎知識」山崎義人・清野隆・柏崎梢・野田満『はじめてのまちづくり学』学芸出版社.

柳澤要，1992,「児童の行動場面からみた空間解析に関する研究」東京大学博士論文.
――――, 1995,「子供のための空間」船越徹編『S.D.S.（スペース・デザイン・シリーズ）第2巻　学校』新日本法規.
――――，2004,「アメリカの学校建築の歴史と系譜」柳澤要・鈴木賢一・上野淳『アメリカの学校建築』ボイックス.
――――，2007,「これからの学校づくり――反『個別化・多様化』の動きに危惧」『日経アーキテクチュア特別編集版「これからの学校2007」』日経BP社.
Yaneva, Albena, 2017, *Five Ways to Make Architecture Political: An Introduction to the Politics of Design Practice*, London: Bloomsbury Academic.
矢野拓洋，2021,「まちのプレイヤーをつくる」泉山塁威・田村康一郎・矢野拓洋・西田司・山崎嵩拓・ソトノバ編著『タクティカル・アーバニズム――小さなアクションから都市を大きく変える』学芸出版社.
安田賀計，1963,『オフィスレイアウト――スペースの活用と事務環境の改善』ダイヤモンド社.
保井美樹，2017,「動きだすパブリックスペースと運営組織のデザイン」一般社団法人国際文化都市整備機構編『ポスト2020の都市づくり』学芸出版社.
――――，2021,「多様化するエリアマネジメントを踏まえたケースメソッド――本書の使い方」保井美樹・泉山塁威・日本都市計画学会エリアマネジメント人材育成研究会編『エリアマネジメント・ケースメソッド――官民連携による地域経営の教科書』学芸出版社.
横山俊祐，2017,「学校計画の戦後史」日本建築学会編『オーラルヒストリーで読む戦後学校建築――いかにして学校は計画されてきたか』学事出版.
吉沢晴行・長倉康彦・船越徹・小嶋一浩・内井昭蔵，2002,「座談会　教育の『ゆとり』と建築環境」『近代建築』56(7): 40-47.

Z

象設計集団，2004,『空間に恋して――象設計集団のいろはカルタ』工作舎.
Zucker, Paul, 1959, *Town and Square: From the Agora to the Village Green*, New York: Columbia University Press.（=1975，大石敏雄監修，加藤晃規・三浦金作訳『都市と広場――アゴラからヴィレッジ・グリーンまで』鹿島出版会.）
Zukin, Sharon, 2010, *Naked City: The Death and Life of Authentic Urban Places*, New York: Oxford University Press.（=2013，内田奈芳美・真野洋介訳『都市はなぜ魂を失ったか――ジェイコブズ後のニューヨーク論』講談社.）

著者略歴

1980年　東京都生まれ
2009年　早稲田大学大学院教育学研究科博士後期課程単位取得退学
博士（教育学）
現　在　大妻女子大学人間関係学部准教授
主　著　『自己啓発の時代——「自己」の文化社会学的探究』（勁草書房、2012）、『日常に侵入する自己啓発——生き方・手帳術・片づけ』（勁草書房、2015）、『ファシリテーションとは何か——コミュニケーション幻想を超えて』（共編著、ナカニシヤ出版、2021）

創造性をデザインする
建築空間の社会学

2022年5月20日　第1版第1刷発行

著　者　牧《まき》　野《の》　智《とも》　和《かず》

発行者　井　村　寿　人

発行所　株式会社　勁《けい》　草《そう》　書　房

112-0005　東京都文京区水道2-1-1　振替　00150-2-175253
（編集）電話　03-3815-5277／FAX　03-3814-6968
（営業）電話　03-3814-6861／FAX　03-3814-6854
平文社・松岳社

ISBN978-4-326-65434-5　Printed in Japan

＊落丁本・乱丁本はお取替いたします。
ご感想・お問い合わせは小社ホームページから
お願いいたします。

https://www.keisoshobo.co.jp